农民专业合作联社发展及农业共营效率研究

柏振忠　李　亮　著

国家自然科学基金项目（71473277、71373069）资助

科学出版社

北　京

内 容 简 介

农民专业合作联社是实施国家乡村振兴战略和解答"谁来种田"未知问题的主要依靠力量。本书运用俱乐部理论、交易成本理论、制度经济学、产业组织理论等基础理论,采用理论和实证、定性和定量相结合的分析方法,以农民专业合作联社为研究对象,以东部、中部、西部代表省份作为典型区域,以合作联社发展状况和特质为分析基础,开展合作联社农业共营成效调查、影响因素实证、协同创新效应,以及分类型效率测算等研究,通过对比国内外典型合作社发展经验,提出促进合作联社发展和提升共营效率的对策建议。

本书可以作为经济学、管理学、社会学、农学及民族学等专业的本科生或研究生学习指导用书,也可以作为经济管理方向学者、政府管理人员的研究参考资料。

图书在版编目(CIP)数据

农民专业合作联社发展及农业共营效率研究/ 柏振忠,李亮著. —北京:科学出版社,2021.8

ISBN 978-7-03-066349-8

Ⅰ. ①农… Ⅱ. ①柏… ②李… Ⅲ. ①农业合作社-专业合作社-经济发展-研究-中国 Ⅳ. ①F321.42

中国版本图书馆 CIP 数据核字(2020)第 197328 号

责任编辑:王丹妮 / 责任校对:宁辉彩
责任印制:张 伟 / 封面设计:无极书装

科学出版社 出版
北京东黄城根北街 16 号
邮政编码:100717
http://www.sciencep.com

北京建宏印刷有限公司 印刷
科学出版社发行 各地新华书店经销

*

2021 年 8 月第 一 版 开本:720×1000 B5
2021 年 11 月第二次印刷 印张:16 1/2
字数:330000

定价:168.00 元
(如有印装质量问题,我社负责调换)

前　言

　　自古以来，中国就有"以人为本"的治国思想，《尚书》有言："民为邦本，本固邦宁。"作为一个农业大国，农业和农民长期为我国的经济活动提供生产资料和生活保障，与国家的进步息息相关。自2004年以来连续18个中央一号文件聚焦"三农"问题，集中体现了中央对发展农村经济、巩固农业基础地位及提高农民生活水平的高度关注。党的十八大报告指出："坚持和完善农村基本经营制度……发展农民专业合作和股份合作，培育新型经营主体，发展多种形式规模经营，构建集约化、专业化、组织化、社会化相结合的新型农业经营体系。"

　　农民合作社在世界范围内的成功使得中国对合作社充满了期待，并促成了《中华人民共和国农民专业合作社法》的颁布和实施，中央各部委和各级地方政府纷纷出台了一系列合作社支持政策，一时间，合作社如雨后春笋、遍布神州。然而，单个农民专业合作社发展受到影响，一方面，单个农民专业合作社运行过程中出现农民参与意愿不强、资金缺乏、章程执行不到位等问题，导致合作社在盈余分配和重大事项决策上具有"亲资本"的倾向，从而偏离合作社组建原则；另一方面，单个农民专业合作社经营规模小、产业化程度低、抗风险能力弱等劣势致使其进入市场成本过高，且无法保障农民利益。基于此，农民专业合作社在我国一些省份向着更高级别的农民专业合作联社转型。2016年中央一号文件进一步提出，"加强农民合作社示范社建设，支持合作社发展农产品加工流通和直供直销"。在国家政策支持下，作为市场主体的农民专业合作联社奋力向现代化方向发展，不断扩大其服务领域，创新其管理与发展模式，逐步建立完善的农业生产服务组织，持续推动农业统一经营向农户联合发展，引领自身向多元化、多层次、多形式经营服务体系方向转变。2019年中央一号文件指出，"突出抓好家庭农场和农民合作社两类新型农业经营主体，启动家庭农场培育计划，开展农民合作社规范提升行动，深入推进示范合作社建设，建立健全支持家庭农场、农民合作社发展的政策体系和管理制度"。2020年中央一号文件进一步强调，"重点培育家庭农场、农民合作社等新型农业经营主体，培育农业产业化联合体，通过订单农业、入股分红、托管服务等方式，将小农户融入农业产业链"。可见，国家对农民专业合作联社（合作社）的政策支持经历了从最初的方向性指导到具体运行形式，再到服务领域拓宽，以及产业链条延伸，最后到促进其规范和有序发展的转变。

当前，我国农民专业合作联社呈现出以下基本特点：①发展状况因地区经济而异，且差异十分显著。东部地区农民专业合作联社在组建数量、发展规模与运营水平、组织形式及经营理念等方面具备一定优势，但中部、西部地区正不断向东部地区学习，创新性地组建适合当地发展的农民专业合作联社。②农业共营效率有所提高，但仍面临诸多挑战。尽管农民专业合作联社通过创新服务、统一管理、推广新技术和加强品牌建设等措施，在一定程度上提高了农业共营效率，但合作联社发展仍存在生产成本高、基础设施差、融资渠道窄、经营风险大等挑战。③协同创新是必然趋势。农民专业合作联社是一个复杂的有机整体，其作用和潜力的充分发挥有赖于加强与合作社、涉农企业、政府相关部门等的协调联系。因此，政府应采取支持与引导措施，让农民专业合作联社充分发挥其能动性和创造性，加快实现农业现代化。

在全面推进国家乡村振兴战略的大背景下，中南民族大学柏振忠教授和中国地质大学李亮老师历经多年研究合著《农民专业合作联社发展及农业共营效率研究》一书，旨在详细了解并分析我国农民专业合作联社发展现状与困难，并提出可行性的政策建议。"三农问题"是国家重点关注的问题，有效解决"三农问题"是国家实现全面小康的关键一步，而农民专业合作联社是适应社会主义市场经济发展而出现的农村经济合作组织，代表着农村经济组织化、规模化和市场化的发展方向。农民专业合作联社是发展现代农业的重要组织载体，是推进农业经营方式转变的有效形式，也是回答未来中国"谁来种田"疑问的主要依靠。本书的出版对推动我国农民专业合作联社发展有重要的理论价值和现实意义。

本书具有三大研究特点：一是研究视角的独特性。农民专业合作联社的发展是一个系统工程，包括不同学科不同层面的研究领域。本书围绕农民专业合作联社农业共营效率这一主题，运用定性分析和定量分析方法，选取科学合理的指标，既可以反映农民专业合作联社在促进农村经济发展、改善农民福利、实现农业可持续发展等方面的积极意义，又可以综合测度合作联社本身的效率，全面、客观地评价农民专业合作联社在中国农村经济发展中的地位和作用，以及可能面临的发展障碍和可能出现的功能性局限。二是研究技术的创新性。目前，文献研究我国农民合作经济组织效率问题，主要采用一般的数据包络分析（data envelopment analysis，DEA）方法。本书在测度农民专业合作联社农业共营效率时，采用松弛变量测度（slacks-based measure DEA，SBM-DEA）拓展模型，既规避投入和产出的不同单位对效率值测度的影响，也使得效率值随着投入和产出的松弛严格单调递减，从而提高计算结果的可信度和准确性，保证研究结论的科学性，并为制定更加科学、合理的有关农民专业合作联社（合作社）持续健康发展的政策提供可靠的理论依据和实证证据。三是研究内容的系统性。本书系统性地开展了农民专业合作联社的特质、农民专业合作联社农业共营成效、农民专业合作社分类型效率的实证、农民专业合作联社协同创新效应等定性和定量研究，分析农民专业合作联社农业共营效率的影响因素及其影响程度，这些研究可为我国相关决策提供科学依据。

本书经过笔者十余年的辛勤耕耘，其在出版过程中得到众多专家学者、家人、朋友、同事及出版社领导、编辑老师的鼎力相助，并借助国家自然科学基金项目、中央高校基本科研业务费项目、中南民族大学省部级科研机构等资金支持，最终顺利付梓。感谢的人实在太多，感动的事仍历历在目。

需要说明的是，书中不妥之处，敬请各位同仁及广大读者批评指正，以便笔者能够更好地改进工作，更努力地为各级领导和读者朋友服务。

柏振忠　李　亮

2020 年 6 月

目　　录

第一章 导　　论

第一节　农民专业合作联社问题的提出及研究目的和意义

一、农民专业合作联社问题的提出

国际合作社联盟（International Co-operative Alliance，ICA）在 1995 年定义的农民合作社是指：按企业资本公平出资，本着公正公平的原则，共同承担风险、分享利益，并主动参与民主管理。在国外，农民合作社的表述主要包括：cooperatives、farmers cooperatives、agricultural cooperatives 等。而在国内，《中华人民共和国农民专业合作社法》（2017 年修订版）中定义的农民专业合作社是指：在农村家庭承包经营基础上，农产品的生产经营者或者农业生产经营服务的提供者、利用者，自愿联合、民主管理的互助性经济组织。

自 2007 年 7 月 1 日《中华人民共和国农民专业合作社法》实施以来，农民专业合作社在数量、规模和区域分布上，都呈现出逐步快速发展的态势。据统计，截至 2014 年 1 月底，农民专业合作社达 101.9 万户，比上月底增长 3.72%，出资总额 2 万亿元，增长 5.44%；农民专业合作社新登记注册 3.52 万户，增长 12.65%。然而，随着经济社会的快速发展，一方面，个体农民专业合作社运行过程中出现农民参与意愿不强、融资渠道不畅、章程执行缺位等问题，导致年终分红时出现盈余分配和重大事项决策上亲资本的倾向，从而偏离合作社组建的基本原则；另一方面，个体农民专业合作社由于产业规模小、产业化程度低、市场竞争力弱等，其进入市场成本过高，且无法保障农民利益。为此，出于追求规模效益、降低交易成本、争夺市场话语权等需要，一些地区的合作社纷纷组建更高级别的农民专业合作联社。统计数据显示，截至 2019 年 10 月底，全国工商部门登记的农民专业合作社总数为 220.30 万家，成员达到 4 668.74 万户，并且通过共同出资、共创品牌，成立合作联社 1 万余家。

农民专业合作联社在一定程度上实现了资本的扩张及产、供、销的联结。在我国一些地区，农民专业合作联社呈现出良好的发展势头。内蒙古呼伦贝尔市政府于2011年发起成立呼伦贝尔市绿原食用菌专业合作联社，最初选择各旗市基础好、较规范的35个合作社作为成员社，截至2014年底，成员社发展到87个，注册资金524万元，入社农户3 529户，社员11 293人，主导产业由种植黑木耳、毛尖蘑等逐步向产、加、销一体化方向发展。在北京、上海、江苏、浙江、广东等发达地区，由于市场经济和商业社会的快速发展，农民专业合作社自发地走向联合，同时也出现了一些以联社为基础的大型合作集团，实现横向联合与纵向一体化，积极参与国际市场竞争。农民专业合作联社显现出市场对接的强大生命力，在推动农业实现规模化经营、延伸产业链、增加农民收入及完善现代农业产业体系等方面发挥了重要作用，并成为国家乡村振兴战略实施的一支重要力量。

农民专业合作联社按牵头主体不同大致可分为四种类型：一是政府驱动型。各级政府为稳定农业生产、促进产业升级、增加农民收入，通过落实鼓励合作社之间组成联合体的政策而实现合作社之间的联合。这种类型在东部发展较快的地区取得了较好成效，一些合作联社在政府的扶持下，探索完善内部运行机制，并与市场有效对接，实现了规模效益和范围效益。而市场发育不足的西部地区虽然适合推广这种类型，但这些地区自上而下创建的合作联社既容易成为政府"政绩工程"的招牌和门面，也有可能沦为套取国家政策资金的工具，发展效果往往不够理想。二是大户带动型。实力雄厚的农民专业合作社主动发起，由相关合作社自愿参加而形成的联合体。这种类型起初发展较好，一些实力弱小的成员社盼望与大户"联姻"后能得到资金、技术、原料的低成本服务，但是当大户与成员社之间的需求目标相向性不一致时，往往会出现大户"一言堂"的后果，导致成员社参与的积极性弱化。三是企业引领型。以龙头企业为中心，带动周边农户进行专业化、规模化、标准化生产。农户为龙头企业提供稳定原材料，龙头企业对农副产品进行精深加工，延长产业链，增加农副产品附加值，实现农户和龙头企业之间的双赢。这种类型一般来说存在利益联结松散的现象，企业希望成员社提供质量可靠、价格低廉的农副产品，而成员社更关心农产品的随行就市，由于企业与农民的利益导向不一致，往往造成合作联社的一些深层次矛盾无法解决。四是基层自发型。同一行业的合作社发展到一定程度，因资金、技术、规模、市场等因素的需要而自觉主动地组建联合体。这种类型以市场为导向，以行业发展为目标，自下而上发展合作联社，能够本着民主自愿的原则，明确产权关系，设置各方都能接受的组织机构、财务分配、监督管理等机制，有利于提高管理效率，也最受政府青睐，是政策支持的有效载体。

目前，我国农民专业合作联社的本质属性是一种非营利组织，承担着为基层社及其社员提供相应服务功能，计划、协调等管理功能和出资人代表功能。一方面，我国农民专业合作联社毕竟是一个新生事物，与国外相比，发展还处于抱团取暖、联手进入市场、谋求规模经济的阶段，运行机制正在不断完善。另一方面，理论界对合作联社运行机制的研究才刚刚起步，一些关键性问题无论是在实践中还是在理论上都有继续深化的必要。社会经济发展、市场竞争加剧等因素固然是农民专业合作社得以走向联合的重要动因，但要促进合作联社健康发展，必须从健全完善运行机制内因入手来加以完善。所以，从这个意义上来说，研究农民专业合作联社的共营效率和运行机制问题是重要的。

二、研究的目的及意义

随着外部市场竞争的不断加剧和合作社业务的不断扩大，合作社之间存在着联合起来进一步提升市场竞争力、降低经营成本的内在动力（苑鹏，2010）。以韩国为例，1968 年合作社数量为 16 000 家，但规模较小，社均 139 人，随后 5 年大量基层社合并组建地区合作联社，到 1973 年，基层社只剩下 1 500 家，社均 1 400 人（潘伟光等，2013）。随着合作社的数量、规模快速增长，我国农民专业合作联社亦呈快速发展态势，特别是在一些合作社发展较快的地区（如山东、浙江、湖北等），其发展势头更甚。

农民专业合作联社的蓬勃发展，在巩固和完善农村土地家庭承包经营的基础上，将分散的各合作社紧密联结起来，破解了新型农业经营主体与亿万农户小规模生产的矛盾，提高了土地产出率、劳动生产率、资源利用率和科技贡献率，对于维护合作社成员自身利益，构建新型农业经营体系，以及发展现代农业、促进农民增收、实现乡村振兴有着积极的现实意义。

需要指出的是，我国农民专业合作联社的数量已经达到一定规模，进入快速发展时期，必须注意农民专业合作联社的运行质量与效率。农民专业合作联社的特质如何界定？与非合作联社（单个农民专业合作社）比较，农民专业合作联社具有哪些特殊性？特别是，国家法律上的欠缺，导致了地方在合作联社概念认识上的模糊，基层管理不到位的现象时有发生。为加强对农民专业合作联社的规范管理，需要进一步明确合作联社的概念，具体界定其区别于非合作联社的特质。农民专业合作联社的联合规模是否越大越好？农民专业合作联社可以实现降低交易成本、获取规模经济等联合收益，但合作联社也并非越大越好，规模越大并不意味着效率最优。合作联社效率的提升不仅取决于其联合规模，而且还与合作联社管理水平、成员人力资本、农业机械化程度、关系资产占有等有关。各地农民专业合作联社的发展方向由横向联合向纵向联合转变，在农业生产经营方式创新过程中，不同合作联社采用何种联合方式效率更高？研究分析农民专业合作联社发展实践中存在的上述理论误区和政策盲点，运用计量模型测算农民专业合作联社农业共营效率值,找出非有效合作联社存在的具体问题并明确其今后努力方向,对各地规范农民专业合作联社发展有指导意义。

本书聚焦市场经济发展和中国农业现代化的核心主题,运用俱乐部理论、交易成本理论、制度经济学、产业组织理论、农业经济管理等理论与方法,从农民专业合作联社的特质入手,通过构建农民专业合作联社农业共营效率的理论框架,从共营效率测算、合作联社与非合作联社效率差异比较等方面分析农民专业合作联社农业共营效率的实现,探讨影响农民专业合作联社农业共营效率的关键因素及其影响程度。本书研究涉及经济学、管理学、农学、统计学等多学科领域,体现了自然科学与人文社会科学相融合的特点,对于促进农业农村经济发展研究有广泛的科学意义。

第二节　国内外研究现状评述

一、国内外研究现状

(一)关于新型农业经营主体的研究

构建新型农业经营体系是实现我国农业现代化和可持续发展的重要战略步骤和制度保障。2013 年中央一号文件及党的十八大报告都明确提出了构建集约化、专业化、组织化、社会化相结合的新型农业经营体系的要求。新型农业经营主体主要包括种植大户、家庭农场、农民合作社、农业企业四种,农民专业合作联社作为农民专业合作社的高级形态,两者都属于新型农业经营主体的一个部分。Enke(1945)在研究中将厂商理论运用于合作社的讨论中,并在此基础上更多地关注合作社所具备的功能、角色和特点。Alchian 和 Demsetz(1972)认为,合作社是不以营利为目的的一种经济组织,其管理者并不拥有剩余索取权,因而通过改善管理所得到的收益不可能资本化为管理者的个人财产,导致投机取巧行为更容易发生,合作社组织成本上升,其中之一就是为减少管理者的机会主义行为而致使监督成本较高。Cook(1995)、Fulton(1995)等学者比较了传统农业与现代农业及它们相对应的传统合作社与现代合作社的不同特征,分析了新一代合作社的制度变迁、制度特征及其制度绩效,并认为传统合作社有农业服务合作社、合作社企业及农业共同经营组合等具体形式,而新一代合作社具有国际合作社联盟七项基本原则的多数特征,还具有一些自己的新特征,如社员支付较高的首期投资,享有同投资额相当的交货权,交货权可转让,主要发展加工业以提高产品附加值来增加社员收入，等等。Koguashvili（2016）认为，国家应优先支持成功的经营主体，特别是在资金、政策上支持鼓励应更大程度地向这些经营主体倾斜。陈锡文（2012）同样认为，合作经济组织作为农业现代化的必然选择模式，能有效突破传统粗放的小规模农业生产经营模式，促进农业向集约化、现代化农业转变。张晓山（2012）再次肯定了合作经济组织是农业现代化发展的必然趋势，同时也论述了新型农业经营体系在现阶段仍然面临着诸多现实挑战。陈晓华（2012）从现代农业发展趋势和农业新型经营体制创新两个角度分析了新型农业经营主体的培育和改良。文华成和杨新元（2013）提出公司化、园区化、合作化是农业经营形式的"三大新趋势"，其中合作社的联合则是当下农业经营组织共营的新潮流。孔祥智（2013）认为，构建新型农业经营体系是推动农业现代化的重要策略，是夯实农业基础必不可少的主体形式。

（二）关于农民专业合作社联合动因的研究

农民专业合作社联合形式主要分为两种：纵向联合和横向联合。纵向联合是合作社和非同类市场主体之间的联合，如合作社和超市的联合对接、合作社和批发市场的联合对接等；横向联合是指由两个或者两个以上同类合作组织的自愿联合并依法成立的互助性经济组织行为，其中包括不同地区同行业的合作社联合及同地区同行业合作社之间的联合。Nilsson（1997）指出了当下许多合作社内部成员关系混乱的现状，社员之间缺乏足够的信任，缺乏统一规范的领导，单个的合作社资源无法得到合理有效的配置，小规模的单打独斗开始缺乏优势，导致合作社的发展严重受阻。Salazar 和 Górriz（2011）以西班牙的合作社为样本进行规范分析，认为合作社做到下游资源垂直整合对于合作社的发展形成有很大影响，这就是所谓的合作联合形成的资源整合共享有利于单个成员社的健康发展。国内也有很多学者在农民专业合作社联合方面做了研究。有学者研究了合作联社的联合动力机理，如储成兵（2011）认为合作联社相对于单个的合作社来说在治理结构上对规范制度起着至关重要的影响，他的论述重点探讨了合作联社内部的权利执行和监督体系的机制。杨莉（2011）认为合作联社在提高农业产业化程度、推进农业现代化及帮助农村弱势群体致富等方面有着突出优势，其未来发展方向是从横向联合和纵向深化两方面构建新型、低碳合作社联合体。牛立腾和周振（2014）对武汉市荆地养蜂专业合作社联合社的数据进行了案例分析，深入研究了单个成员社的联合动因、机制及联合所达到的成效，合作社通过横向、纵向的联合，产生相应的规模经济效益，有效引导了合作联社的规范化发展路径。

（三）关于农民专业合作联社组建方式与功能的研究

国外农民合作社联合组织发展比较成熟，对其所做的研究也较全面深入。国际劳工组织（Internatinal Labour Organization，ILO）1999 年通过的《合作社促进建议书》中倡议，各国政府要支持合作社建立有利于对社员需求做出反应的组织结构，包括合作联社或联盟。而农业合作道路多是"自下而上"进行的，即先有基层社，待基层社发展数目增多，感到有联合的必要时才共同组成合作联社。但是，在部分合作运动后发国家，因为已经有很多国家的经验可以借鉴，"自上而下"组建合作联社的方式也较普遍。国内关于农民专业合作联社的研究起步比较晚，近年来，学者们主要针对合作社联合的必要性、联合的途径及形式，特别是合作联社的性质与功能等展开研究。张晓山（2009，2012）认为，合作社的联合是必然的趋势，从国外的经验来看，合作联社的组建主要有两种途径：一是自下而上的联合，二是自上而下的联合。苑鹏（2008，2011，2013）分析认为，农民合作社不仅存在小、弱、散、不规范等问题，而且不能成为农企、农超对接的有效载体。而联合的形式是开放式还是封闭式并无固定范式，其发展道路也不一定要"自下而上"，关键在于基层社是否存在对联合的强烈需求，在于合作联社的运行能否坚持独立、自治、民主的精神。孙桂柏（2012）认为合作联社规范化建设、品牌化经营、基地发展呈现良好发展态势。李玉文（2011）认为，目前我国合作社联合组织主要有联合会、协会、联合社三种形式，三种联合组织在组织属性、行为目标、运作机制等方面存在较大差异。王艺华和王树恩（2011）认为，合作社联合主要有横向联合与纵向联合两种形式。杨群义（2012）认为，我国当前合作联社形式主要包括同业联合型、同域联合型、同项联合型三种。高光照（2013）认为，联合社应根据产业发展的需要选择高效的联合模式。这些模式包括：一是相同类型合作社组成联合社；二是不同类型合作社组成联合社；三是不同经营主体间的联合。

（四）关于农民专业合作联社（合作社）效率的研究

效率问题的研究在国际上处于农民合作经济组织研究的前沿（Lerman and Parliament，1991；Kebede and Schreiner，1996；Ariyaratne et al.，1997；Singh et al.，2000；Boyle，2004；Hailu et al.，2005，2007；Galdeano-Gomez，2008；Singhavara et al.，2012）。Ariyaratne 等（1997）对美国中西部平原地区 89 家谷物营销、购买合作社进行实证发现，合作社的技术效率和配置效率高于规模效率，因此，应通过提高资本和劳动的使用效率而非扩大规模来提高其综合效率。Singh 等（2000）

采用 DEA 模型测度印度 65 家乳制品合作社效率的结果显示,合作社的技术效率、配置效率和成本效率均值分别为 0.912、0.731 和 0.667。Boyle(2004)实证检验了爱尔兰乳制品营销合作社 1961~1987 年的经济效率,发现合作社通过为奶农定价,在运营上具有价格效率。Galdeano-Gomez(2008)运用 Bootstrap-DEA 方法测量西班牙园艺营销合作社的技术效率,得出其技术效率值为 0.928。Guzman 和 Arcas(2008)对西班牙农业合作社进行实证研究,认为效率值大小与投入产出指标选取相关,当产出指标为收入时,如果选取原材料、劳动、固定资产折旧和其他管理费用为投入指标,则合作社技术效率均值高达 0.95;如果选取劳动和固定资产为投入指标,则合作社技术效率均值下降至 0.26。Singhavara 等(2012)采用 DEA 模型测度了泰国 55 家合作社的技术效率、纯技术效率和规模效率,发现合作社存在纯技术和规模低效率,并进一步建议效率较低的合作社合理处理债务,控制风险,通过合理投资实现规模最优等。

国内方面,虽然我国学者韩元钦(1987)曾较早提及过生产共营制问题,认为合作经济是劳动者约定共营制经济,但学者随后的研究并没有围绕农民合作经济组织共营效率展开研究。近年来,学者们主要针对农民合作社的效率问题展开理论和实证研究(张晓山和苑鹏,1991;周立群和曹利群,2001;林坚和王宁,2002;孙亚范,2004;黄珺等,2005;伍梅,2005;胡胜德和初志红,2007;罗必良等,2007;唐宗焜,2007;黄祖辉和俞宁,2010;黄祖辉等,2011;刘婧等,2011;刘婧和王征兵,2012)。理论研究方面,胡胜德和初志红(2007)认为,农民专业合作经济组织效率包括自身效率和成员效率两方面:自身效率体现在取得规模经济收益、降低交易成本收益、减少经济活动的不确定性和打破市场垄断收益等,成员效率体现为农民加入合作经济组织可获得比独立从事家庭生产经营更多的经济利益。罗必良等(2007)研究认为,为节约交易费用,提高经济组织的效率,必须选择恰当的组织形式。实证方面,黄祖辉和俞宁(2010)采用 Bootstrap-DEA 模型考察了浙江营销合作社的技术效率、纯技术效率和规模效率,发现营销合作社的平均技术效率水平较低,其主导因素是纯技术效率低引起的。刘婧和王征兵(2012)实证研究表明,样本合作社总体上具有轻微的规模经济和显著的范围经济,样本合作社产出的主产品、化肥和农膜具有特定产品规模经济,主产品和化肥的联合生产相对其他产品的联合更具有特定产品范围经济。

(五)关于农民合作经济组织效率影响因素的研究

国内外学者主要从规模、财务杠杆、内部治理、外部环境等方面探讨影响效率的因素。Areas 和 Ruiz(2003)研究发现,规模较大有利于果蔬合作社实行差异化营销战略,因而效率更高。Hailu 等(2005,2007)研究规模对合作社的成本效率的影响，发现这种影响呈正"U"形，即规模较大和较小的合作社具有较高的成本效率，并且规模对不同产品类型合作社效率的影响不同；并认为较高的财务杠杆将导致合作社较低的成本效率。Galdeano-Gomez 等（2006）、Galdeano-Gomez（2008）研究发现，政府激励显著正向影响合作社的全要素生产率。Krasachat 和 Chimkul（2009）研究发现，合作社效率受规模、财务杠杆、成员人力资本状况及政府的借贷政策等多重因素的影响。Singhavara 等（2012）研究发现，采用新技术后多数合作社的全要素生产率得到提高。我国学者罗必良（2004）构建了一个"产权结构—计量能力—环境特性—经济绩效"的解释模型研究农业经济组织的效率决定问题，认为一个经济组织的产权结构和与之匹配的交易环境的相容程度大小，是决定其效率高低的关键。黄胜忠和徐旭初（2008）认为，理事会成员人数正向影响合作社绩效。黄季焜等（2010）认为，农民合作经济组织受到组织化潜在收益、组织的创建方式、组织领导人市场从业经验和村庄市场条件等影响。徐旭初和吴彬（2010）发现，负责人具有较高的企业家才能或担任社会职务显著影响合作社绩效。黄祖辉和高钰玲（2012）研究发现，合作社效率受规模、财务杠杆、理事会构成等因素影响。赵彩云等（2013）实证认为，利益联结机制、利益分配机制、利益激励机制对农民合作社绩效产生显著影响。

二、简要评述

从国内外已有的研究成果来看，在我国以家庭经营制度为基础、小规模农业生产模式中，农民专业合作社被认为是农业产业化经营的突破口，针对农民专业合作社对经济、社会、环境等方面的积极意义、农民专业合作社的内部治理结构对其效率的影响分析比较深入。但是，国内外关于农民合作社的高级类型——农民专业合作联社的研究不够。

第一，在研究内容上，大多从农民专业合作联社的作用和功能进行探讨，而对其特质及功能局限、发展面临的制约因素缺乏系统分析，不利于人们对农民专业合作联社健康持续发展的全面了解和把握；有关农民专业合作联社的经济分析略显不足，特别是缺乏对农民专业合作联社农业共营效率的测度、缺乏对影响农民专业合作联社农业共营效率关键因素的分析。

第二，在研究视角上，目前国内外学者偏重基于农户收益或政府投入的视角分析农业补贴政策对农民专业合作社及其效率的影响，缺乏对农民专业合作联社农业共营效率多重影响因素的全面评价。

第三，在研究方法上，以规范分析为主，大多为理论阐述，部分研究考察了具体案例和少量区域性样本。而基于大规模实证样本数据，对农民专业合作联社农业共营效率及影响因素进行比较分析的研究较少，迫切需要实现农民专业合作联社农业共营效率及其影响因素分析的理论创新和实证检验。

第三节　本书的研究内容和方法

一、研究内容

（一）农民专业合作联社的特质分析和典型合作联社的结构剖析

（1）合作联社不同于非合作联社（单个农民专业合作社）的特质分析。与农民专业合作社存在的小（规模小）、散（管理松散）、弱（市场地位弱）、低（成员的出资能力、风险防御能力、经营管理能力相对较低）等问题相比较，本书将全面分析和系统总结农民专业合作联社在合作共营、获取联合收益、对内对外关系、实现农超农企对接、推动农业发展等方面所呈现的特殊性质。

（2）典型农民专业合作联社的结构剖析。本书选取湖北天惠种植养殖专业合作社联合社、监利县福娃三丰农机农民专业合作联社、洪湖市春露农作物种植专业合作社联合社、湖北巴土灵丹中药材产销专业合作社联社、贵州石阡县佛峰畜禽养殖专业合作联社、铜仁市万山区荣盛特色种养专业合作联社，湖南佳湘美农业专业合作联社等二十余家典型农民专业合作联社，对其内部结构进行剖析。

（3）农民专业合作联社农业共营效率内在机理分析。本书将从市场替代、优势资源互补、个体间协调形成集体理性等方面，分析农民专业合作联社农业共营效率的内在机理。

（二）农民专业合作联社农业共营成效调查分析

（1）农民专业合作联社共营成效。这包括：①创新服务方式，提高经营效率；②实现统一管理，提高综合效益；③强化人才培训，推广应用新技术；④解决现实困难，带动社员增收；⑤创建自有品牌，谋求持续发展。

（2）农民专业合作联社规模经济效益。农机专业合作社获得规模经济效益的途径有：①开展土地整理，提高土地利用率；②降低生产成本，增加农业生产效益；③合理配置资源，降低农业生产投资；④新技术的提前应用，实现节本增产；⑤服务方式灵活，有利于抢占作业市场；⑥运行成本的节约；⑦产业链的延伸。

（3）农牧民专业合作社共营成效。这包括：①获得规模经济；②增加社员收入；③提升技术水平；④降低生产成本；⑤延伸产业链条。

（三）农民专业合作社分类型效率考察

本书选取农机合作社开展分类效率考察。

（1）采用 Bootstrap-DEA 方法测量农民专业合作社的综合技术效率，包括纯技术效率和规模效率，综合技术效率=纯技术效率×规模效率。技术效率是由于管理和技术等因素影响的生产效率，规模效率是由于规模因素影响的生产效率。

（2）运用截断 Bootstrap 模型检验效率的影响因素。根据投入冗余值大小，分析不同地区农机合作社在对人力资本、技术人才、合作社资产和政府财政扶持资金的运用和管理上存在的问题。

（四）农民专业合作联社共营绩效影响因素分析

（1）提取主成分。本书先进行主成分因子分析，为避免分析过程产生复杂冗余，根据相关性程度将自变量分解为四个主成分大类。

（2）针对主成分进行回归分析。对农民专业合作联社共营绩效影响因素四个主成分使用多元线性回归模型进行实证分析，探讨四个主成分因子对农民专业合作联社总收入绩效影响的显著性关系。

（五）农民专业合作联社协同创新研究

（1）农民专业合作联社协同创新模型构建。农民专业合作联社的协同创新主要体现在协同创新与"战略—组织—知识—要素"密切相关，在国家法律法规、当地市场发育程度、政府相关政策等环境因素影响下，战略、组织、知识及要素之间的协同产生巨大的协同创新效应，并受运营成本和经济效益的制约，最终共同推动合作联社协同绩效的持续提升。

（2）农民专业合作联社协同创新效应分析：①战略协同促进合作联社内部价值认同；②组织协同实现多方合作共赢；③知识协同搭建产业信息平台；④要素协同产生强烈聚拢效应。

（3）影响农民专业合作联社协同创新效应提升的因素：①战略协同意识差，合作联社人才短缺；②组织结构较松散，合作联社运行不规范；③知识协同能力弱，合作联社内外沟通不够；④资源利用不充分，合作联社产品知名度不高。

（六）农民专业合作联社发展金融支持政策研究

（1）金融政策支持农民专业合作联社发展：①财政支持农民专业合作联社发展，实施农村金融奖励补贴政策，完善农业保险保费补贴政策；②在税收优惠方面支持农民专业合作联社的发展；③在信用担保方面支持农民专业合作联社的发展；④在运行费用减免方面支持农民专业合作联社的发展。

（2）金融政策支持农民专业合作联社发展面临的困难：①缺乏金融政策支持，合作联社融资困难；②政府金融扶持力度不够，不利于合作联社的发展壮大；③利益联结机制不健全，合作联社经济收益低下；④相关法律尚不完善，金融支持政策难以落实。

二、研究方法

（一）理论分析和实证研究相结合

本书将全面回顾有关农民专业合作社联合动因、合作联社组建方式与功能、合作联社运行效率、合作经济组织效率影响因素等相关文献。在对文献进行充分总结的基础上，构建农民专业合作联社农业共营效率的综合分析框架。然后，选取国内农民专业合作联社发展较快且具有代表性的省市，如山东、安徽、湖北、湖南、四川、重庆等，进行随机抽样并实地调研，构建农民专业合作联社数据库进行验证，并对分析框架进行调整和完善。

（二）实地调查和入户访谈

收集各省农民专业合作联社的数据资料。本书将借鉴相关文献和对部分合作联社进行的案例分析，设计问卷初稿。然后，咨询有关专家，提出修改意见。在预调研的基础上，对问卷进行补充和完善。最终的调查问卷主要包含以下几部分：农民专业合作联社的基本情况、社员情况、服务内容、经营产品情况、内外环境因素、治理结构、经营产品类型、产品市场渠道等。

数据的收集将根据地域不同分成不同的小组。每个小组由一位老师带领一位研究生和 2~5 位本科生组成。调查前将对所有参加调研的本科生、研究生和老师进行培训，弄清楚调查目的，明白调查内容，了解调查方法，熟悉调查程序。每天完成的调查问卷当天输入电脑，以便及时补充可能缺失的信息。数据分析前对所有的调查数据进行检查，确保输入的数据准确、完整。

（三）计量经济模型分析

1. 松弛测度 SBM 模型法

在测度农民专业合作联社农业共营效率的模型设定方面，国内外学者广泛使用的是松弛测度 SBM 模型，该模型是由 Tone（2001）提出的一种 DEA 拓展模型。它有两个优点：一是投入和产出的单位不影响效率值，为一个无量纲；二是该效率值随着投入和产出的松弛严格单调递减。这里，我们把每一家农民专业合作联社看作一个生产决策单元 DMU。

在 DEA 方法中，投入和产出指标的选取至关重要。本书选取合作联社资产总额、流转土地面积、合作联社成员数等为投入指标，农业总产值、社均收入等为产出指标，计算第一批（2012~2014 年）农民专业合作联社农业共营效率。收集的第二批（2015~2017 年）数据同样处理。

对于在 t 年度具有 m 种投入和 s 种产出的第 j 家农民专业合作联社 $\mathrm{DMU}_j\left(x_j, y_j\right)$，其 SBM 模型如下：

$$\rho_{jt}^* = \min \frac{1 - \dfrac{1}{m}\sum_{k=1}^{m} s_{kt}^- \big/ x_{kjt}}{1 + \dfrac{1}{s}\sum_{r=1}^{s} s_{rt}^+ \big/ y_{rjt}} \qquad (1\text{-}1)$$

$$\text{s.t.} \quad x_{jt} = X_t \lambda + s_t^-$$
$$y_{jt} = Y_t \lambda - s_t^+$$
$$\lambda \geqslant 0, s_t^- \geqslant 0, s_t^+ \geqslant 0$$

其中，ρ_{jt}^* 表示合作联社决策单元 $\mathrm{DMU}_j\left(x_j, y_j\right)$ 在 t 年度的农业共营效率值；s_{kt}^- 表示 t 年度第 k 种投入的冗余；s_{rt}^+ 表示 t 年度第 r 种产出的不足。投入的冗余占实际投入量的比例称为投入的非效率水平，产出的不足占实际产出量的比例称为产出的非效率水平。该目标方程同样满足 s_{kt}^-、s_{rt}^+ 单调递减，目标值满足 $0 < \rho_{jt}^* \leqslant 1$。当 $s_t^- = s_t^+ = 0$，$\rho_{jt}^* = 1$ 时，t 年度的合作联社决策单元 $\mathrm{DMU}_j\left(x_j, y_j\right)$ 处在效率前沿上，表现为 DEA 有效。

对于 $0 < \rho_{jt}^* \leqslant 1$ 的非 DEA 有效情形，本书将进行纯技术有效性分析，计算出相应的纯技术效率值和规模效率值，从而明确非 DEA 有效的农民专业合作联社所存在的问题及今后努力的方向。

2. 截断 Bootstrap 方法

农民专业合作联社农业共营效率受各地经济发展差异、合作联社自身差异等多重因素的共同影响，且共营效率值介于 0~1。在分析农民专业合作联社农业共营效率的影响因素时，如果采用通常的 DEA-Tobit 模型或 DEA-OLS 模型，其结果是 OLS 模型的估计结果是有偏的，Tobit 模型的估计结果具有不一致性；而通过实证分析发现，截断 Bootstrap 程序可以克服这些缺陷(Simar and Wilson, 2007)。因此，本书将采用截断 Bootstrap 方法对农民专业合作联社农业共营效率的影响因素进行估计。回归模型定义如下：

$$\rho_{jt}^{*} = \alpha_0 + \alpha_1\mu_{1jt} + \alpha_2\mu_{2jt} + \cdots + \alpha_n\mu_{njt} + \varepsilon_{jt} \tag{1-2}$$

其中，ρ_{jt}^{*} 为通过模型（1-1）测得的第 j 家农民专业合作联社在 t 年度的农业共营效率值，为因变量；$\mu_{1jt}, \mu_{2jt}, \cdots, \mu_{njt}$ 为影响因子，为自变量；$\alpha_1, \alpha_2, \cdots, \alpha_n$ 为被估计系数；α_0 为常数项；ε_{jt} 为统计噪声。

第二章 农民专业合作联社农业共营效率理论基础

第一节 相关概念的提出和界定

一、合作社

早在19世纪初英国创办了世界上第一个合作组织，罗虚代尔公平先行社（The Rochdale Equitable Pioneers）的诞生开辟了后续170多年合作社的发展史。

合作社的定义很多。赖罗（1980）认为，为了符合广大农户的需求，农户遵循自主自愿的原则产生联盟行为形成合作社。中国合作社的名称都是由英文cooperative或cooperative group等直接翻译而来的。徐更生（1986）等认为合作社是顺应社会经济的发展而产生的；为了适应社会经济的变化，广大小农经营生产者遵循自愿、民主、平等及互利这四项原则，利用普遍都持有的某种资源而自发组建起一种经济组织。牛若峰和夏英（2000）综合这些观点将合作社定义为：它是弱势劳动者为了达到同种目标的自愿联合经济组织，并非资本的结合体。国际合作社联盟（International Co-operative Alliance，ICA）认为合作社是为了符合大部分农户的同种利益需求而产生的，对此具体的阐述是：①它是一种独立于企业及政府机关的自主管理经济组织；②在某种程度上合作社相当于一个由社员共同掌握所有权的企业；③通常情况下基层合作组织是由独立的自然人组成的，但是合作社可以进一步地进行联合同时能够容纳法人与公司的加盟；④社员始终有自由入退社的权利。

二、农民专业合作社

参照我国2007年实施的《中华人民共和国农民专业合作社法》，本书将"农民专业合作社"理解为：由生产相同种类农产品的经营者与同种服务的提供者，遵循自主自愿、全体社员集体管理的原则而形成的一种互助型经济组织。农民专业合作社内部的集体社员是合作社的服务对象，它主要为社员提供集中置办农业生产资料，共享有关产品的深加工、运输、储藏及销售的先进科学技术等一系列服务。

"农民专业合作经济组织"有广义和狭义之分。狭义的农民专业合作经济组织就是农民专业合作社，广义的农民专业合作经济组织不仅仅指农民专业合作社，还包括合作社、涉农协会、涉农组织，所以广义的农民专业合作经济组织的范围广泛。农民专业合作经济组织曾有过多种称谓，如农民专业技术协会、农民专业合作社、合作协会、农民合作组织等。形式上多种多样，无论用哪种方式表述，其核心内容都包括三个方面：主体成员为农民；遵循合作制原则；具有经济属性。

农民专业合作社是具有小企业和共同体属性的社会经济组织，而这样的合作社的绩效一直是经济学和管理学的难题。绩效源自管理学，是一个关于组织活动的整体性概念。但是衡量绩效的标准目前学界还没有一个具体说明。从《中华人民共和国农民专业合作社法》实施情况来看，我国的农民专业合作社总体发展水平不高，其中最主要的制约因素是农民专业合作社绩效不佳，这也是衡量农民专业合作社可持续发展的重要杠杆。而农民专业合作社组织中的绩效一般指的是社员对合作社运作的满意程度，这是一种对合作社综合性运营效果的衡量。

农机专业合作社是按照《中华人民共和国农民专业合作社法》《农民专业合作社登记管理条例》《农民专业合作社示范章程》和有关法律、法规、制定章程，依法成立的以农机服务为主的农民专业合作社。其以服务成员为宗旨，遵循"入社自愿、退社自由"的原则为合作社成员和其他个人或团体提供服务。农机专业合作社主要以农机手为骨干，以农业机械为主要工具，具有农业规模化，通过委托代耕、转让土地经营权、租赁、土地交换、土地入股等方式，扩大自身的经营规模，从而提高经营效益。

农机专业合作社按照分类标准的差异，可以分为很多类型。按照组织形式进行分类，可以分为农机大户组建型、村组集团经济创办型、公司投资型；按照服务模式进行分类，可以分为统一经营型、互助合作型、统分结合型。在分配方式上，农机专业合作社一般均遵循按资分配和按劳分配相结合的原则，以机具、入社土地为资本，以作业量为劳动量，实行工薪和分成制。

三、农民专业合作联社

农民专业合作联社（或农民专业合作社联合社，farmer professional cooperative

union，FPCU）近年来在我国多个省份纷纷建立起来，然而，在合作联社的理论研究方面我国还处于探索的初级阶段。我国较早提出合作联社的学者苑鹏（2001）认为，农民专业合作联社是以农民专业合作组织为法人团体成员，遵循合作社自愿、民主、互助的基本原则，以服务全体成员共同需求为目标，自发组建的互助性的联合组织。本书认为，农民专业合作联社是两个以上农民专业合作社之间以产品和产业为纽带，基于做大同一产业、延长产业链、提高竞争力而自愿联合、民主管理的互助性经济组织，是农民合作社的高级形态。

实践中，农民专业合作联社组建形式一般可以分为三种：一是横向联合，即涉足同一（或相近）产品或经营内容的专业合作社组建的农民专业合作联社；二是纵向联合，即处于不同生产经营环节（包括产前、产中、产后）的专业合作社组建的农民专业合作联社；三是混合型，即同时采用横向联合和纵向联合组建的农民专业合作联社。也有学者认为，农民专业合作社之间的联合主要有三种形式：一是同行业的农民专业合作社自愿联合组建的同业型农民专业合作联社；二是同地区的不同行业的农民专业合作社自愿联合组建的同区型农民专业合作联社；三是同地区的不同行业的农民专业合作社为开展某项活动而自动联合组建的同项型农民专业合作联社（杨群义，2012）。

四、农业共营效率

农民专业合作联社不论横向、纵向或混合等组建形式，其农业共营效率都体现为联合收益的增加，包括通过横向一体化实现规模经济、范围经济，最大限度地降低交易成本，提高议价能力，提升服务成员质量等；通过纵向一体化经营，延伸产业链，扩大业务范围，巩固和增强市场地位，提高市场竞争力等。农民专业合作联社农业共营效率的高低主要取决于农业生产的自然属性、生产要素的重新组合、生产环节的精细分工、社员之间的联合与合作及农业的技术进步等。

第二节　农民专业合作联社农业共营效率理论解释

一、俱乐部经济理论

俱乐部经济理论最早可追溯到 20 世纪 20 年代初期庇古（A. C. Pigou）与富兰克·奈特（Frank H. Knight）对拥挤的道路征收通行费的有关论述。现代俱乐部经济理论的真正奠基人是布坎南（James M. Buchanan）与蒂布特（Charles Tiebout）。俱乐部经济理论的基本目的是研究非纯公共品的配置效率问题。在一个社会中，俱乐部成员的效用受到三个因素影响：私人物品消费量、俱乐部物品消费量、俱乐部的拥挤程度。任何一个社会成员都力求个人效用最大，为此他首先要决定是否加入俱乐部。而一旦加入俱乐部后，他还要决定对俱乐部的利用率。如何利用俱乐部又取决于俱乐部物品数量、成员人数和会费。当每个社会成员实现最大个人效用时，我们就说实现了俱乐部内外同时均衡。同时，在俱乐部中要避免出现"搭便车"的现象，对于一个利益共同体来说，各经济个体必须坚守只有组织利益最大化才能实现个体利益最大化。如果某一经济个体采取"搭便车"的行为，一方面，会造成其他经济个体失去继续为本组织努力的动力；另一方面，也有可能削弱组织的创新力和凝聚力，进而在俱乐部集体选择中产生非理性行为，在市场竞争中降低竞争力。在我国，一方面，农民人数众多，缺乏一个组织程度高、沟通协商能力强、能表达其意愿和利益的经济组织；另一方面，农村地区交通闭塞，信息不发达，加之农民自身能力素质不高，存在"搭便车"的现象。因此，作为农民自身联合成立的互助性经济组织，农民专业合作联社被广大农民寄予厚望，力求通过发展农民专业合作联社，在提高组织化程度的同时，实现市场经济活动的利益最大化。

二、现代组织理论

一个组织是一群具有不同任务的人们通过各种分工合作实现共同目的的集合体。这种组织为了满足内部人员的共同需求，会合理分配各阶层的工作，制定适当的工作规则。根据古典组织学说的解释：各部门的劳动技术专业化程度不同导致分工越来越细化，工业化是由于分工的细化而形成的，这也导致了分层现象。企业的明确分工与分层监管导致了组织结构的出现。早期的组织是在外部环境较为稳定的情况下，为了进行内部资产管理和明确组织内部各部门的职能而建立起来的一种较为传统的体系。但是在现实生活中，组织具有变动性，它与外部环境相互作用、相互发展，而不是处于一个恒定不变的状态。现代组织学说综合多个维度展示了不同的环境下组织所产生的变化。第一，从生态学说出发，生物是靠遗传能力而进化，在某种程度上组织的发展也同样具备此种能力，表现为组织内部机制的延续性；而生物的多样性对于组织来说表现为各个不同的组织具有独树一帜的特征；同时生态学说下的组织拥有自然选择权，随着外部社会的不断变化，有的组织能够很快适应新的环境得以延续发展，而有的组织却因此解散，该学说重点表明自然选择权对组织的重要性，组织能否长久生存取决于它是否能在最短的时间适应变化后的环境。第二，从资源依赖学说出发，一切组织无法仅凭自身的发展而获得长期的生存，获得长期生存的唯一渠道是与外部环境进行互换。因为组织通过与外部环境的互换能够获取某种重要的资源，而资源是稀缺的，会导致组织对提供稀缺资源的外部环境产生较强的依赖性。所以组织为了降低对资源的依赖程度，会合理分配资源使其达到最大限度的使用，除此之外，组织也会通过彼此间的合作来减少这种依赖。

三、交易成本理论

"交易成本理论"是科斯（R. H. Coase）1937年在修改"交易成本"的基础上提出来的，结合契约与交易成本两方面来研究组织的选择行为。他对交易成本的理解是使用市场机制的成本，包含收集市场价格讯息、交易过程中谈判与签署合同时所产生的费用。同时，交易具备的稀缺性和可度量性使得交易的成本与收益能够相互比较与衡量。"科斯定律"阐述了这样的观点：如果交易成本等于零，那么市场通过"看不见的手"排除市场交易的所有外界干扰，最终实现最优资源配置。基于第一定律，科斯第二定律指出在交易成本存在的情况下，制度是否合理决定了资源能否合理分配。交易成本理论随着科斯观点的提出被社会各界人士广泛采用，并已扩展到交易成本的监管、形成交易所具备的条件及有关交易讯息的采集等范围。威廉姆森（Oliver Williamson）从交易的角度结合其特征对经济组织的选择进行了更为全面的说明。人的行为与外界条件产生了交易成本，但是人的能力具有局限性并不能知道每一个行为会引发出什么其他的行为，所以这也会导致交易成本发生质的变化。针对整合处理相关交易这类信息的时候，公司类的经济组织因能够从中获取规模经济表现出卓越的交易成本节约优势。国内学者张五常（2001）将交易成本看作由结构制度成本、讯息成本、监管成本等多种成本构成，它是产生于人际社会关系中由交易活动引起的一系列成本。农民专业合作联社是一种节约交易费用的互助性经济组织，将不同成员社、个体农户、农产品经营者与整个市场进行衔接，降低了交易次数与交易风险，并最大规模地获取交易收益。

四、合作的制度论

斯密（Adam Smith）最早认识到合作社存在的必要性，他认为人类的这种合作互助的行为，能从根本上将人与动物区分开来。谢林对合作产生的"路径依赖"做出了较为明确的叙述：对于已经产生的决策，即便在当前社会无法实现最大效益，但是受到地方文化与经济的强力约束致使该决策不易更改。诺尔斯将合作看作解决许多经济与政治问题的关键突破口。而科尔曼（James S. Coleman）提出了合作的制度论，他认为如果一个整体组织中有个别势力想要去破坏群体利益，则相关的行为制度规范就会应运而生。这就相当于在合作的组织论基础上衍生了合作的制度论。农民专业合作联社内部，每一家成员社都有资本投入，每一份产出都关系到每一家成员社自身的利益。合作社之间的联合符合合作组织的"合作性"，能够催生合作联社运营效率实现最大化。并且，在实践中合作联社往往具有严谨统一的组织形式和管理制度，市场严格的准入制度加上政府部门的有效监管，使得规范的合作社和合作联社具有较高的市场交易地位。

五、委托代理关系理论

20 世纪 40 年代就对委托-代理理论进行过阐述，迅速发展的委托-代理理论在 70 年代越来越受到经济学界乃至整个社会的重视。目前对委托-代理理论的定义是指双方当事人，其中代理人一方代表委托一方的利益，则行使的某些决策权关系就是委托关系。在委托代理的关系当中，由于委托人与代理人的效用函数不一样，委托人追求的是自己的财富更多，而代理人追求自己的工资津贴收入、奢侈消费和闲暇时间最大化，这必然导致两者的利益冲突。在农民专业合作社中，社员接受合作社提供的服务，农民加入合作社的同时也建立起了"委托-代理"关系，这种关系对农业生产信息、市场信息、政策信息的统一反应，以及消费市场对农产品的较高要求，农民专业合作社对农业生产的规范操作更能满足市场对农产品的质量保证，激烈的市场竞争，也为合作社提升管理水平、建立品牌商誉、完善组织结构提供了动力。Eilers 和 Hanf（1999）认为，合作社中的委托代理关系存在着双重属性，当合作社领导向社员提供生产经营合同时，委托人即合作社的领导者，如果社员向领导者提供生产经营合同时，社员就成了委托人。马彦丽和孟彩英（2008）表示，针对由极少数人控制的合作社而言，在小社员与核心社员的委托代理关系中，小社员的利益往往受到损害。谭智心和孔祥智（2011）从农民专业合作社的委托代理关系的内部进行分析认为，合作社经营的农产品总量的比重及合作社盈余分配中所占的比例与合作社代理人的能力有关。

第三节　农民专业合作联社农业共营效率方法论基础

系统论是 20 世纪迅速普及和发展起来的研究系统模式、性能、行为和规律的科学。系统论对促进科学发展和人类社会进步乃至改变人们思维方式都产生了重要影响，成为现代自然科学和社会科学分析问题的重要方法理论，也为实现农民专业合作联社内部经济联动的系统化和整体最优化提供了方法论基础。现代系统理论主要包括自组织系统理论、信息论、控制论等。

农民专业合作联社由多个关联的合作社联合组建，不同合作社之间竞争合作关系体现为一种博弈。

一、自组织系统理论

自组织系统理论是 20 世纪 60 年代末期建立并发展起来，研究客观世界中自组织现象产生、演化的系统理论，它主要包括耗散结构理论和协同学等。自组织系统理论以自组织系统（生命系统、社会系统）的形成和发展机制问题为研究对象，以系统如何从无序到有序、再向更高级有序态发展、演化为主要研究内容，构成现代系统理论的重要分支，为人们分析研究复杂系统的演化规律提供了一个有力工具。

（一）耗散结构理论

比利时化学物理学家、1977 年诺贝尔化学奖得主普利高津（Ilya Prigogine）在 1969 年《结构、耗散和生命》一文中首先提出耗散结构理论。耗散结构理论认为，远离平衡态的开放系统通过引进负熵和正反馈循环，经涨落或起伏，将从无序状态进入有序状态即耗散结构。系统进入有序状态的主要条件：一是开放系统，系统必须从外界摄取能量物质，以维持有序结构。二是远离平衡态，开放系统在外界作用下离开平衡态，并随着外界对其作用变强，逐渐从近平衡区推向远离平衡态的非线性区，只有这样才有可能形成有序结构。三是非线性相互作用，是指事物要素之间以立体网络形式相互作用的机制，它是系统形成有序结构的内部原因。四是涨落，涨落会导致系统失稳，远离平衡态时会使系统从不稳定的定态向新的稳定的有序态跃进，形成耗散结构（沈小峰，1982）。

（二）协同学

协同学是 20 世纪 70 年代德国物理学家赫尔曼·哈肯（Hermann Haken）创立的一种自组织理论。协同，是指系统中诸多子系统的相互协调、合作或同步的联合作用，是系统整体性、相关性的内在表现。哈肯认为，系统自组织的动力来自系统内部的两种相互作用：竞争与协同。子系统的竞争使系统趋于非平衡，子系统之间的协同则是在非平衡条件下使子系统中的某些运动趋势联合起来并加以放大，从而使之占据优势地位，支配系统整体的演化。哈肯用序参量描述子系统的宏观行为，认为一个协同系统可以有多个相互竞争、合作的序参量，序参量支配子系统，子系统服务于序参量之间的竞争和合作，这一过程正是系统的自组织过程。当几个序参量势均力敌时，处于合作状态，系统呈现有序结构；而当系统出现扰动（微涨落）时，几种序参量的力量对比发生变化，序参量之间出现竞争。竞争的结果，只有一个序参量（哈肯称之为超序参量）保留下来并主宰整个系统，其他子系统则随着序参量所规定的模式而变化并达成协同一致的宏观局面（巨涨落）。在系统演化的过程中，超序参量会发生换元。如果系统内部或外部环境又出现一个微涨落时，在序参量的竞争、合作过程中，老序参量可能被新序参量替代，这时新序参量则主宰整个系统，在系统中发展成一个巨涨落，使系统演化进入下一个新的阶段。如此循环反复，系统不断演化发展。

二、博弈论

博弈即在多决策主体之间的行为相互作用时，各主体根据所掌握的信息及对自身能力的认知，做出有利于自己决策的一种行为。很多制度经济学家都将博弈分析作为重要的分析方法，形成了经济学视角下的博弈观点。例如，青木昌彦（Aoki Masahiko）（2001）就将制度的形成归结于重复博弈后达成的"共同信念"，而"共同信念"有的是地方法律法规，有的指乡约民俗，有的是当地居民固有的办事逻辑等。博弈论具体可分为经典博弈理论和进化博弈理论。

（一）经典博弈理论

经典博弈理论是在理性经济人假设前提下，分析各博弈主体的参与策略、信息和效用，预测或者解释博弈主体的最优策略及均衡解。经典博弈理论的基本假设是"完全经济理性"，即人们都会在一定的约束条件下最大化自身的利益。这种假定是一种理想状态下的完美策略分析过程，并且每个参与人对博弈的结构及对方的支付有完全的了解，求解子博弈精炼纳什均衡时所利用的后向归纳法不但要求参与人完全理性，而且还要求参与人的预期满足一致性原则。而现实中的博弈参与主体并不都是完全理性的。大量的心理学实验和近年来实验经济学的迅速发展表明，人类在做出经济决策时总是存在着系统的推理误差，而这些误差的产生大多受诸如信息成本、思考成本、激动和经验等因素的影响。杨（Young，1998）认为，现实中利润或者效用最大化只是影响决策的一个因素，决策时还必须考虑其他许多因素，其中一个特别重要的因素便是决策者所处的环境（如历史背景、社会环境等）。这就意味着现实中的经济行为并不能全部通过经典博弈理论来进行解释。

（二）进化博弈理论

与经典博弈理论不同，进化博弈理论并不要求经济主体是完全理性的，也不要求经济主体的行为满足预期一致性原则。进化博弈理论以达尔文的生物进化论和拉马克的遗传基因理论为基本思想。典型的进化博弈模型包括参与人群体集合，各群体个体之间进行重复匿名博弈。其关键假定是，参与人群体并不是行为最优化者而是行为幼稚者，即参与人不相信他们现在的行为会影响对手未来的选择，参与人也不理会对手是否与他们进行同样的行为调整。各群体个体之间进行重复博弈，在博弈的任何时点上选择不同策略的个体在群体中都有一个概率分布与之对应。按博弈中群体数的不同，进化博弈分为对称博弈与非对称博弈。其中，对称博弈是指单一群体的情形，而非对称博弈是指多群体的情形。因此，进化博弈理论比经典博弈理论能更准确地预测经济主体的行为，并且该理论在提出之后短短的二十几年里就获得了迅速的发展。

在本书中，博弈主体来自多个不同类型，如农民专业合作联社、农民专业合作社、农机合作社等。

第三章 农民专业合作联社（合作社）发展状况分析

第一节 我国农民专业合作联社发展状况

农民专业合作联社是农民专业合作社发展到一定阶段的产物。合作社虽在一定程度上带动了农民的增收致富，但自 2009 年以来，我国农民专业合作社出现了新的发展动向，一些地方的农民专业合作社探索成立联合社，试图通过自愿合作、联合经营，解决单个农民专业合作社发展中存在的经营规模小、管理松散、实力偏弱等问题。农民专业合作社通过纵向、横向一体化实现规模经济、范围经济，以成员合作社为服务对象，为其提供产前、产中、产后服务，在产品品牌、宣传策划、质量标准、技术服务、产品销售等方面进行统一指导和协调，并向农产品深加工领域延伸，最大限度地降低合作社的交易成本，增强合作社市场议价能力。

近年来，国家出台系列政策文件支持农业经济合作组织加快发展。2007 年，《中华人民共和国农民专业合作社法》正式颁布实施，推动农民专业合作联社（合作社）发展步入法治化轨道。2013 年中央一号文件指出，"引导农民合作社以产品和产业为纽带开展合作与联合，积极探索合作社联社登记管理办法"。2014 年中央一号文件提出，"鼓励发展专业合作、股份合作等多种形式的农民合作社，引导规范运行，着力加强能力建设"。具体扶持政策包括：允许财政项目资金直接投向符合条件的合作社，允许财政补助形成的资产转交合作社持有和管护，有关部门要建立规范透明的管理制度，推进财政支持农民合作社创新试点。2015 年中央一号文件要求"引导农民专业合作社拓宽服务领域"。2016 年中央一号文件指出，"鼓励发展股份合作，引导农户自愿以土地经营权等入股龙头企业和农民合作社，采取'保底收益+按股分红'等方式，让农户分享加工销售环节收益，建立健全风险防范机制"。2017 年中央一号文件进一步指出，"加强农民合作社规范化建设，积极发展生产、供销、信用'三位一体'综合合作"。2018 年中央一号文件再次强调，"实施新型农业经营主体培育工程，培育发展家庭农场、合作社、龙头企业、社会化服务组织和农业产业化联合体，发展多种形式适度规模经营"。

在国家政策的支持下，农民专业合作联社（合作社）有如雨后春笋般涌现。从规模来看，依法注册登记的农民专业合作联社（合作社）数量由 2010 年的 35 万家增加到 2014 年的 128.88 万家，2017 年底突破 200 万家，2018 年底增加到 217.30 万家，到 2019 年 10 月底达到 220.30 万家（图 3-1）。实有入社农户超过 1 亿户，占全国农户总数的 49.1%。尽管合作社总体平均规模仅为 60 余户，但拥有数万户成员的合作社也同时存在，并且合作社之间纷纷通过纵向、横向或混合联合成立农民专业合作联社。据统计，截至 2018 年底，全国农民专业合作联社数量已达 1 万多家，相较 2017 年底 7 200 多家同比增速近 50%，远高于同期农民专业合作社的发展速度，并且一些省份还成立了省级合作联社。2019 年合作联社数量继续保持增长态势。

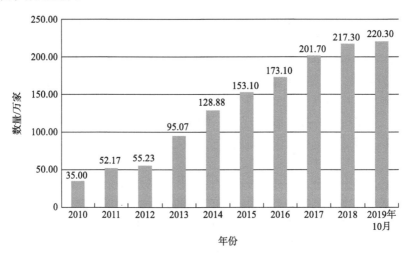

图 3-1　我国农民专业合作联社（合作社）注册数量变化

资料来源：根据中国农民合作社网站（http://www.zgnmhzs.cn/）数据整理得到。其中，2019 年数据来源于农业农村部农村合作经济指导司：推进农民合作社高质量发展，《农民日报》2020 年 7 月 29 日

实践中，农民专业合作社之间的联合形式多种多样。有的是将同一地区内的合作社联合起来，主要发挥沟通信息、行业自律的功能；有的是将同业农民专业合作社联合起来，进一步扩大产品规模，实现规模经济；还有的是在销售环节联合，使用统一品牌，降低销售成本，获取更大的经济效益。总体而言，多个合作

社进一步组建合作联社的理由主要有以下方面：一是节约交易成本，通过联合，合作社可以进一步节约生产资料和生活资料的交易成本，增强对成员的吸引力；二是增加农产品销售的效益；三是通过联合组织谈判能力的提升，提高成员的经济和社会地位，从而增强成员的社会影响力；四是通过联合组织的运行，扩大合作社文化的传播。

　　然而，受历史、经济、社会等因素影响，不同区域农民专业合作联社（合作社）发展呈现出了显著差异性。

第二节　东部地区农民专业合作联社发展状况

　　东部地区农业发展方式转变走在全国前列，农业经营组织化程度相对较高。东部地区农民专业合作社发展呈现出一个共同特点，即农民专业合作经济组织是由原来的农业协会逐渐向经济法人和社团法人转变，当前一些素质和能力较高的农民专业合作社领导层利用较好的区位优势积极创新，增强了合作社的凝聚力，从而促进了农民专业合作社的可持续发展。

　　我国农民专业合作社从事生产的行业仍然以种植业和养殖业为主。2010年底我国农民专业合作社中42.8%从事种植业生产，30.2%从事养殖业生产，从事种植业和养殖业的农民专业合作社占全国合作社总数的73.0%（农业部农村经济体制与经营管理司等，2011）。东部地区农民专业合作社从事行业与全国情况基本一致。但有一点不同，东部地区农业经营组织化程度高于全国平均水平，特别是合作社之间的联合进度走在全国前列。在东部的一些省市，农民专业合作联社从数量到规模都有了明显的提升。

　　以浙江省为例，由于农民专业协会不能直接进行经营销售等经济活动，在买方市场格局下缺乏融资机制，发展遇到许多阻力。为此，2000年以后，许多浙江农民专业协会向专业合作社转变进行模式创新，除了到田间生产现场对成员进行技术传播和辅导之外，还提升经营实体功能，开始开展农业生产资料运输销售等多元化服务，向农民供应种子、化肥等投入品，拓展了经营范围，发挥规模经济效应实现生产成本的有效降低，得到成员的认可和接纳，农民专业技术协会向农民专业合作组织转型步伐明显加快。2006年底，浙江省农民专业合作组织总数为4 479个，比2000年底增加了79%；合作组织成员数为36.4万家，比2000年底增加了80%，带动农户数超过266.4万户，固定资产达21.0亿元，是2000年底的4倍，是1997年底的23倍，但64.4%的合作社年销售额在200万元以下，说明浙江合作社的经营实力仍然有待提升。因此，在这个阶段，农民开始主动参与合

作组织的组建，2006 年农民组建的合作组织比例上升到 74.6%，比 2000 年上升了
54.8%。到 2010 年底，浙江省共有农民专业合作社 28 202 家，出资总额 1 680 606
万元，成员数 295 720 户，分别比 2009 年底增加 7 516 家、162 857 万元、73 070
户，成员数与带动农户数之和占全省农户数的将近半数，达到 48.6%（刘颖娴，
2015）。

　　这一时期，浙江省农民专业合作社为了实现自身的可持续发展，积极拓展生
产经营和服务领域，合作社从事行业由传统的种植业、养殖业生产领域进一步延
伸到消费和服务领域，实现自身经济效益的提升。例如，浙江省农业厅（现名为
浙江省农业农村厅）鼓励农民专业合作社发展休闲观光农业，将顾客吸引到合作
社所在地进行旅游消费，为合作社创造出旅游收益的同时扩大了合作社知名度，
又起到助力合作社解决农产品销售问题的作用。在这一阶段，浙江省农民专业合
作社依靠品牌优势发展统一销售以实现纵向一体化经营。各地通过整合农村生产
资源，发挥出各合作社比较优势进行有效分工、协作，克服产业链延伸不足和叠
加交叉的劣势，实现产前、产中、产后的全产业链纵向一体化经营，掌握市场主
动权。2010 年浙江省农民专业合作社中的 32.7% 实施后向一体化经营，为成员提
供生产资料，合作社中的 38.9% 实施前向一体化经营，成员生产的农产品经由合
作社统一销售（赵兴泉等，2011）。

第三节　中部地区农民专业合作联社发展状况

一、湖北省境内农民专业合作联社发展状况

（一）恩施州农民专业合作联社发展情况

　　从湖北全省的合作社及合作联社发展情况来看，恩施土家族苗族自治州（简
称恩施州）2016 年 6 月末以 7 746 户总户数高居湖北全省地市州的第一位，黄冈、
襄阳、宜昌、荆门分别较 2015 年末增长 14.01%、-2.28%、5.58%、12.10%。恩
施州仅 2016 年 1~6 月登记合作社数量已达 1 684 户，出资总额高达 28.25 亿元，
分别比 2015 年同期增长 174.27% 和 136.9%，属于湖北省合作社数量增长最快的
市州（柏振忠和向慧，2019a）。恩施州在发展农民专业合作社的同时也积极响应
政府号召，抱团发展，纷纷成立合作联社。

　　恩施州自成立全州首家农民专业合作联社以来，在规范全州农民专业合作社
生产、经营、销售行为，引导规范化生产、环保加工、诚信购销上发挥了牵头引

领和服务作用。为做大做强农民专业合作社规模，形成合作社抱团发展的合力，2015 年恩施州的畜牧、茶叶、药材三大合作联社相继成立，为接下来几年合作社大联合、大发展、大跨越打下了坚实的基础。此次在恩施州的调研区域主要集中在恩施市和利川市。

（1）恩施市。截至 2015 年 12 月，恩施市农民专业合作社总数达 825 家，家庭农场 112 家。入社普通农户数 38 181 户，入社率达 21%，带动非成员农户数 64 622 户，覆盖率达 35.6%，培育国家级示范社 2 家，省级示范社 9 家，州级示范社 9 家，州"百强"社 11 家，市级示范社 28 家。

（2）利川市。截至 2015 年利川市共发展农民专业合作社 543 家（利川市农业局经济统计年报数据），创建省级示范社 15 家、州级示范社 8 家，累计培育农民专业合作社 1 751 家，其中国家级示范社 5 家、省级示范社 22 家。

（二）宜昌市农民专业合作联社发展情况

（1）长阳县。近几年来，长阳县农民专业合作社（合作联社）、家庭农场、龙头企业和产业协会等各类新型农业经营主体数量增长速度快，发展势头猛。截至 2017 年 6 月，共组建农民专业合作经济组织 1 146 家（表 3-1），其中有三家合作联社，分别是湖北省伯乐油茶专业合作联社、湖北巴土灵丹中药材产销专业合作社联社和宜昌三才中药材专业合作联社。

表 3-1 长阳县农民专业合作社（合作联社）注册登记数量变化

乡镇	2014 年底	2015 年底	2016 年 6 月底	2016 年 11 月底	2017 年 6 月底
磨市	70	76	80	85	95
大堰	43	46	60	69	81
都镇湾	50	61	78	91	113
鸭子口	25	30	34	41	44
资丘	88	95	103	105	123
渔峡口	86	99	119	144	172
火烧坪	19	22	28	35	45
榔坪	122	132	147	154	191
贺家坪	66	74	84	92	97
高家堰	28	30	32	38	48
总计	701	780	894	985	1 146

经统计，2017 年 6 月，长阳县的合作社及合作联社中柑橘类 98 家，畜禽养

殖类 247 家，蔬菜类 229 家，茶叶类 92 家，林业类 35 家，渔业类 57 家，木本油料类 68 家，魔芋类 49 家，其他类 271 家（图 3-2）。全县涉农商标达到 120 个，"三品一标"认证的有 81 个产品，特色农产品品牌如雨后春笋般不断涌现。"一致"和"火烧坪"获得中国驰名商标，"清江"鱼获得中国名牌农产品，"资丘木瓜""火烧坪包儿菜""清江椪柑"获得国家地理标志产品保护。这些品牌的市场知晓率高、影响力和带动力大，对长阳特色产业起到积极的示范引导作用。

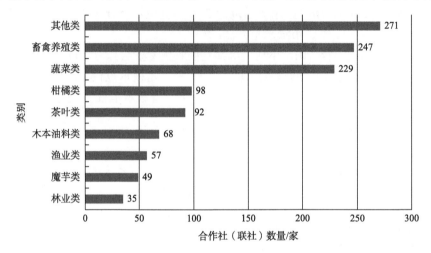

图 3-2 长阳县农民专业合作社分布情况（2017 年 6 月）

长阳地处山区，其中药材产业的发展很依赖自然环境，所以长阳一直以种植中药材为主要生计，是比较著名的药材之乡，长阳有著名的资丘木瓜、金福栀果和黄金藏独活，有些中药材很需要特定的土壤和自然环境，如贝母、太子参、厚朴等中药材都是很需要适宜的气候条件的作物。长阳的资丘木瓜和金福红栀已经获得国家原产地地理标志保护。近几年来，长阳山区农民从事中药材产业发展的积极性空前高涨，目前全县已有从事中药材产销的合作社 40 多家。

湖北巴土灵丹中药材产销专业合作社联社是长阳县总计三家合作联社中发展最为典型的一家合作联社，它不仅涵盖了药材种植和种子繁育，而且在中药材产品的生产链上进行了延长，集初加工、产品销售于一体，开始向服务型农民专业合作组织转型，主要由长阳璞岭中药种植专业合作社、宜昌兴昊农业科技有限公司、贺家坪泽昊中药种植专业合作社、长阳资丘木瓜产业协会等十家团体单位联合发起成立。湖北巴土灵丹中药材产销专业合作社联社创建产业发展带动机制，因地制宜发展特色产业，大面积推广中药材产业（表 3-2）。

表 3-2　湖北巴土灵丹中药材产销专业合作社联社 2016 年中药材销售统计表

序号	药材品名	种植面积/亩[1]	总产量/吨	价格区间/（元/千克）	吨区间价格/元	总产值/万元
1	皱皮木瓜	100 000	19 500	12~24	18 000	35 100
2	独活	20 000	10 000	8~14	11 000	11 000
3	贝母	1 000	600	25~65	45 000	2 700
4	栀果	60 000	7 500	3~5	4 000	3 000
5	七叶一枝花	500	100	550~850	700 000	7 000
6	天麻	1 000	300	80~120	100 000	3 000
7	白芨	200	20	500~800	650 000	1 300
8	玄参	300	180	10~11	10 500	189
9	丹参	100	50	8~10	9 000	45
10	党参	100	30	50~60	55 000	165
11	麦冬	100	30	35~40	37 500	112.5
12	黄连	50	5	70~80	75 000	37.5
13	大力子	2 000	30	12~15	13 500	40.5
14	当归	50	30	20~28	24 000	72
15	银杏	15 000	2 250	12~16	14 000	3 150
16	厚朴	10 000	1 000	11~13	12 000	1 200
17	黄檗	2 000	500	15~17	16 000	800
18	杜仲	10 000	3 000	8~9	7 500	2 250
19	丹皮	100	20	23~28	25 500	51
	合计	222 500	45 145		1 827 500	71 212.5

1）1 亩 ≈ 666.67 平方米

（2）秭归县。秭归县一直以来因脐橙而闻名，特别是在当今人们对水果品质要求越来越高的条件下，秭归县以市场需求为导向，产出的秭归脐橙达到天然无公害标准，赢得了市场上广大消费者的青睐。在政策的支持下，秭归县进一步推进脐橙产业供给侧结构性改革，取得一定的效果。根据当地实际环境，采取多方科学意见，利用其海拔高度及"冬暖"优势，该县成功培育出优质的早熟、晚熟脐橙新品种，热销全国各地。在提出向"立体空间"要效益的发展思路后，秭归县农民专业合作社得到科研院校的大力支持，县领导组织华中农业大学、湖北省农业科学院等科研单位到秭归县开展试验示范，发现了适合本地区种植的脐橙品种并提出了科学的种植模式，实现了当地地势海拔、脐橙品种和果品成熟的优质配置。据有关数据总结，2016 年，秭归县脐橙面积达 28.8 万亩，年产量约 38.4 万吨，是湖北省第一脐橙大县。

秭归县除脐橙打响了品牌之外，还发展茶叶和中药材等特色农业，如宜昌市御蜀通中药材专业合作社联社，是由当地比较具有代表性的几家合作社联合而成，分别是秭归县康源中药材种植专业合作社、秭归县忠润中药材种植专业合作社、秭归县神农中药材种植专业合作社和秭归县丰收中药材种植专业合作社。宜昌市御蜀通中药材专业合作社联社，是当地注册的第一家中药材专业合作社联社。该合作联社辐射范围比较广泛，涉及秭归县的郭家坝、沙镇溪、茅坪等三个乡镇，注册资产约 500 万元，已发展成为当地小有名气的合作联社之一。

二、湖南省境内农民专业合作联社发展状况

湖南省和湖北省虽然只有一湖之隔，但两省农民专业合作经济组织在管理体制和运营模式上存在一定差别。湖北省农民专业合作联社由领头合作社管理，而湖南省农民专业合作联社的管理职责多由当地政府的相应管理局承担。市场主体管理和政府管理各有优势和弊端。2014 年 11 月，长沙市农村经济管理局确定把长沙市合作社加入农社网作为 2015 年全市农村经济管理工作年度任务；2014 年 12 月，合作社正式入驻长沙麓谷高新开发区长沙软件园，向科技农业迈进，"农社网·农社优品农产品进社区"O2O（online to offline，线上到线下）农产品营销模式同时启动，并开发了"农社优品"移动电子商务平台。截至 2015 年 6 月底，湖南省农民专业合作社总数达到 42 761 个，是 2008 年的 13.3 倍，全省累计有合作社成员 238.3 万户，占全省农户总数的 17.2%（柏振忠等，2018）。

位于湖南省西部的张家界市，近年来农民专业合作社取得较快发展。该市农民专业合作社产生于 20 世纪 90 年代中后期，而自 2010 年 7 月颁布实施《关于加快农民专业合作社发展的意见》以来发展逐步进入加速期。农民专业合作社在"小农户"和"大市场"之间架设增收桥梁，为张家界市农业发展打下基础。截至 2015 年底，张家界市依法登记的农民专业合作经济组织达 1 020 个，市级以上农业生产化龙头企业达 122 家，遍布全市 102 个乡镇。全市农民专业合作组织年经营纯收入 1.73 亿元，农民专业合作组织总收入 9.8 亿元，每年入社成员涨幅达 20% 以上，带动周边农户每年增收 15% 以上。

从年度发展来看：随着农产品市场化进程的加快，张家界市农民专业合作经济组织也取得较快发展，近 20 多年来经历了从无到有、从小到大、从不规范到逐步规范的发展历程。2011~2015 年，张家界市农民专业合作社年均注册登记数量以 16% 以上幅度增长，其中 2012 年更是较上一年实现 82.59% 的高增长（表 3-3）。

表 3-3　张家界市登记注册的农民专业合作社数量变动情况

年份	数量/个	增幅	社员/万户
2011	270	—	6.3
2012	493	82.59%	6.8
2013	722	46.45%	7.5
2014	840	16.34%	8.0
2015	1 020	21.43%	8.2

从行业分布看：张家界市农民专业合作社主要分布于养殖业、种植业等领域。其中，对养殖大鲵的农户而言，由于前期投入多，生产周期短，对外部环境要求高，但市场需求量大，回报率高，所以很多养殖大户纷纷选择成立合作社，实现抱团发展，增强市场话语权。近年来，随着肉牛、羊等市场价格的回暖，为扩大养殖规模，实现产业化发展，一些养殖户也纷纷组建牛、羊养殖专业合作社。另外，适合于山地、丘陵种植的烟叶、茶叶、果蔬等经济作物类的合作社在张家界市也取得较快发展。张家界市各区县农民专业合作社发展情况见表 3-4。

表 3-4　张家界市注册登记农民专业合作社分行业统计表　　单位：家

地区	种植业	林业	养殖业	蔬菜业	农机服务	其他行业	总计
永定区	19	11	22	10	2	3	67
武陵源区	4	1	6	4	0	2	17
慈利县	33	19	26	17	3	6	104
桑植县	27	50	31	26	1	5	140
合计	83	81	85	57	6	16	328

从运营模式看：农民专业合作社的运营模式在不同区域及不同经济发展阶段均表现出一定差异。农民专业合作社在选择理想模式时应当考虑适应当地生产力发展要求、满足农业现代化转型远景发展愿望，特别是当下农民接受程度等。当前，张家界市种养业基本上采用"合作社+农户""公司+合作社+农户"等模式。同时，从产品类别角度上看，具有本土特色的农产品，由于生产受到自然条件和市场因素双重约束，这类特色农产品更容易走向合作社发展道路。因此，近年来，张家界市涌现出许多茶叶类、果蔬类、特色养殖类专业合作社，并且，这些合作社要么采用"合作社+农户"的运营模式，要么采用"公司+合作社+农户"的运营模式。

第四节 西部地区农民专业合作联社发展状况

一、内蒙古地区农民专业合作联社发展状况

内蒙古赤峰市是内蒙古东部地区的畜牧业重点发展地区，宁城县坐落于赤峰市南部，自然条件优越，毗邻辽宁省、河北省，由于地处环渤海经济圈及京津冀协同发展辐射区，产业融合发展的潜力巨大。其发达的铁路和公路网具有比较明显的地域优势，宁城县与周边地区的联系十分紧密，是赤峰市的农业大县，为畜牧业的发展奠定了基础，自古以来就是优质畜产品生产、加工和流通的重要基地，同时承担着东西南北重要城市的畜产品的供应。

现如今凭借雄厚的传统畜牧业基础，它正在向现代化的农牧业转型，形成具有时代特色的规模化、产业化和绿色发展的道路，通过近几年中央政策的大力扶持，地方畜牧经济空前活跃，同时吸收大部分剩余劳动力，间接地增加了社会经济效益及当地的社会福利，根据其天然的畜牧业养殖优势、雄厚的畜牧种源和草料来说，宁城县蕴藏着强大的畜牧业发展新动力和商机。中央政策明确地表明，必须遵循科学发展观的要求，建设资源节约与环境友好并存的畜牧业产业；着重发展循环经济、促进可持续发展的畜牧业。因此，在这个宏观的背景中，畜牧业企业和农户的联系更加紧密，同时企业的管理和技术也发生了前所未有的变革。畜牧产品的类型及其生产加工设备也发生了划时代的变化，打破了传统生产的单一性和低效率。这对于农业大县来说既是挑战又是机遇。科学技术是畜牧业发展的内生动力，畜牧业的未来与科学技术的改进和推广是不可分割的，所以发展畜牧业的重要前提就是要提高农牧民养殖户对科学技术的信任和认识。养殖户要充分发挥资源配置的优势，因地制宜地进行最优化的生产组合，实现资源充分高效及可持续循环利用，促进畜牧业发展的提质增效。

宁城县是赤峰市有名的农业大县，世居民族主要有蒙古族、回族、满族、汉族等。宁城县合作社的发展很不平衡，发展规模小、资金周转困难、技术能力有限、抗风险能力差等因素严重制约着农牧民发展致富，使得农牧民合作社后发能力不足。近年来，在政府政策支撑及农牧民努力下，农牧民专业合作社取得较快发展，合作社规模由 2008 年的 39 家扩大到 2016 年的 2 824 家，社员人数由 2008 年的 829 人扩展到 2018 年的 2.35 万人，辐射带动周边农牧户由 2008 年的 1 200 户增长到 2016 年的 4.60 万户，宁城县合作社覆盖率 2016 年已高达 31.70%。

农牧民合作社的经营范围从最初的种植业，现在发展到畜牧业、林果业、特色种植等众多行业，同时也将发展扩大到农用机械服务、病虫防治服务等领域，为民族地区搞活经济、缓解农村各种问题提供了一定的保障。

2016 年，宁城县为了加强和改进农牧业的综合生产能力，着重培育和发展主导产业，同时发展壮大特色经济，把稳定农牧民基础收入作为目标，在政府资金紧张的情况下，依然投入大量资金，用于加快农牧业产业基地的建设步伐。依据地区优势，为了和农牧业衔接，成功创建 82 万亩的国家绿色食品原料（玉米）生产加工基地，建立大型饲料加工厂和农牧业生产技术研究所，为农牧业保驾护航。同时，新建 500 亩以上的温室大棚 51 处，其中 1 000~2 000 亩的大棚有 12 处、6 000 亩以上的大棚 1 处，新建 500 亩以上林果基地 9 处，其中千亩以上 3 处，启动建设周边万亩林果产业基地。建立的这些温室大棚和林果基地每年消化吸收大量牛粪，间接地为农牧民节约了生产的成本，同时也降低了环境污染，实现了绿色循环，并且形成了生产、加工、销售良性循环的运行态势。新增标准化、专业化的肉牛养殖场 15 处，形成了八里罕、忙农两处万头肉牛养殖集聚区。据 2016 年 12 月末统计，全县存栏肉牛数量达到 46.7 万头，同比增加 12.5%，在全市排名第一，基础母牛存栏 23.7 万头，较上年同比增加 15.7%；出栏肉牛 29.8 万头，同比增加 6.0%，其中肉牛育肥出栏 17 万头。同时，当地政府和企业共同出资建设存栏 150 头以上的肉牛标准化规模示范场 15 个，并且总数达到 36 处。新增养殖规模在 20 头以上的育肥牛养殖大户 120 户，总数达到 1 987 户，形成了畜牧业占主要地位的新形势。如表 3-5 所示，截至 2016 年底，宁城县合作社发展规模逐渐扩大，辐射带动周边农牧户不断发展，其中农牧合作社占比最大，形成了以畜牧业为主要产业结构的形式，其他合作社的占比 16.27%，多为辅助性合作社，在市场上起到引导作用，蔬菜合作社占比 12.44%，说明当地政府也在逐渐注重蔬菜类合作社的发展。

表 3-5　宁城县合作社产业结构

类别	农牧合作社	蔬菜合作社	林业合作社	药材合作社	果品合作社	其他合作社
数量	2 824	671	18	395	612	875
占比	52.3%	12.44%	0.33%	7.32%	11.34%	16.27%
典型案例	宏伟肉牛养殖专业合作社、蒙川养牛专业合作社	知青果蔬专业合作社	百氏兴林果合作社、林康林业合作社	蒙草药材专业合作社	绿源春果品专业合作社	昌顺农业种植合作社、宁城县汇联农机

资料来源：宁城县统计局，2017 年

二、贵州省境内农民专业合作联社发展状况

（一）遵义市农业发展情况及农民专业合作联社

遵义市土地总面积约 30 762 平方千米，其中耕地面积约 1 260 万亩，森林覆盖率高达 53.9%，年平均气温在 15 度左右，环境宜居，同时也适合农作物生长。2016 年，全市全年实现农业增加值高达 385.5 亿元，与 2015 年同期相比增长了 5.7 个百分点。2016 年贵州省新增省级农业龙头企业 25 家和市级农业龙头企业 54 家，市级以上龙头企业总计达到 556 家；2016 年新增 1 258 家农民专业合作组织，据统计，截至 2016 年，合作社及合作联社的总数达到 6 170 个。贵州省的新型经营主体注册数量不断增多，经营体系逐渐完善，凭借独特的气候环境，遵义市的农产品形成三大产业，分别是茶产业、辣椒产业、生态畜牧业。

（1）茶产业。遵义市享有高海拔、低纬度的地理优势和多云雾、少日照的气候优势，再加上当地植被覆盖率高，空气污染少的优越环境成就了当地种植的茶叶"嫩、鲜、香、浓、醇"等优质特点。据遵义市农业委员会茶产业发展中心统计，全市有将近 120 万茶农，种植面积达万亩以上的乡镇大约有 60 个及村 16 个，全市的专业合作社有 264 家，其中也有不少合作联社。目前，遵义市不论是茶园面积还是茶叶产量、企业总量均居全国茶叶产业的第一位。

（2）辣椒产业。遵义市的自然环境和地理条件非常适宜辣椒生长，在这样的地理环境中种植出来的辣椒颜色油亮、味辣香浓，打响了遵辣系列的地方品牌，成为全国闻名的优质辣椒生产区。全市 15 个县（区、市）均有辣椒种植基地，主要分布在播州区、绥阳县、湄潭县、凤冈县、新蒲新区、正安县、余庆县、习水县等地，种植面积 200 万亩，遵义市的农民专业合作社及合作联社共 123 个，惠及农户总计 13.4 万户，全市鲜椒总产量约 203 万吨，总产值达 51 亿元。

（3）生态畜牧业。2016 年，遵义市肉类总产量达到 66.7 万吨，同比增长 5.87%；禽蛋产量 7.68 吨，同比增长 5.2%；生猪出栏 551.54 万头，同比增长 5.2%；牛出栏 30.48 万头，同比增长 21.2%；羊出栏 109.26 万只，同比增长 14.5%；家禽出栏 3 086.28 万只，同比增加 18.2%；兔出栏 99.78 万只，同比增加 22.4%。生猪存栏 439.95 万头，同比增长 4.55%；牛存栏 111.20 万头，同比增长 7.5%；羊存栏 156.42 万只，同比增长 14.0%；家禽存栏 2 561.38 万只，同比增加 15.2%。根据"养殖区域适度集中、农户家庭适度规模、种源供求平衡"的原则，遵义市鼓励广大养殖户由散养模式向产业园区标准化模式靠拢，提高了集约化养殖水平，全市建成了专业养殖园区 21 个，其中包含 5 个省级园区和 6 个市级园区，入驻养殖企业合计 86 家。在加大规模养殖场与家庭牧场扶持力度的同时，新增规模养殖场

236 个和家庭牧场 3 652 个,已建成国家级标准化示范场 3 个和省级标准化示范场 43 个及市级标准化示范场 109 个。

（4）遵义市典型合作社及合作联社。贵州省遵义市作为中国辣椒之都,在辣椒行业做得比较好的合作组织有遵义县虾子辣椒专业合作社（现名为遵义虾子辣椒专业合作社）,它集辣椒种植、运输储藏、深加工及销售于一身。当地农业部（现名为农业农村部）定点批发市场和商务部共同规划了一个"双百"市场,即虾子辣椒专业批发市场,给遵义市辣椒行业提供了良机,也因此,遵义县虾子辣椒专业合作社得以拥有广阔的销售市场。2012 年遵义县虾子辣椒专业合作社被团中央授予先进示范社。并在遵义、贵阳、重庆、成都、昆明、武汉、广州、福建等地逐渐建设完成营销中心,全国各地的销售网络已经基本形成。该合作社秉承"质量第一、品牌第一、信誉第一"的理念服务于市场,"依托绿色辣椒,探索科学加工"的发展目标力创辣椒品牌,为了发展辣椒特色经济,该合作社创新经营管理机制,力争实现辣椒产业的升级,带动当地经济快速稳健发展。

遵义在养殖行业的领头合作联社以石阡县佛峰畜禽养殖专业合作联社为例,由原石阡县佛峰畜禽专业合作社在 2011 年 10 月升级形成合作联社,以石阡县佛峰畜禽专业合作社为核心社,还有另外 10 家成员社及 9 家养殖公司、2 家加工企业。该合作联社在管理上有专业的管理人才,在生产上有专业的技术团队,无论是生产制度流程还是行政制度管理流程,都有严谨的章程和规章制度,并且在技术管理流程、产品销售流程和盈余分配流程方面都在进一步完善。石阡县佛峰畜禽养殖专业合作联社拥有 238 名从业人员,其养殖场和加工厂房分布在石阡县域内的各个乡镇,2017 年半年利润已超过千万元。

（二）铜仁市农业发展情况及农民专业合作联社

铜仁市位于武陵山片区的腹地,属于贵州省东北边陲,是连接西南地区中、东部的桥头堡,"黔东门户"因此得名。铜仁市面积共 1.8 万平方千米,占贵州省总面积的 10.2%。北面与重庆涪陵和黔江地区毗邻,东面与湖南怀化接壤,南面和贵州省黔东南州交界,西面与贵州省遵义市相邻,位于西南民族地区核心地带。2016 年末,全市总人口 427.2 万人,其中少数民族占多数,约占总人口的 70.45%,其中土家族人口约 1 229 710 人、苗族人口约 450 786 人,分别占总常住人口的 40% 和 15%。

截至 2016 年底,铜仁市全年实现地区生产总值 856.97 亿元,首次突破 800 亿元大关,按可比价格计算,比上年增长 11.9%,其中:第一产业实现增加值 202.70 亿元,增长 5.8%。实现农林牧渔业总产值 350.09 亿元,按可比价计算,比上年增长 5.8%,其中:农业产值 206.34 亿元,增长 6.1%;林业产值 12.49 亿元,增长

9.1%；牧业产值 98 亿元，增长 4.1%；渔业产值 14.71 亿元，增长 10.6%；农林牧渔服务业产值 18.55 亿元，增长 5.5%。由此可见，铜仁市的农业发展前景广阔，农业合作组织发展比较靠前，主要集中于水果和药材的种植，全市培育中药材种植农民专业合作社达 282 个，有 15 家较大规模的中药制药企业，另有 5 家中药材饮片加工厂和 3 家 GMP（good manufacturing practice，良好生产规范）认证制药生产企业，已建成 3 个省级中药材产业园区，中药材种植面积达到 70 万亩，产量总计约 20.5 万吨，总产值高达 15.5 亿元。以下是铜仁市比较有代表性的两个合作联社：

玉屏皇桃果业农民专业合作社联社成立以来将全县 1.5 万亩黄桃进行统一种植，统一管理，统一销售，2016 年底带动全县发展产业 3 000 余亩，2016 年培训返乡农民、留守妇女黄桃种植技术 200 人，2017 年培训合作社技术骨干 50 多人。2017 年全县黄桃的产量达 100 万斤（1 斤=0.5 千克）以上，产值达 2 000 万元。

铜仁市万山区荣盛特色种养专业合作社联社于 2014 年 10 月正式注册成立，由跨 5 个乡镇的 6 个农民专业合作社自愿联合形成，其成员拥有主权独立、民主管理的权利，合作联社共有成员约 320 人，注册资金将近 3 440 万元，拥有流转土地 2 700 亩，该合作联社的办公地点在铜仁城区，城区配套设有两个面积为 200 平方米的农产品销售店，以销售当地特色农副产品为主。

第四章 农民专业合作联社特质分析

第一节 农民专业合作社的属性

如同俱乐部和俱乐部产品之间存在密切的关联，农民专业合作社的性质与其向社员提供服务的性质也密切相关。因此，在探讨合作社的性质之前，首先探讨了合作社所提供服务的性质，在此基础上界定合作社的属性，并分析其一般性质和特殊性质。

一、农民专业合作社的一般性质

（一）合作社提供的服务：俱乐部产品

面对激烈的市场竞争和复杂的市场环境，以独立、分散经营为特征的农户在面对市场时既缺乏资金、技术和信息的支持与服务保障，又缺乏谈判和抵御风险的能力，因此急需一个提供各项服务和为自己代言的机构——农民专业合作社应运而生。合作社向社员提供的服务通常不是单一的，而是"一揽子"的服务。《中华人民共和国农民专业合作社法》中规定合作社提供的主要服务包括，"农业生产资料的购买、使用；农产品的生产、销售、加工、运输、贮藏及其他相关服务；农村民间工艺及制品、休闲农业和乡村旅游资源的开发经营等；与农业生产经营有关的技术、信息、设施建设运营等服务"。具体而言，可包括生产资料采购、产品销售、提供大型农机、产品包装、对外宣传、产品深加工、运输服务、仓储服务、贷款服务、保险服务、农业科技与管理培训、品种改良、防虫防疫、价格与销售信息及基础设施投资与改造等。

合作社向社员提供的服务不是纯公共产品，也不是纯私人产品，而是具有公共性、排他性和部分竞争性的俱乐部产品。不同于纯公共产品，一方面，合作社提供的服务是排他的，只有加入合作社才能享用，非社员不得享用；另一方面，合作社提供的服务具有部分竞争性，也就是说在合作社的规模未达到拥挤点之前，一个社员的消费不影响其他社员的消费，但当合作社的规模超过拥挤点后，社员之间也存在消费的竞争性，增加一个社员的消费在一定程度上将影响其他社员的消费，造成效率的损失。不同于纯私人产品，一方面，合作社提供的服务是具有公共性的，是社员共同的需求，需求的同质性程度较高，异质性程度较低；另一方面，如前所述，合作社提供的服务具有部分竞争性，而不是完全的竞争性，一个社员的消费不能排除其他社员对该服务的消费。具体分析如下：

（1）公共性。随着农业产业化的不断发展，单门独户的生产、经营面对的市场风险越来越大，农民在原材料采购与农产品销售中的市场谈判能力十分有限，交易成本也极高，从而制约了收入的增长。那些地区邻近、生产相同农产品的农民越来越意识到应改变单个谈判的方式，联合起来进行采购、生产和销售，以节约成本，谋求利益，从而逐渐形成了生产资料采购、产品销售及技术和信息等各个环节的共同需求。合作社提供的服务的公共性正体现在它满足了（一定数量和范围内）具有共同需求的社员的共同消费。

（2）排他性。合作社向社员提供的服务可分为两类：一类是纯服务，如技术指导、管理培训、市场信息等；另一类是以相应产品为载体的服务，如生产资料的购买，实际至少包含了"信息、谈判、采购、运输"四项服务，此时，服务和产品是紧密连接、不可分割的，不存在单独购买产品而不享受服务，或单纯享受服务而不购买产品的情况。合作社提供的服务具有排他性：一方面，合作社提供的纯服务主要针对本社社员，由于在技术上区分社员与非社员的成本较低，这些服务能够以较低的成本将希望"搭便车"的非社员排除在外；另一方面，对以产品为载体的服务，一般情况下合作社要弥补成本，不会免费提供，因此要求社员支付一定的"费用"购买，不支付者不能享受服务和购买产品。以合作社为社员提供生产资料为例，如种子、化肥、农膜等本身具有私人性质的产品，由合作社提供时，就将合作社提供的信息、谈判、采购和运输等服务包含在了生产资料之内，通常被以低于市场价的价格提供给社员。合作社提供的服务附着在生产资料之上，故服务的外溢性较小，只要能够区分付费者与未付费者就可以做到有效的排他，而区分付费者与未付费者在技术上容易实现。现实中，有些合作社也向非社员出售生产资料，当非社员希望从合作社购买生产资料时，需支付市场价格，于是自然地被排除在了合作社提供的服务的享用之外。

（3）部分竞争性。合作社的服务一旦被提供出来，每位社员都可以平等地享用，但随着社员人数的增加，社员之间会产生拥挤和竞争关系。社员之间是否存在竞争关系及竞争的程度取决于合作社提供服务的规模和社员的规模。当服务的规模能够满足现有规模的社员的需求时，服务具有非竞争性，当服务的规模不能满足现有规模的社员的需求时，服务具有一定的竞争性。合作社向社员提供的是"一揽子"的、多种多样的服务，这些服务的性质各有不同，有些服务的竞争性强，有些服务的竞争性弱。按照合作社向社员提供的服务的竞争性的强度，由弱到强分别是：①信息服务和宣传服务。信息通常被认为具有消费的非竞争性，在合作社中，信息服务主要包括：农业技术信息服务和市场信息服务。相比而言，技术信息比市场信息更具非竞争性。因为合作社向社员提供的技术信息所有社员都可使用，且不会因为增加一个社员而增加获得技术信息的成本。市场信息则略有不同，由于市场信息与生产资料的购买和产品的销售密切相关，社员越多，生产规模越大，就需要越多的市场信息。因此，当社员的增加突破一定规模（即拥挤点）时，合作社获取市场信息的成本增加。有限的市场信息对超过一定数量的社员来说存在消费的部分竞争性。合作社对外宣传合作社的产品，如注册商标，争取获得高级别的品牌认证，对社员来说具有较强的非竞争性，合作社无须为新增社员追加宣传成本，一个社员从合作社的宣传中获得的好处也不影响其他社员获得同样的好处。②技术指导、管理培训等服务。这些服务的共同特点是受培训人员和场地的限制。培训人员，不管是从合作社外邀请的还是合作社内部人员，其人数和时间、精力都是有限的，合作社可以用于培训的场地也不可能无限大。当合作社的规模达到拥挤点时，新增社员必然与原有社员产生竞争关系，新增社员越多，竞争性越强。③以产品为载体的服务。以产品为载体的服务通常受到合作社规模和能力的限制，如合作社采购生产资料受合作社拥有的运输车辆的限制，加工服务受合作社加工能力的限制，仓储服务受合作社仓库数量和规模的限制。这些限制是客观的，短期内不容易被打破，当社员所需服务不超过合作社的能力范围时，不存在拥挤和竞争，当社员所需服务超过合作社的能力范围时，社员之间存在竞争关系。可见，合作社提供的各种服务具有不同程度的竞争性，综合而言，这些服务是具有部分竞争性的。

综上，合作社向社员提供的服务反映了社员的共同需求，满足了社员的共同消费，具有排他性和部分竞争性，属于公共产品中典型的"俱乐部产品"。

（二）合作社自身性质：典型的俱乐部

合作社向社员提供的服务具有俱乐部产品的特性，合作社本身也是典型的俱乐部。

（1）主体。合作社的主体是家庭联产承包责任制下独立的经营、决策者和生产者，他们出于共同的需求，自愿加入合作社，并获得排他的社员资格。同时，加入合作社不改变农户作为独立的经营、决策和生产单位的地位。计划经济时期，

"一大二公"、高度集中的人民公社制度剥夺了农民的自主经营决策权和剩余分配权，公社的主体很难说是独立的个体。市场经济条件下诞生的、新型的农民专业合作社与公社不同，合作社建立在农户家庭私有产权的基础之上，其主体是既联合、又独立，既有共同需求和共同利益，又追求自身利益的个体。

（2）客体。如前所述，合作社向社员提供的服务具有公共性、排他性和部分竞争性的特征，是典型的俱乐部产品。这是决定合作社之所以是俱乐部的关键所在，若合作社不能向社员提供具有俱乐部产品性质的服务，它本身也不能称为俱乐部。

（3）成本分担和收益分享机制。第一，成本分担。社员为获得合作社提供的服务需支付一次性投入获得社员资格，并在取得以产品为载体的服务时支付相应费用，这些资金都被用作弥补合作社的成本。第二，收益分享。《中华人民共和国农民专业合作社法》对合作社的收益分享有明确的规定：弥补亏损、提取公积金后的当年盈余为合作社的可分配盈余。可分配盈余按照章程规定或者经社员大会决议的办法返还或分配给社员。先按惠顾量（额）返还，"返还总额不得低于可分配盈余的百分之六十"，再按出资额返还，"按前项规定返还后的剩余部分，以成员账户中记载的出资额和公积金份额，以及本社接受国家财政直接补助和他人捐赠形成的财产平均量化到成员的份额，按比例分配给本社成员"。可见，合作社的盈余分配（即收益分享）主要由两部分组成：一是按惠顾量（额）返还，二是按股份分红，前者是劳动的报酬，后者是资本的报酬。

合作社的成本分担和收益分享不一定是均摊和均享的。在同质性合作社中，社员支付相同的出资或购买相同的股份，从合作社购买相同数量、质量的服务和产品，是均摊成本的；社员向合作社提供相同数量、质量的产品，拥有相同份额的股份，无论盈余按惠顾量（额）分配还是按股份分配，都能均享收益。因此，同质性假设下，合作社可以实现均摊成本和均享收益。在异质性合作社中，社员出资额、股份不同，从合作社购买数量、质量不同的服务和产品，支付的成本各不相同；社员向合作社提供的产品的数量、质量也不相同，拥有股份不同，盈余按惠顾量（额）分配或按股份分配，都不能均享收益。因此，异质性假设下，合作社追求成本与收益的对等，而不追求成本的均摊和收益的均享，同时，如何分配盈余，即如何确定劳动的报酬和资本的报酬也是一个需要解决的问题。理论上，只要在《中华人民共和国农民专业合作社法》规定的范围内都是合法的，但不一定符合效率的要求——如果不能准确确定劳动与资本的贡献，盈余分配的比例必然损害其中一方的积极性，影响合作社的效率。现实中，也并非所有合作社都遵照《中华人民共和国农民专业合作社法》规定的比例执行收益分配，有些合作社为调动资本的积极性，或资本在合作社中占有强势的地位，合作社的盈余分配就会倾向于资本，甚至超过法律规定的界限。

（4）排他机制。合作社提供的服务都具有排他性，合作社的排他机制有两种表现形式：一种是针对社员资格的排他，不具有社员资格者无权享用；另一种是针对产品的排他，即使具备社员资格，不为产品（包含服务）付费的社员也无权享用。前者指社员支付入社费用（出资或入股），与合作社签订契约，合作社以此区分社员与非社员身份，并通过合作社的监督、社员的监督和一定的惩罚措施保证排他机制的实行。例如，合作社在工商部门为本社产品注册商标，非社员无权使用，如发现非社员使用合作社商标，合作社有权要求其停止使用，并采取必要措施保护合作社及社员的合法权益。后者指社员为取得产品和包含在产品内的服务必须与合作社签订契约并支付费用，合作社以是否支付来区分可以享用和不可以享用这些服务和产品的社员。在采购环节，指社员付费从合作社购买生产资料，在销售环节，指社员将产品出售给合作社。

综上，农民专业合作社是农民出于生产经营上共同的或相似的需求，自发组成的一种内部社员之间地位平等、资源共享、互助合作、具有部分竞争关系，按照特定的机制分担成本、分享收益，并且具有一定的排他和监督机制，排斥非社员享受合作社提供的服务的一种合作组织，是一个典型的俱乐部。因此，俱乐部理论的分析方法适用于合作社问题的研究。

二、农民专业合作社的特质

（一）理想的俱乐部

农民专业合作社以农民为主体，地域上主要分布在农村地区。农村地区作为孕育合作社的母体，其在文化、习俗上呈现出的特征使合作社具有了社员构成的同质性、信息对称和排他成本低等特点，更接近俱乐部理论中俱乐部的理想状态。

（1）社员构成的同质性。社员是构成合作社的基本单位，社员构成是指合作社由偏好、禀赋相同的同质性社员构成，还是由偏好、禀赋相异的异质性社员构成。同质性是指社员在禀赋、偏好、个体特征等方面完全相同，可以归纳出一个代表性社员。异质性则是指社员在禀赋、偏好、个体特征等方面存在差异，不存在一个代表性社员可以代表所有个体。受自然条件和社会发展等因素的影响，我国农村地区呈现出明显的区域特征：一方面，同一区域内的农民一般具有文化相同、血缘相近、思维习惯相似和联系密切等特点，在生产、生活方式等方面表现出较高的一致性；另一方面，根据国家的土地政策，一定区域内的农民所拥有的土地面积基本相同，不同农户之间所掌握的物质资本也相差不大，加之基本从事相同或相似的农业生产，可以认为一定区域内的农民群体具有较高的同质性基础。

合作社一般有一种主营产品，这种主营产品通常就是当地农民在自然环境和传统生产习惯的作用下选择的并长期从事生产、经营的那类产品。所以，第一，合作社社员从事相同的农产品的生产、经营，有相同的技术、信息、采购方面的需求；第二，合作社社员以农民为主，农民相似的文化和思维习惯使社员容易就意见达成一致；第三，由于农民的资源禀赋差距不大，构成合作社主体的社员的资源禀赋也相差不大。可见，合作社社员在偏好和禀赋上具有较高的同质性。

（2）信息对称。信息对称是指交易双方掌握相同的、对称的信息；反之，信息不对称是指交易双方掌握的信息不对称，一方拥有另一方没有的信息，在信息上占有优势。信息不对称引发道德风险、逆向选择和委托代理等问题，对合作社的主要影响反映在隐匿对公共产品的真实偏好和委托代理问题上。从目前中国农村的现实来看，首先，农业生产的同质性可以在很大程度上降低农民之间的信息不对称。由于从事相同农产品的生产、经营，农民对彼此的需求和生产技术十分了解，隐匿偏好比较困难，生产技术方面，如化肥的使用、农药的喷洒等也比较容易被监督；其次，长期的聚居生活模式，使中国农村具有明显的"熟人社会"特征，农民之间基于长期的共同生活逐渐积累起的相互信任和培养起的道德、舆论的约束力，也提高和保障了相互之间的信息对称程度。

在农村地区，合作社是农村社会的一个子集，农村社会具有的信息对称特点合作社也完全具有。信息对称的条件下，第一，社员能够真实表达自己的需求，对社员是否真实表达需求的监督也十分有效，因此，可以减少信息扭曲，减少"免费搭车"，保证最终需求汇总的有效性，进而有助于实现合作社对服务的有效率的供给；第二，合作社的管理者通常也是本地农民，由普通农民、村干部或产销大户担当，社员与合作社管理者（代理人）长期生活交往，相互了解，便于社员对管理者进行直接有效的监督，减少委托代理问题；第三，社员（包括管理者）从事同类农产品的生产、经营，涉及农业生产技术和标准方面的问题，管理者对社员的监督和社员之间的相互监督都比较便利。

（3）排他成本低。排他成本是指为将非成员排除在产品或服务的使用之外而发生的成本。排他成本低则容易实现排他，反之，不容易实现排他。低排他成本对俱乐部而言是重要的，因为俱乐部是一个成员有限的排他性组织，如果排他成本过高而部分或完全失去了排他的功能，则导致俱乐部内部过度拥挤、产品供给不足，甚至俱乐部功能的丧失。现实中，虽然合作社并非完全没有排他成本，但由于农民的同质性较高、信息相对对称，合作社区分社员与非社员、社员中的付费者与未付费者都比较容易，加之，合作社提供的服务和产品的外溢性较小，合作社很容易避免非社员和社员中的未付费者的"搭便车"行为。例如，由于农村地区的信息对称，合作社辐射范围较小时（如本村或相邻的几个村内），社员甚至无须特殊的证明材料来证实自己的社员身份，因为管理者与社员，社员之间相互熟悉。非社员几乎没有伪造社员身份的可能性，因为这很容易被社员和其他非社员识别出来。因此，可以认为合作社的排他成本较低，即容易实现有效地排他。

同质性、信息对称和无排他成本是俱乐部理论研究的理想状态，在这种理想状态下，俱乐部没有效率损失，能够最大限度地实现效率。农民专业合作社由于产生于农村地区，以农民为社员主体，内部呈现出同质性、信息对称和排他成本低的特点，比较接近理想状态的俱乐部。

（二）经济俱乐部

俱乐部按照其成立初衷和追求目标划分，可分为经济俱乐部、政治俱乐部（如军事联盟）、兴趣俱乐部（如运动协会）、公益性俱乐部（如环境保护组织）、福利性俱乐部（如福利院）等。农民专业合作社是农民自发、自愿组成的俱乐部，其目标是谋求全体社员的共同利益（主要是经济利益），属于经济俱乐部。

第二节　农民专业合作联社的功能

一、农民专业合作联社是实现农业规模经营的凝结剂

农民专业合作社是在土地家庭承包经营基础上，以农民为主体组建的同类农产品的生产经营者或者同类农业生产经营服务的提供者、利用者，以"农业专业大户+农户"、"公司+农户"、"龙头企业+农户"、"中介服务组织+农户"和"合作经济组织+农户"等多种形式，自愿联合、民主管理的互助性经济组织。它是在家庭承包经营的前提下，以农民专业合作社的形式把分散经营的农户组织起来，像一包优质的水泥，把众多分散的黄沙、石子凝结成一块坚硬的大型砌块，以聚沙成塔的办法扩大农业的规模经营，促进农业生产的专业化和产业化。

二、农民专业合作联社是引导农业通向市场的桥梁

实行家庭承包经营以后，农民的生产积极性得到了充分发挥，同时随着农业的专业化、规模化、科技化程度不断加强，农产品的数量和质量均得到大幅度提高。但是众所周知，农产品只有通过市场交换才能实现其价值，否则增产就不一定能增收。由于家庭承包经营销售渠道不畅，"好菜变烂菜""甜瓜变苦瓜"的教训在全国各地多处出现。如何进一步发展市场农业，使农民实现丰产丰收，是建设现代农业的一个重大课题。而农民专业合作社的重要任务之一就是帮助入股社

员实现农产品的市场销售。

三、农民专业合作联社是加快农业实现科技和装备现代化的推进器

现代农业必定要实现农业科技和装备的现代化。农业装备包括现代化基础设施（如排灌设施等）、现代化种养设施（如自动温控大棚等）、现代化机械设施（如耕种机械等）等。农业科技则包括品种、技术、药肥的研究和开发等。而农业基础设施往往涉及千家万户，决非单个农户所能办到；每项设施建设均投资巨大，决非单个普通农户所能承担；农业机械生产效率高，而单个农户经营规模小，单家独户使用机械效能浪费很大，造成生产成本大幅上升；单家独户也难以开展品种、技术等方面的研究。这些问题通过农民专业合作社均能得到圆满解决。专业化生产所需的农业基础设施由专业合作社统一投资，共同受益；大型农业机械由专业合作社统一购买，共同使用；所需资金由专业合作社统一筹措，共同负担；优良品种和先进技术由合作社与科研单位紧密协作，共同开发。

四、农民专业合作联社是强化农业服务体系的催化剂

在市场经济条件下，特别是在传统农业向现代农业过渡时期，由于农业的生产规模不断扩大，专业化程度不断提高，农产品的商品率不断增加，对农业服务体系提出了越来越高的要求。但是在农业家庭分散经营的条件下，很多服务工作是难以独自完成的，如市场信息收集，农产品的贮藏、运输、加工，资金的筹措，等等。而农民专业合作社在这方面是有独特优势的。《中华人民共和国农民专业合作社法》明确规定："农民专业合作社以其成员为主要服务对象，开展以下一种或者多种业务：（一）农业生产资料的购买、使用；（二）农产品的生产、销售、加工、运输、贮藏及其他相关服务；……（四）与农业生产经营有关的技术、信息、设施建设运营等服务。"

五、农民专业合作联社是增加农业抗风险能力的保护伞

我国目前的农业生产仍然没有完全摆脱"靠天吃饭"的因素，农业生产的风险相对于其他产业高得多。农业生产的风险主要来源于生产风险、自然风险和市场风险三个方面。生产风险主要表现为种子失误、技术失误、保管失误、运输失误等方面；自然风险主要表现为受旱、涝、虫、病等自然灾害的影响；市场风险主要表现为产品进不了市场，进了市场卖不到好价钱，卖了产品收不到货款等问

题。农民专业合作社提高农业抗风险能力的作用，主要表现为两个方面：一是提高农业预防风险的能力，如确保良种供应，确保技术指导，确保市场信息的正确提供，确保市场交易行为的规范化、法律化，确保抗自然灾害农业设施和机械的增添，等等。二是提高抵御农业风险的能力，如提高产品的加工、贮藏能力，提高产品的运销和出口能力，提留合作社公积金和农业风险基金，实行农业保险，等等，这样即使遇到风险，能够依靠集体的力量，把损失降低到最小限度，确保入股农户安全渡过难关。由此可见，农民专业合作社作为创新农村经营体制、推进农业适度规模经营和增加农民收入的重要载体，是加快农业现代化、建设现代农业的有效组织形式，是推进社会主义新农村建设的重要力量。

第三节　农民专业合作联社的特质

一、农民专业合作联社的一般特征

目前，农民专业合作社的联合在我国逐渐发展起来，主要有三大形式，即农民专业合作社联合会、农民专业合作社协会和农民专业合作联社。农民专业合作社联合会和农民专业合作社协会都是非营利性的社会团体组织，具有社会团体法人资格。农民专业合作社联合会和农民专业合作社协会登记管理机关都是民政部门；而农民专业合作联合社主要是由同行业若干个农民专业合作社联合上下游产业链条内的公司、企业共同组建的，具有服务与经营的双重性质，是特殊类型的企业法人，登记管理机关则是工商管理部门。根据农业部门提供的数据，有农民专业合作社的村仅占同期村民委员会总数的 22% 左右，参加组织的农户仅占乡村农户总数的 9.8%。农民专业合作社规模小，不仅表现为组织成员的数量有限，更为重要的是，组织经营的业务量太少。现在的农民专业合作社，相对于中国的 8 亿多农民和目前的农业产业规模来说，数量还是太小。与此相联系，许多专业合作社的业务范围仅局限于一个乡镇。单个合作社普遍存在的"小""散""弱"现象使合作社抵抗自然、市场风险的能力受到极大的限制。农民专业合作社规模小、组织成员及农户的联系松散，"小"与"散"的结果必然导致"弱"。在我国农民专业合作社的发展中，由于经济实力弱，资本积累明显不足，财力、物力欠缺，在较大的市场风险面前，合作社表现得力不从心，发展受到了极大的限制。总体来看，农民专业合作联社具有不同于农民专业合作社、农民专业合作社协会和农民专业合作社联合会的特征。

（1）组织包容性。农民专业合作联社的宗旨是为农民专业合作社服务，目的是实现经济规模的扩张。在保护农民权益的基础上，包容性成为我国未来的执政理念。虽然农民专业合作社协会和农民专业合作社联合会的宗旨都是为农民专业合作社服务，但是联合会和协会的实现宗旨是农民专业合作社间的非经营性松散型联盟，而联合社的实现宗旨是经营性的合作组织。联合会和协会虽然与政府的服务"三农"政策相重合，但是联合会和协会的成员绝大多数都是农民专业合作社，涉农公司和企业参与很少。合作社的联合不受行政区域的限制，如经营同类农产品的农民专业合作社的联合。为延伸产业链，可以吸纳同一农产品产业链中的上、中、下游农民专业合作社、公司、企业入社，联合社的合作对象范围较广，具有较强的组织包容性。

（2）服务与经营的兼容性。农民专业合作联社除了与农民专业合作社联合会和协会一样，为农民专业合作社提供业务指导、信息交流、技术培训和咨询、内外部关系协调等服务外，还通过自身的营利性经营活动获取利润并在成员间进行分配，满足社员的收益最大化需求。服务与经营的兼容性有利于合作社与市场的直接对接，同时也有利于保障合作社社员经济利益的实现。在满足农民专业合作社经营的同时，还为合作社全体社员服务。

（3）成员利益的一致性。农民专业合作联社是具有独立法人资格，独立从事生产经营活动的市场主体，全体成员共负盈亏，对内对外经济交往，都是为了实现全体成员的共同利益。农民专业合作联社的利益一致性决定了联合社将自身的资金、人才、技术优势与全体成员的市场要素相结合，与全体成员共同构成具有较大话语权、连通上下游产业链、实现利益共赢的互助合作联盟。

（4）社员可控性。农民专业合作联社是由成员合作社出资设立的、独立从事生产经营或服务的合作社法人，是其法人财产的最终所有者。农民专业合作联社对成员的管理是通过对农民专业合作社的管理间接实现的。农民专业合作社坚持"入社自愿、退社自由"的原则，自愿加入农民专业合作社的社员通过社员大会对是否加入农民专业合作联社做出决议。成员合作社法定代表人或其授权的代表人共同组成合作联社社员大会，行使决定合作联社的一切重大问题和选举、罢免合作社理事与监事等方面的权力。成员合作社社员大会可以决议退出合作联社，社员可以选择不与合作联社、合作社交易，甚至可以退出合作社，以"用脚投票"的方式抛弃合作联社和合作社，用自己的力量来保障自己的利益。

农民专业合作联社在我国各个地区陆续建立，农民专业合作社的联合有效地促进了农业的发展，以北京密云县（现为密云区）农民奶业合作联社为例。奶业合作联社成立于2006年秋，密云县是全国生态县，拥有优越的奶牛养殖环境。2006年，大多数农民的养殖规模总体较小，奶农只从事养殖生产，没有挤奶设备，鲜奶储运、加工完全依赖外部。因此，在激烈的市场竞争中，乳品企业充分利用自身在市场竞争中的优势地位，对奶农交售的鲜奶压级压价，奶农们处于相对劣势的地位。此种情况下，农民为了自身的利益，经过一番探讨组成奶业合作联社。密云县奶业合作联社在慢慢摸索中渐成气候。合作联社成立后，吸取以往经验教训，首先建章立制，社员重点围绕如何开拓产品市场，以及开展政策性奶牛保险提出建议，合作联社还注重基础设施建设，添置办公器材等设备。在不断探索和改进合作联社进程中，我国农民专业合作联社的发展总体上呈现出一定的特质。

二、农民专业合作联社具体特质分析

1. 合作共营

2015 年中央一号文件首次提出要"引导农民以土地经营权入股合作社和龙头企业"，农业合作共营迎来了政府的顶层设计支持。在此前的研究中，安徽、四川、浙江等省份已经对农业共营制进行研究，主要目的是解决"谁来经营""谁来种地""谁来服务"三大难题。

四川崇州市按照"入社自愿、退社自由和利益共享、风险共担"原则，在工商部门注册登记成立土地股份合作联社，农户可以直接参与理事会及监事会选举、农业生产计划讨论、职业经理人聘用及利益分配方案等决策过程，成为经营管理的实际决策者和控制者。联合社在政府的引导下多元化合作，积极参与市场运作，组织构建农业专业化科技品牌，解决"谁来经营"等四大问题。联合社以社员的利益为目的，以为社员赚取更大的收益为目标，具有合作共营的性质。

2. 获取联合收益

农民专业合作联社是由多个农民专业合作社共同组织联合起来的，具有获取联合收益的性质。鉴于农民专业合作联社的服务宗旨，联社是经营性的合作组织，决定了联社具有获得联合收益的性质。农民专业合作社的联合源于合作社制度的不均衡，不均衡决定了合作社具有不同于联合社的特殊性质。联合社通过把若干个同类农产品专业合作社联合起来组成联合社，可以扩大产业规模，获取更大的规模效益，大大降低生产经营成本。上海松江区农村集体经济联合社与合作社就分配收益，获取联合收益做出了一番探讨并全面启动。农村集体经济联合社的收益分配，让社员真切地享受到集体资产的收益，全区 14 个街镇 100%全面启动集体资产收益分配。可见，农民专业合作联社的成立，可以促进社员获取联合收益，真正享受到联合社联合带来的利益。

3. 延伸农业产业链

农民专业合作联社的发展，可以有效延伸农业产业链。现阶段的农民专业合作社的生产经营服务，大部分只是在本村、本地，很少有跨区域合作，涉及的产业也比较单一。农民专业合作社的联合，是合作社与合作社的联合，可以是本区域内合作社的联合，也可以是跨区域、跨行业合作社的联合。其目的是使农业的发展涉及更广泛的领域。通过联合与合作，农业发展涉及的生产、加工、仓储、运输、金融服务等都能够很好地走进合作社中，由此可以发挥合作社的信息、技术、市场优势，延长农业发展的产业链和价值链，加快农民专业合作社的健康发展。合作社实现产业链的不断延伸，可以增强合作社进入市场和抵御风险的能力。

4. 农超农企对接

农民专业合作社虽然也是在工商管理部门登记，但是合作社不同于其他在工商管理部门登记的企业。农民和合作社是一个利益共同体，共同参与生产经营，共负盈亏，而其他企业是按投资的股份分配和承担利润风险。农民专业合作社的联合可以扩大合作社的经营规模，真正让农民成为合作制企业的老板，真正实现农企对接。

农民专业合作联社除了提供生产经营服务外，还提供与该类农业生产经营有关的技术、信息等服务。例如，可以是种植专业合作社，也可以是更具体的葡萄种植、柑橘种植等专业合作社。合作社形式单一，规模较小，市场谈判能力仍有很大的不足。通过合作社的联合，可以提高市场议价能力，扩大生产销售渠道。2010 年 12 月，农业部和商务部共同召开全国"农超对接"现场会，联合下发全面推进农超对接工作的指导意见，提出搭建对接平台、培育对接主体、加强指导监督等方面的措施。积极与商务、财政等部门沟通，扩大"农超对接"财政扶持范围，对合作社给予一定的财政补助。政府的扶持对合作联社畅通农超对接渠道起到了很好的促进作用。

同时，为了进一步引导农民专业合作社做大做强，农民专业合作联社要深入开展合作社示范社建设行动，积极开展"农超对接""农企对接""农社对接""农校对接"。加强合作信息化建设，共同完善政策，加大扶持、统筹规划，支持合作社在公益性农贸市场和社区市场开设直销点，在城市社区建立直销店、连锁店。鼓励合作社与超市、高校、社区、农资生产企业等开展一系列对接活动，促进合作社的标准化生产。农民专业合作联社进入社区、超市等，除了可以扩大农产品的销售渠道，还有利于减少中间环节，降低农产品的流通成本，促进市场和价格竞争，并且还可以为政府在特殊时期的价格调控提供载体和依托。

5. 对内互助对外竞争

近年来，越来越多的农民加入了合作组织，但是大多数农民专业合作社和合作内容还只是比较简单的生产合作。农民专业合作社的联合为农民、合作社搭建了更好的生产经营平台。合作联社的服务宗旨是"对内服务，对外盈利"。这种互助性的特点，决定了农民专业合作联社对合作社成员的非营利性经营，并且为成员谋取更高的分配利润。对内服务，有利于降低农产品的生产成本，扩大农产品规模，稳定农业发展，更主要的是有利于构建对接大市场，实现专业合作社的联合发展。农民专业合作社的联合对于增进农民收入、推动农业的现代化发展具有十分重要的意义。

6. 推动现代农业发展

农民专业合作社不同于农村集体经济组织，是由依法享有农村土地承包经营权的农民主体自愿组成的组织，但是农民专业合作社并不改变家庭承包经营。农民专业合作社的联合发展是农民专业合作社和农民经济组织的一种体制创新，有利于科学技术的推广，有利于推行标准化生产，打造农产品品牌，增加社员的收入。因此，合作社的联合需要更高层次的人才和技术，使合作社向更规范化，经营水平更高的方向发展，从而实现高产、优质、高效、低耗的生产需求，促进现代农业的进一步发展。而农民专业合作联社的组建，需要更高层次的人才和技术，可以提高合作社的规模经济效益，促进现代化农业的发展。

7. 具有自组织特征

自组织理论认为，一个系统成为自组织系统，需要具备的特征包括非平衡性、非线性、涨落性、协同性等。现阶段中国的农业合作组织主要是指农民专业合作联社。农民专业合作组织是以自愿、自治和民主管理为主要原则建立起来的，以盈利、合作及互助为目标；以"风险共担、利益共享"为其发展机制，鼓励以农民、专业大户为主体，通过科技入股、资金入股、技术入股、租赁经营、独资创办、技术承包等多种形式结成利益共同体，把分散的农户聚集起来，共同应用新技术、开拓新市场，提高生产效率。从中国目前农民专业合作联社的发展态势与现状来看，农民专业合作联社具有自组织的特征（柏振忠和宋玉娥，2017a）。

（1）农民专业合作联社具有开放性。自组织理论证明：一个孤立的社会系统往往由于缺乏与外界的能源、信息和物质的交流，会随着时间的推移，变成一个死寂的自我循环。这正是传统农村社区缺乏活力的原因之一。社区合作组织改革的重要内容之一就是要打破这种封闭状态，使农村社区合作组织逐渐走向开放，这种开放不仅表现在各农民专业合作社之间的交流，也表现在合作社内部的交流及参与合作组织的农民有进入和退出的自由。农民专业合作组织的本质特征是合作社立足于其成员的需求，而不是追求投资者的资本增值，它是以自愿联合起来的使用者为导向的，它是用户所有、用户所控、用户所享、促进用户共同经济利益的自助组织。而用户的所有权、控制权和收益权是建立在社员对合作社的使用基础上的。农民专业合作组织的主要功能是为农民提供市场交易上的必要服务，包括产品的定价、销售渠道拓展、市场信息获取等。同时，在组织生产方面，农民专业合作组织可根据国家政策及市场需求，有组织地统一规模化经营，引导农民在种植、养殖、加工、生产、销售各个环节处于主动的地位。

（2）农民专业合作联社具有非平衡性。非平衡态也是形成自组织状态的重要条件。系统内部不同要素的差异性决定系统离开平衡的远近。差异性表现在许多方面，如内在结构要素量和质的差异、子系统之间的功能差异、子系统结构的差异等。差异越大，系统离开平衡态就越远。在非平衡态条件下，系统内部诸要素才会出现随机涨落，才有可能在相互合作和相互竞争中形成巨涨落，导致系统整体结构的良性变迁。总之，自组织理论认为自组织系统必须呈非平衡态，才能出现有序的结构。农户作为农民专业合作组织中各自独立的要素，由于自身竞争而出现的差异，即非平衡性就成为系统的有序之源。在合作社内部，个体差异导致收入差距，差距迸发活力，进而导致系统产生内在秩序；在合作社外部，主要体现在专业化分工方面。1995 年，国际合作联盟成立 100 周年代表大会对传统合作社原则做出新规定，认为合作社应是包括自然人和法人的组员联合，还要求合作社在保持自立的前提下，多方筹集资金，要实现地方的、全国的、区域性的和国际性的合作社之间的合作。这说明合作社最初的罗虚代尔标志性原则，即一人一票和利润返还的原则，已经做了偏向现代公司制度的根本性修复。这种变化无疑有利于非平衡体系的建立。

（3）农民专业合作联社具有非线性特征。非线性体系是演化成具有耗散结构系统的必要条件之一。自组织理论认为，系统构成要素之间的非线性作用是系统有序的动力之源。线性系统满足的是熵叠加原理，即整体等于部分之和，不能产生非加和性（整体大于部分之和），这样的系统从根本上排除了出现耗散结构的可能性。非线性系统表现为子系统之间在作用时间上的非连续性，在结果上的非加和性；整体与部分在结构与功能上的差异性；非线性系统要求各个要素或子系统在数量上和质量上相互独立，并且存在差异，在数量上必须大于或等于三。随着经济社会的发展，大多数农村已经打破了原有的封闭性。特别是近来农民专业合作组织的发展，使农村经济发展模式呈现多元化和多样化状态，也使农民成为自主经营、自我发展的主体。加入农民专业合作组织的农民，其日常生活、生产活动，不是完全独立的行为，在非线性相互作用下，参与社区合作的村民通过行为的相互制约、相互干扰、相互耦合显现出整体的相干效应。

（4）农民专业合作联社具有涨落性。所谓涨落就是指系统内部要素或外部环境对系统的结构和功能进行随机扰动时，系统偏离稳定状态平均值的波动幅度。这种扰动对系统由一种稳定态向另一种稳定态的跃迁产生重要的影响。无论系统处于无序还是有序状态，其内部各个要素不会绝对稳定在某个值上。由于系统要素的独立运动或在局部产生的各种协同运动及环境因素的随机干扰等，系统的实际状态总会偏离平均值，在远离平衡态时，涨落的作用往往很大，它通过破坏系统原有的结构和功能，推动系统向有序结构进化。我国农民专业合作组织的随机扰动因素主要是政府推动、市场经济风险等诸多因素。政府为农民专业合作社提供外部条件和各种服务，外部条件对于自组织的变化起着重要的作用。市场经济是以市场为基础性资源配置手段的经济形态，市场自身特点使其成为重要的随机因素。随机变化主要表现为：市场作为一个复杂的系统，存在着资源分布，各子系统发育程度和市场中供需关系的非平衡性；存在非单一的多样性的市场体系和市场主体在进行经营决策时的非线性行为；存在着体现价值规律和供求关系的各种涨落。

（5）农民专业合作联社具有协同性。系统内外大量涨落的存在使系统走向有序有了可能，但必须是系统内各个要素都达到协同，真正的有序结构才能形成。协同学认为，在一个系统中，其要素存在两种状态或趋势：一是自发的无规则运动，二是要素之间的相互关联而导致的协同运动。合作组织中的合作，是指农民专业合作组织不仅要加强内部的合作，还要加强与其他部门的合作，特别是与其他类型合作社的合作。因此，协作本是合作社的内在之义。合作社是由基层的农民自发、自愿组织起来的，因此拥有广泛的群众基础，国家制定了"民办，民管，民受益"的指导方针，给专业合作经济组织创造了一个宽松的发展空间。农民、公司、合作社、市场、政府多种主体相互协作，良性互动。特别是随着现代农业时代的到来，广大小农通过合作社融入现代农业经营组织方式中来，向市场提供规模化、标准化、有竞争力的农产品，产业链条向着加工业延伸，并且与农产品消费市场紧密地联系在一起，合作社的联结方式是多种多样的，包括战略联盟、长期合同、承包经营和合资经营等。

第五章 农民专业合作联社农业共营成效调查分析

第一节 农民专业合作联社共营成效

一、农民专业合作联社发展调查

农民专业合作联社作为一种新型的农村合作经济组织，取得了蓬勃发展，在乡村振兴中发挥着重要作用，有力地推动了农村经济快速发展。以湖北为例，近年来湖北农民合作社发展呈现环境不断优化、数量不断增加、质量不断提高的良好态势，极大地促进了农业增效、农民增收和农村发展。截至 2017 年 3 月底，湖北全省农民合作社达到 73 752 家，相比于 2015 年底的 60 756 家，增幅达到 21%，全省有超过 45% 的农户加入农民合作社。其中，合作联社 285 家，80% 的县市都成立了农民专业合作联社（柏振忠等，2017）。合作联社的成立，一是节约交易成本，通过合作与联合，合作社能够更深层次地降低生产资料和生活资料的交易成本，提高合作联社成员的积极性；二是增强合作联社的沟通与协调，带动成员一同提高经营效益；三是通过联合监管运作，增强对合作联社的认同感，提高运营效率。

湖北省荆州市的 8 家农机专业合作社共同发起并自愿组建成全市第一家农机专业合作联社——荆楚富民农机专业合作社联合社。该合作联社于 2013 年 6 月登记注册成立，截至 2014 年底成员单位共计 11 家，包括荆州市富民农机专业合作社、荆州市三湖农业机械服务专业合作社、荆州市红娘子农机专业合作社、荆州市银杏农业机械专业合作社、公安县浩瀚农业机械专业合作社、荆州市大丰农机专业合作社、荆州市腾飞农机专业合作社、荆州市宏达农业机械专业合作社、荆州市谷丰农业机械化专业合作社等 9 家合作社，以及天津拖拉机制造有限公司、荆州市莱恩农业装备有限公司两家战略合作伙伴企业。截至 2014 年底，该合作联社有社员 1 261 人，插秧机、收割机、拖拉机等农业机械 1 332 台（套），库棚及营业场所面积 5.8 万平方米，总资产 6 800 多万元，年作业服务能力达 130 万亩以上。合作联社组建以来，各项业务快速发展，影响迅速扩大，2 家专业合作社被农业部授予全国农机合作社示范社称号，5 家合作社承担了湖北省农机社会化服务体系建设项目并得到专项资金支持，9 家合作社参与了部、省、市等农机化重大技术示范推广工作。

洪湖市春露农作物种植专业合作社联合社是 2013 年 10 月注册登记成立的一个拥有农技、农机、农资等 25 家专业合作社和粮食收购加工企业的综合经营主体，注册资金 1 600 万元，年销售总额过亿元。该合作联社截至 2014 年底有专业合作社成员 25 家，耕地面积 0.3 万公顷（其中自有流转土地面积 200 公顷），社员 2 450 人，其中农艺师等各类专业技术人员 39 人；大中型拖拉机（带旋耕）55台（套），小型耕整机 62 台（套），乘坐式收割机 32 台（套），修理设备 5 套；仓库 6 000 平方米，水泥晒场 1.3 万平方米，育秧大棚 52 个（17 200 平方米），催芽温室 150 平方米。

监利县福娃三丰农机农民专业合作联社成立于 2013 年 12 月，由湖北福娃集团有限公司提议发起，9 家工厂化育秧基地响应创办，是拥有 2 000 余社员的综合型农业经营组织。通过强强联社，该合作联社已经具备较强的经济实力，现有农业植保飞机（无人植保飞机）2 驾，大中小型农机 1 000 多台（套）。

二、农民专业合作联社共营成效：基于具体案例

（一）创新服务方式，提高经营效率

（1）开展规模化生产经营。受土地生产规模的限制和"打工"经济的影响，农村农业劳动力短缺问题较为严重，由此带来的后果是农村雇工价格大幅度上涨，农村特别是城镇郊区耕地撂荒现象越来越普遍。例如，水稻栽植雇工价格由 2009年的 100 元/天上涨到 2015 的 210 元/天，涨幅达一倍以上。各合作联社主动与乡镇和村组联系，将种田意愿不强的农户的耕地以适当价格流转到合作联社，由合作联社按照现代农业的要求开展机械化、标准化和规模化生产，实现效益的最大化，较好地解决了当前农村土地撂荒和种田效益低的问题，为今后解决农村由谁来种田和怎么种田探索了一条切实可行的路子。

（2）开展订单式作业服务。随着农户对机械作业的需求逐年增加，为适应农村发展新形势，合作联社适时推出订单式作业服务，为农民提供单项和全程机械化作业服务。荆楚富民农机专业合作社联合社，2013 年仅在荆州市三湖农场、江北农场，就通过订单作业完成机插秧面积 2.2 万亩、机耕 10.8 万亩、机收 10.5 万

亩，作业面积占当地同期机械作业面积的 90% 以上；2014 年度完成订单服务面积 71 万亩，服务对象涵盖荆州市 5 个县市区的 14 个乡镇和 3 个农场的 8 000 多家农户，彻底解决农户种田难的问题，在保证不误农时的同时，为农户节约生产成本 1 800 多万元。

（3）开展跨区流动作业。合作联社利用自身资源、信息和块头优势，积极组织开展跨区域流动作业，增加社员收入。以荆楚富民农机专业合作社联合社为例，水稻跨区机收作业是其长期坚持的一项具有明显经济效益的业务，在联合社成立后，以荆州市富民农机专业合作社为核心，组织联合社内的其他合作社参与跨区机收作业，参加跨区机收的机械由以前的 20 多台增加到 70 余台，跨区机收面积和收入都较过去翻了番。2013 年该联合社先后组织本社的 70 多台高性能联合收割机两次南下广东、广西，跨区机收水稻 8 万多亩，创收 820 多万元，实现纯收入 350 多万元，单台收割机年增加收入 4.6 万元；2014 年 7 月再次组织 63 台履带式收割机南下广东、广西抢收早稻，收割水稻 3.9 万亩，创收 410 万元。

（二）实现统一管理，提高综合效益

（1）推行统一管理运作模式。整合社内资源，进行统一调配，减少中间环节，降低交易成本，拓展利润空间。合作联社以服务合作社社员为切入点，推行统一技术培训、统一服务指导、统一生产资料采购、统一机械化全程配套服务、统一农产品抱团销售等统一管理运作模式。在技术培训中，利用合作联社平台争取更多阳光工程培训指标，对合作社骨干进行培训。在生产资料供应中，实现统一采购，减少中间环节，节约购买成本。统一调配农机具资源，并与相邻地区进行机械作业服务交流，在保证合作联社社员生产全过程的农机服务需求基础上，充分提高农机具利用率，获取更大创收效益。在产品抱团销售中提高市场话语权，如洪湖市春露农作物种植专业合作社联合社实现与中国储备粮管理总公司的供销直接合作，方便合作联社社员售粮的同时，大大增加利润空间。

（2）规范农机作业价格。根据农机作业项目的不同，在进行成本核算后，并参照市场价格，制定了合作联社农机作业服务价格表，严格要求各专业合作社按标准收费。由于合作联社农机作业质量过硬，价格合理（比一般市场价低 5%~10%），信誉度高，合作联社 2014 年订单作业量较上年增加了 20% 以上，在部分地区主导了农机作业市场。例如，三湖农场 1.5 万亩的水稻插秧，6 万亩的水稻小麦机收、8 万亩大田机械耕整全部由合作联社承担。

（3）固化利益联结关系。合作联社在利润分配上实行三次统一核算分配的管理办法，形成制度化的利益联结关系：一是按合作社年度生产资料发生额的一定比例（如洪湖市春露农作物种植专业合作社联合社按年度生产资料发生额的 3%）

进行返还；二是按合作社入股的股金分红；三是按合作社在联社的经营额度的千分之一提取奖励金，与原入股份额相加作为下一年度的总股金。通过推行以上利润核算分配方案，规范合作联社制度化运作，提高各成员的合作积极性，增强合作联社的凝聚力。

（三）强化人才培训，推广应用新技术

（1）强化技术培训。合作联社聘请农业（农机）部门专家及农机生产企业技术人员，在各专业合作社巡回举办技术的培训班，重点对水稻机插秧、油菜机直播、安全生产等进行技术培训，一年多来先后办班30多场次，对全部社员进行了两次以上的农机系统培训，同时培训社外技术人员2 000多人次。

（2）增加新技术的推广应用。2013~2014年，荆楚富民农机专业合作社联合社配合湖北省及荆州市的农机部门，先后组织推广工厂化育秧及机插秧、油菜机收机播、秸秆粉碎还田、粮食烘干等新机具、新技术的示范应用，购置新机具150多台（套），举办技术培训班21场次，组织现场会15场次，承担或配合完成部省农机化科技项目5项，市级农业（农机）技术试验示范项目6项，其中在水稻集中育秧及机插秧、油菜机收、秸秆粉碎还田及综合利用等技术示范推广上发挥良好示范带头作用，得到省市农业、农机部门的充分肯定。

（四）解决现实困难，带动社员增收

合作联社通过强化农机全程机械化作业、土地流转、示范应用农机化新技术等措施，增加了合作联社成员、机手和农民收入。2013年，荆楚富民农机专业合作社联合社实现作业服务盈利2 980万元，返还给各专业合作社利润2 861万元，返利总额较上一年度各专业合作社单干时高出了20%以上。红娘子、宏达、浩瀚等三家农民专业合作社由于缺少机插秧专业技术人员，前几年一直不敢参与机插秧专业服务，加入合作联社后，由联社统一落实机插秧面积、统一安排技术人员进行指导，解除了这三家合作社的后顾之忧，2013年、2014年两年这三家合作社机插秧面积2.1万亩，由此增加专业收入252万元。银杏合作社2014年初想流转土地1 200亩，需一次性投入资金60万元，由于资金短缺，土地流转协议久拖未签，合作联社紧急从其他成员处调入资金40多万元，确保了土地流转协议及时签订落实，仅一季中稻，银杏合作社就可获纯利310多万元。

（五）创建自有品牌，谋求持续发展

品牌是信誉的凝结。一个品牌在老百姓心目中确立起来，就可以成为质量的

象征、安全的象征，老百姓就会放心购买和消费。洪湖市春露农作物种植专业合作社联合社努力打造"洪湖天然再生香米"品牌，让洪湖天然香米进入城市超市。该合作联社已租赁承包流转土地 3 000 亩，主要用于扩大再生稻"一种双收"面积，以提高复种指数，增加单位面积产量，开发再生稻香米品牌，推广"一种双收"种植模式，力争达到"亩过吨粮，效益双千"的目标。

第二节　农民专业合作联社规模效益

一、农民专业合作联社获得规模经济效益的途径

（一）开展土地整理，提高了土地利用率

农民专业合作联社开展规模经营，要首先进行土地整理，打破原有的小地块形成的边埂、地头、沟壑，合理划分田块，"小田变大田"，扩大土地经营面积。有的农机专业合作联社对"空心村"、荒坡、沟渠进行治理，恢复大片良田。例如，洪湖碧野农业机械专业合作社在土地流转后，经过土地整理，比原先多出 30 多亩可用耕地，获得了可观的额外收益。

（二）降低生产成本，增加农业生产效益

农民专业合作联社通过生产资料团购、统一连片作业，农业生产成本大幅度降低，生产效益明显提升。据调查，通过对农业生产资料实行统一采购，农产品统一收获、销售，从而降低生产成本，提高产品质量、产量，提高销售价格，增加农民收入，农机专业合作联社经营的土地每亩减少生产资料投入 30 元左右，减少机械作业费 30~50 元。

（三）合理配置资源，降低农业生产投资

农民专业合作联社通过农业机械入股，在服务农业生产过程中，按照承包土地、托管土地及订单作业面积，结合各类农业机械的作业能力，寻求机械合理配置，在整合农户现有农机的基础上合理购买新机具，避免了家家户户买农机，有效提高了机械利用率。天门中绿农民专业合作联社，通过合理配置"巨无霸"玉米收割机、"长臂"喷药机，21 个人就实现了 2 万亩玉米的耕种收全程机械化生产。

（四）新技术的提前应用，实现节本增产

新技术特别是当前亟须推广的水稻机械化育插秧和油菜机播、机收技术，应用得当，可以获取较大的经济利益。天门市华丰农业专业合作社、洪湖碧野农业机械专业合作社等农民专业合作联社就是依靠抢先应用水稻机械化育插秧技术挣得了第一桶金，2014年监利县福娃三丰农机农民专业合作联社在监利县开展的大规模早稻育插秧更是令全省瞩目。

（五）服务方式灵活，有利于抢占作业市场

分散农机机手作业服务能力有限，其作业模式也相对单一，农民专业合作联社则可以提供多种服务模式供农户选择。湖北省多地农民专业合作联社都提供了"菜单式"服务模式，由合作联社统一机耕、植保、机收等作业服务收费标准，由农户自主选择服务项目，比分散农机机手更受欢迎。

（六）运行成本的节约

农民专业合作联社使得农机经营者能够有组织地面对千变万化的市场，实现农业机械高效利用和农机经营效益持续提高，从而有效促进了成员增收，为改善生产生活条件提供了物质基础。例如，作业市场信息的共享，油料、农资的集中购买和储备、自行维修受损农机具等措施，均可以有效地降低农民专业合作联社运行成本。

二、影响农民专业合作联社规模效益的因素

目前，湖北省各地农机合作社发展不均衡，合作社总体发展水平较低，规模偏小，吸收成员不够多，辐射带动能力不强，服务效益不够高，经营水平有待提高。调研发现，阻碍农机合作社规模扩大的原因是多方面的，影响了合作社开展土地流转，农机作业效率和节本增效的潜能难以充分发挥。

（1）人力成本大。受土地承包经营制约，农业生产大机械与小地块的矛盾突出。如果当地乡镇政府和村委会积极性不高，农机合作社要开展流转就必须与千家万户打交道，一一商定流转办法和价格，一一签订流转协议，需要投入大量人力。

（2）融资难度大。相对公司和企业，农机涉农抵押体系的不完善，难以变现的仓库、机具仍然无法抵押，房屋办公场所抵押物可能最后没法处置，因此银行信贷服务望而却步，金融部门不愿意对农机专业合作社进行贷款。例如，对荆门

市的 17 家农机合作社开展的问卷调查显示，仅有 9 家能够在农村金融机构申请到贷款，占调查总数的 52.9%，绝大多数合作社认为目前银行涉农贷款手续复杂。融资难，资金不足，使得农机合作社扩大流转规模、无力开展流转后土地改造。

（3）生产风险高。目前，政策性保险只能保障个体农民基本生活，无法保障土地流转承包的生产经营效益。对于单个农户来讲，即使遇到特大自然灾害，也损失有限。而农机合作社如果承包成百上千亩，甚至万亩以上，损失的就是几十万元甚至上千万元，农机合作社无论如何也承受不起。国家在这方面没有健全的保险措施。农资价格上涨，特别是燃油上涨，导致成本提高，这也是农机专业合作社的生产风险之一。油价不断上涨，而农用燃油补贴被整合到农资综合直补中，无论农民是否采用农机作业，均能获取该项补贴，而正常的农机作业者却购买着包含养路费的高价柴油。农机合作社还有一大生产风险即农机安全事故风险。据统计，2012 年仅湖北省就有 34 名农机作业事故死亡人数上报，可以参考的是，浙江省连续几年农机作业事故死亡人数上百。除了农机作业事故以外，还有农机运输事故。虽然农机合作社机手技术相对熟练，操作相对规范，但一旦遭遇农机事故，对合作社都是不小的打击。据问卷调查结果，襄阳市、黄冈市、荆门市无一家农机合作社为社员办理商业保险。

（4）管理风险大。我们在调研中发现，合作社发起方（投资方）的分散与集中，对各自合作社的制度建设造成先天的影响。大部分农机专业合作社的制度都在向《中华人民共和国农民专业合作社法》靠拢，但是限于其实际条件，各自的分配制度、内部监管制度建设都处于摸索阶段。很多合作社组织管理较为松散，虽然有章程、管理制度等，但存在管理松散、组织化程度低、不能开展广泛高效的农机服务的缺陷。农机合作社社员思想认识不一致，内部运行机制不规范和不完善，影响了农机合作社土地流转的开展。

（5）违约风险大。农机合作社一旦流转土地，即开始投入资金购置农机具、农资，开展土地改造，将低产田建成高产田。如果农民违约，要求提前收回土地经营权，因为农民是弱势群体，农机合作社处于不利地位，很可能遭受损失，前期投资全部打水漂。

（6）基础设施差。库棚和机耕道是目前困扰各地农机合作社发展的瓶颈。由于资金的缺失或是场地限制，80%以上农机合作社的基础设施不能满足新型农机具的存放、维修需求，严重影响了农机具的使用寿命。以轮胎为例，一个农机合作社社员痛心地说："一次雨淋暴晒，相当于正常使用半年时间。"机耕道的建设也存在不规范的现象，农田道路路况差、桥梁过窄，不利于大型机械行走，空运转时间长，生产成本增加，经济效益降低。

（7）土地流转难。目前的土地经营模式还是以农户个体经营为主，土地小块分割，种植结构复杂，这是制约现代农业发展的壁垒，限制农机合作社发展的鸿沟。许多地区的基层干部对土地流转重要性认识不够，认为土地流转是农民自己的事情。很多农民对土地流转的认识还存在误区，不少人认为土地仍为生活保障的主要来源，因为不能就近找到工作，又不愿出远门，有的农户仍保留着"机器再省钱，不如自己干活不要钱"的小农意识，有的认为土地流转就是对承包地的重新调整，也有的怕转出后，政策一变失去承包权。

（8）社员素质差。农机合作社大多缺乏专门的技术人员和管理人员，合作社发起人缺乏领头羊的高素质和能力，社员也多为本村农机手，文化水平相对较低，对新机具、新技术了解不多，在农机具的正确使用和维护保养方面存在很多问题，难以保证机械高效优质地发挥作用。

第三节　农牧民专业合作社共营成效

一、获得规模经济

农牧民合作社在很大程度上解决了社员资金不足的问题，农牧民合作社采取互帮互助的措施，除了担保解决农牧户社员的贷款难的问题外，农牧户社员之间采用了小额的资金内部流通的措施，帮助农牧户解决养殖过程中出现的出栏过早或过晚问题，互相帮助还贷款。以一些内蒙古农牧民合作社为例，对入社之前和入社之后进行对比分析，农牧民获得规模经济效益是很明显的（表5-1）。

表 5-1　农牧民参与合作社前后的对比

农牧民	养殖规模	筹资渠道	纯收益情况	政府支持情况
参与合作社之前	散养为主，没有专业化的养殖场地，育肥牛20头以上的大户少，养殖规模扩大困难	融资渠道不顺畅，容易错过最佳养殖时期，有些地区民间高利贷盛行，容易形成恶性循环，不利于发展致富	除去养殖成本、交易成本，每头牛收入为1 200元左右	政府畜牧技术普及有限，财政资金惠及不到位，新技术的推广很难实施
参与合作社之后	形成自己的利益组织，具有规模化的养殖基地，养殖头数基本在50头以上	合作社进行担保，获得更多的资金，同时社员之间互帮互助，进行小额的内部流通，分担养殖风险	农牧民养殖成本普遍下降，同时节约交易成本，平均每头牛收入2 000元	政府进行畜牧技术普及、科技推广、宣传讲座等，财政补贴等一次到位，集中建设基础设施，节约政府成本

二、增加社员收入

农牧民合作社拥有更好的融资和销售渠道，可以很好地避免"马太效应"。

图 5-1 是 2012 年到 2016 年农牧民养殖肉牛的收入状况，由于受市场的影响，购买育肥牛的成本过高、饲料涨价、运输成本提升等，在 2012 年到 2014 年农牧民的收入是持续走低的，但是保证了在 1 500 元到 2 100 元这个范围之内，在 2015 年的时候开始回升，政府控制肉牛价格的政策初具效果。由于国家实行供给侧结构性改革，玉米等去库存，造成粮食价格的大幅度下降，养殖用的饲料、酒糟的成本也相对下降，为农牧民养殖提供了良好的养殖环境，2016 年农牧民每头牛养殖的纯利润很多超过了 2 500 元，并且参与合作社之后，养殖优良品种育肥牛，每年出栏两栏肉牛，缩短了养殖周期，极大地增加了农牧民的收入，间接地缩短了农牧民的贷款周期，加强了农牧民贷款的偿还能力。

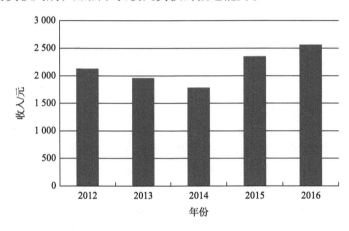

图 5-1　2012~2016 年农牧民合作社社员收入情况

三、提升技术水平

传统的农牧民合作社存在发展模式落后、资源利用结构不合理、营销渠道不通畅、技术水平落后等问题，在依托政府政策和资金的支持下，农牧民合作社近几年来多次成功组织大规模的肉牛养殖技术培训课程，受益农牧户多达 700 多户，增强了农牧民肉牛养殖的知识储备和技术能力，政府出资、出力建设畜牧业研究所，成立肉牛冷配站点，运用先进的人工技术加强了肉牛的纯种率（现在纯种率高达 98%以上），淘汰劣质种牛，保证了肉牛的品质。同时，技术水平的提高，提高了肉牛的出栏率，缩短了养殖周期，规避了养殖过程中出现疫病等风险，确保了农牧民可持续性收入的增加。

四、降低生产成本

不论是散户养殖的"庭院经济"，还是农牧民合作社的集中养殖，都离不开养殖成本。八里罕镇是宁城县酿酒的产业基地，每年生产 5 000 多吨的酒糟，将酒糟售卖给肉牛养殖户，每年间接地增加企业额外收益近 100 万元，同时很大程度地节约肉牛养殖户的饲料成本（约 140 多万元），农牧民合作社与酿酒企业构成利益联结机制，形成了农牧民合作社肉牛产业迅速发展的最大优势。同时，养殖中产生的牛粪以每立方米 70~100 元的价格售卖，无形中降低了农牧户的养殖成本。

五、延伸产业链条

农牧民合作社的建立，进一步拉动了区域地区的经济发展，延伸了产业链条，促使林业经济、种植业、食用菌等产业迅速发展，加强了二三产业的融合，农牧民合作社利用现代网络技术，掌握市场发展动态，获取养殖信息，节约了时间和购销成本，在当地政府的推动下，农牧业发展迅速，并形成了利木赞、西门塔尔、草原红等优质肉牛品种，获得了良好的市场口碑。畜牧业的发展，也带动了周边肉牛加工企业、白酒企业、食品公司等的高速发展，形成了因地制宜、适度规模化发展的模式，延伸产业链条，增加肉牛产业的附加值，形成持续平稳的良性循环发展模式。

第四节　农机农艺整合发展成效与问题

一、农机农艺整合发展背景和阶段划分

（一）农机农艺整合发展的背景

农业作为国民经济的基础，在我国现代化建设中占据着十分重要的地位。我国作为世界上人口最多的国家，更是需要加快促进农业的现代化建设，实现农业的跨越式发展。我国"三农"建设的要求和《国务院关于促进农业机械化和农机工业又好又快发展的意见》文件中都提出，农业机械是发展现代农业的重要物质基础，农业机械化是农业现代化的重要标志。当前，我国正处于从传统农业向现代农业转变的关键时期，加快推进农业机械化和农机工业发展，对于提高农业装

备水平、改善农业生产条件、增强农业综合生产能力、拉动农村消费需求等具有重要意义。

当前提高农业生产水平的有效途径就是提升农业的机械化水平，利用学科技术，更新农业观念，改进农业生产模式，发展现代农业。农艺是指农业生产工艺过程及其相应的操作技术；农机是指为实现这些工艺过程而设计制造的相应农机具及管理运用技术。只有将农机与农艺有效地结合起来，对这两方面的技术设备进行更新，才能切实推进农业生产的进步。因此，应该积极推进先进农业生产技术和先进农业机械的引进。农业机械化和农业技艺之间是密切相关的，可以说农业技术的发展促进农业机械的更新和改进，农业机械化反过来又促进农艺的发展。《中华人民共和国农业机械化促进法》的颁布实施，为我国实现农业生产的机械化提供了良好的发展机遇。目前我国的农业发展状况逐渐正规化，农业生产的各项基础设施逐渐完善，再加上不断地引进先进的农业设备，这些都为农业技术的发展更新提供了条件。

（二）农机农艺整合发展的不同阶段

农艺与农机的融合遵循了事物变化发展的一般性规律：由低级到高级不断发展。农机与农艺关系的演变历经农机服从农艺、农机农艺相适应、农机农艺相结合相配套三个阶段。

第一阶段是农机服从农艺阶段。机械服从技术要求，农机处于从属地位，为农业服务。中华人民共和国成立后，我国经济水平及农业生产发展极为落后，不能满足人民生活的基本需要。为保证粮食安全，农业始终以增加产量为核心，改进农艺是提高农作物产量直接而有效的途径，因此农艺在相当长一段时期内在我国占有绝对重要的位置，农机只能不断改进功能以适应农艺要求。

第二阶段是农机农艺相适应阶段。随着农业机械在农业生产中作用愈加明显，农机对农艺提出了新的要求。农机农艺整合已从农机单方面适应农艺的阶段向农艺改进并使其适应农机作业功能的新阶段转变。农业机械生产中的作用增强了，地位有所提高，也就暴露出许多问题。主要表现在始终伴随着我国农机化过程中先进的农业生产工具与传统的手工作业技术的矛盾，需要农机和农艺相互让步、磨合，以达到相互适应，这是一段较长的历史时期。例如，我国 20 世纪 70 年代到 80 年代的间套作，多熟种植的机械化配套。

第三阶段是农机农艺相结合相配套阶段。当农业生产由单纯追求产量发展到追求效率和效益时，农机农艺将是各自调整、相辅相成、融为一体，共同为农业生产的综合效益服务。农机农艺整合先是进入创新的农艺与创新的农机功能协调发展阶段。农业机械有了长足发展，品种多，功能全，可以为农林牧副渔、加工业的大农业实施各业全过程机械化，从而产生了农业机械化综合生产技术。即生产技术成龙配套，形成了农业技术体系、作业工艺程序系统和机器系统的三系配套。随后，农机农艺整合进入基础理论指导下的农机农艺相配套阶段。农业机械化三系配套已不是简单的农艺过程同相应机械替代所能完成的。其综合性、系统性要求有相应的基础理论来指导，使农业技术和农业机械有机地组成优质高产高效科学的作业程序系统。表现在 SPAC 运行系统、土壤-机器-植物系统及机具-土壤·微生物·根系-农田生态系统和农林（果）茶经菌渔药综合配套立体组合农业等各种系统与实践的研究。为区域化因时因地制宜的农机农艺相结合从量变到产生飞跃，发生质变，实现基础理论指导下的定量配套创造了条件。

现今，我国农业发展正处于农机农艺相结合发展阶段。由于农机与农艺各具特点，农艺具有地域差异性、季节性、多样性和灵活性，而农机则具有研究开发的周期性、生产工艺的流水性、批量生产的固定性和推广使用的广泛性。农机农艺的相互融合和协调发展，促进了现代农业观念的更新，推动了现代农业逐渐改变传统的作业模式，如无土栽培、立体种植、工厂化农业、农业转基因工程等现代农业新概念和与之相适应的作业模式，引领了未来农机和农艺创新发展的方向。农机与农艺的有机结合，是农业机械化的核心问题。农机与农艺之间密不可分，它们分别在不同的领域扮演着同等重要的角色。随着科学的发展，农机与农艺也将形成一个庞大的、复杂的科学技术统一体系，支撑未来现代化农业的运行和发展。

二、农机农艺整合发展成效

经过多年努力，我国农机工业实力不断增强，有能力研制出适合农艺要求的农业机械。国家不断加大对农业机械化发展的支持力度，农业机械化发展政策环境不断改善，这些都为农机农艺互相适应提供了坚实的基础。农机农艺的不断整合发展为现代农业建设提供了先进的物质技术条件，同时也提供了许多在今后的发展中值得借鉴的优势经验。

（一）农机农艺的整合推进农民专业合作社纵向一体化

纵向一体化是将两个或两个以上的连续生产阶段，或者将生产和销售阶段结合到一个共同的所有权支配下的活动。农民专业合作社销售、加工合作社内部成员（和外部成员）生产的农产品，从而实现生产的产、加、销和贸、工、农一体化经营。纵向合作是产业上下游主体间的合作。由于农业生产具有季节性、产品具有易腐性等特点，其产前、产中、产后各环节连续性更强，因此其纵向一体化相较于工商企业而言，范围更广。但不可否认的是，绝大多数合作社均存在人员组织、生产管理能力差，科技含量特别是机械替代率低等突出问题。农业机械化是解决这些问题的重要突破口。由于人多地少，我国历来强调精耕细作，很多国外的成熟农业机械并不适用。因此，提出加快发展农业机械化的同时，又强调要推进农机与农艺的融合，发展适合中小型农业经济组织需要的农业机械，使精耕细作的传统农业与现代技术装备相辅相成，用现代技术装备提高劳动生产率，提高农机的利用率，实现标准化生产，促进传统农业向现代农业转型，这也是推进农民专业合作社纵向一体化的重要手段。

（二）农机农艺的整合促进集约型农业的发展

集约农业是农业中的一种经营方式，是把一定数量的劳动力和生产资料，集中投入在较少的土地上，采用集约经营方式进行生产的农业。同粗放农业相对应，集约农业是在一定面积的土地上投入较多的生产资料和劳动，通过应用先进的农业技术措施来增加农业品产量的农业。其具体表现为大力进行农田基本建设，发展灌溉，增施肥料，改造中低产田，采用农业新技术，推广优良品种，实行机械化作业等。农机农艺的整合就是按照因地制宜、用养结合、稳产高产、便于机械作业等需求，确定相应耕作制度，设计出机动灵活、可靠性、耐用性强的农机以适应农业生产的季节性、多样性和恶劣的工作条件。做到农业制度区域化、最优化和规范化，农业部门在制定农艺技术措施时考虑到工程技术措施的可行性并保持农业技术的相对稳定，可以减少工业对机具的重复研制和开发造成的人力、物力和财力的浪费，农艺布局的集中成片，可以减少农机投放量和提高机械工作效率。通过农机农艺整合从单位面积的土地上获得更多的农产品，不断提高土地生产率和劳动生产率，促进农业由粗放经营向集约经营转变。

（三）农机农艺的整合加快机械种植技术的推广

机械种植与传统种植有很大不同，易于集中管理，可大大提高肥水、农药的使用效果，减轻农业面源污染，提高作物的质量安全水平。农机采用科学的灌水方式，可节省大量水资源。机械种植可满足群体栽培要求，抗逆能力明显强于其他栽培方式。专业化种植技术的推广很大程度上依赖于农机农艺的整合。例如，在水稻的机械插秧技术推广中，机插秧所用的秧苗为中小苗，一般要求秧龄 15~20 天、苗高 12~17 厘米。由于插秧机是通过切土取苗的方式插植秧苗，这就要求播种均匀。一般要求杂交稻每平方厘米成苗 1~1.5 株，常规粳稻成苗 1.5~3 株，播种不均会造成漏插或每穴株数差距过大。为了保证秧块能整体提起，要求秧苗根系发达，盘根力强，土壤不散裂，能整体装入苗箱。同时，根系发达也有利于秧苗地上、地下部的协调生长。因此，在育秧阶段要十分注重根系的培育，这也说明育秧是一个关键环节。采取旱地育秧技术，建立集中育秧点，由专业技术人员参与管理，根据机插进度及要求，掌控秧苗在田时间，育出适合机插秧苗，能充分发挥秧龄短、秧苗壮、管理方便，工效高，质量好，可育苗集约化，生产专业化的优点。

三、农机农艺整合发展存在的不足

目前，在对待和处理农机与农艺之间关系问题上仍存在着不协调因素，这些因素客观上不同程度地阻碍了农机与农艺协调健康发展。

（一）农艺的多样性和农机的单一性问题

我国地形多变且气候复杂，再加上人多地少，农业生产呈现精耕细作特点，形成了纷繁多样的种植制度。农机和农艺分属两个不同学科，农艺研究主要追求产量，忽略了机械作业的适应性。农机研制过程中，针对不同的种植制度，研究不同作业要求的机械。为增加产量，现代种植观念引导的混合种植，使得农业生产中具体的作物搭配方式出现多样化，农艺部门研究出套作、间作、密植、稀植等多种多样的种植方式，这样可以很好地结合自然资源和作物之间的相互作用，提高生产质量，但是增加了农业机械的使用难度，同时一个地区或生产单位作物种植的结构、配置、熟制及作物布局区域差异性很大，这也在一定程度上增加了生产机械化的难度，不利于农业机械的普及推广和农业机械化的进一步发展。当前缺乏对农机与农艺协调发展的战略性研究，应当从理论和实践上加强研究，使农业和农机工程等不同领域，在保持农机与农艺有机协调发展的基础上，为谋求各自的发展拓展更广阔的思维空间。

（二）农机农艺的标准化程度不高

标准是科学、技术和实践经验的结晶。标准化，是为在一定的范围内获得最佳秩序，对实际的或潜在的问题制定共同的和重复使用的规则的活动。先进农艺技术要标准化、大规模、高速度地推广，必须与农机化技术相结合，才能转化为现实的生产力。先进农业机械，本身就是物化了的农艺，是先进农艺技术的载体。农业生产过程中的标准化，主要是通过农机作业标准化实现的，是农机农艺融合的结果。农机农艺融合，最本质上是农机技术与农艺技术的融合，结果是促使品种、种植模式、机具配套，促成各种生产要素和影响因素优化组合。制定科学合理，相互适应的农艺标准和机械作业规范，形成种植、养殖机械化技术规范和生产模式，可以说标准是农机农艺融合内容的载体和结果体现，标准化是推进农机农艺融合的基本要求，是促进农机农艺融合成果转化的有效途径。

（三）农户对农机农艺重要性认知不够

由于我国农业长期以来一直主要依靠人力进行，劳动人民在几千年的传统农业生产实践中积累了丰富的经验，形成了一整套有特色的以精耕细作为核心的耕作制度，深深影响着我国农业生产。实行家庭联产承包责任制后，我国农业生产形成了以家庭为单位的小农、散农的生产局面。受生产资源的约束，传统的农业生产方式根深蒂固。农业生产中缺少对农业机械的关注，观念上的落后导致农业生产中对机械化作业的忽视，同时传统的农业种植方式使得机械化农业受到挫折，因为机械适用于标准化的农业生产模式，显然与传统农业以人力为主的灵活方式不相适应。在农业生产过程中，农民多注重生物技术，轻工程技术，转变传统的农业生产方式需要一个长期的接受过程。

四、深化农机农艺整合发展的对策

农机和农艺的整合应当着眼于怎样有利于农业生产，有利于实现农业机械化和现代化，有利于农业的可持续发展，有利于提高全社会的经济效益。为了进一步协调农机与农艺相结合，提出以下建议。

（一）促进农机农艺服务专业合作社发展

农机农艺的整合，首先，应该解决农民购买力问题。我国农村经济发展的现状是，农民收入较低，资金积累少，购买大中型农业机械设备困难。积极引导农业产业化龙头企业和其他社会资金投资农机专业合作社，协助开展银行授信融资贷款和合作社互保贷款，逐步建立起国家扶持、群众自筹、工商资本入股、银行贷款等多渠道、多形式、多元化的投入机制。其次，引导合作社与当地的农业特色优势产业相结合。用现代农业的经营理念发展农机合作社，经常组织农机与农艺两大部门进行会商，多联系、勤沟通，互相理解支持配合，建立农机农艺一体化发展机制。合作社可以由下及上，在调研土地利用、地形地貌、耕地类型、地块大小、水旱地组合、作物组合、作物栽培、耕作方式等情况的基础上，明确区域典型农作物的耕作制度及农艺要求，按照耕作制度和农艺要求，实施农业机械化区划，提出因地制宜的机械化作业体系。推广农机化新技术，按照农机化现状选择农艺作物，走农机农艺同步协作道路，改变当前农机农艺各自单一化发展、进程不统一、结构不合理等问题，实现农机机械化技术和农艺生产效益相统一，在总结成功经验的基础上，进一步优化完善、提出适合本地区不同作物的农业机械化技术模式和装备结构，从而保证农机作业与农艺要求的统一。

（二）培养农业职业经理人队伍

农业职业经理人不仅是农业机械化实用人才，也是具有高素质的农业管理人才。充分利用高等院校、农业机械化（农业）技术学校，培养职业经理人。建议各地区与农业等有关部门共同配合，开展农机农艺融合的技术宣传培训活动，把农机与农艺作为一个产业技术整体，修订编写教材，改进教具，通过大力组织实施对农民的培训，让广大农民特别是农机手，更多地学习和掌握农机与农艺相结合、相配套、相促进的技术。调动他们的积极性，引导他们学习和掌握农机农艺融合的新知识、新技术，走出一条靠农民创造、靠市场运作、靠服务完善的路子。同时结合阳光工程等各类农民培训项目，大力培养农机作业和维修能手。开展农机使用等技能培训和科普宣传，提高农民对先进生产工具及技术的接受能力和操作水平。定期对农机推广、监理和试验鉴定人员进行培训，提升农业机械化公共服务水平。

（三）完善农业社会化服务体系

针对农机农艺整合发展中存在的问题，应创新农机服务模式，充分发挥市场资源配置作用，逐步形成以市场为主导，服务为手段，示范推广和服务为一体的多元化的新型社会化服务体系。农机社会化服务促进机械化发展，大力发展农机服务组织，鼓励农业生产经营者共同使用、合作经营农业机械。积极推进农机服务产业化，引导各类新型农机服务组织发展，实现规范运作，促进农业机械销售、作业和维修等服务市场发展，培育和壮大市场主体，加快以农机合作经济组织为主体的多层次、多形式的农机社会化服务网络建设。加强抗旱、排涝服务队伍建设。鼓励发展农机专业大户和联户合作，探索发展农机作业公司，促进农机服务主体多元化。培育农机作业、维修、中介、租赁等市场，扶持引导农机大户及各类农机服务组织购置先进适用的农机。继续抓好农机跨区作业，加强组织引导，推动农机跨区作业由小麦向水稻、玉米等大宗农作物延伸，由机收向机耕、机插、机播等环节拓展。加强机耕道路建设，改善农机作业、通行条件。保障重要农时农机作业、排灌及抗旱用油。

第六章　农民专业合作社分类型效率考察

农民专业合作联社是农民专业合作社的高级形态，而农民专业合作社又可分为种植业合作社、养殖业合作社及农机合作社等类型。本章将以农机合作社类型为典型，开展农民专业合作社效率考察。

第一节　农机合作社发展及文献评述

一、农机合作社发展及调查样本情况

农机合作社是在农机专业户联户不断壮大基础上发展起来的自愿联合、民主管理的互助性经济组织，是农民合作社的重要类型。由于农业生产的季节性、地域性、分散性和综合性，农机合作社具有固定资产投入大，必须有一定数量的流转承包土地，规模经济效益与农业专业化程度、耕作制度、农田基础设施、农机农艺相结合程度、农机装备结构或科技进步水平密切相关等不同于其他类型农民合作社的特殊性质。

随着农产品销售渠道的不断集中和世界市场的不断开放，农业生产与农产品市场的联系也越来越紧密，这有助于农产品直接进入销售中心，农业合作社在其中可以扮演重要角色（Galdeano-Gomez et al.，2006）。作为市场经济环境下的经济组织，竞争优势是农业合作社具有生命力的必要条件，因此，对外追求经济效率是合作社的必然选择。长期以来，农业合作社的经济效率问题一直是西方农业经济学研究的热点之一，对合作社效率的测量及其影响因素的分析又是其中的一个重点（Ariyaratne et al.，2000）。

截至 2011 年底，我国依法注册登记的农机合作社达到 2.8 万个，全国农机合

作社入社成员接近 100 万人，年农机作业服务面积达到了 6.5 亿亩，全国农机合作社服务农户数总量达 2 422 万户，2011 年全国农机合作社总收入达到 292 亿元。据不完全统计，2012 年全国农机合作社的总数量、作业服务面积、总收入增长超过 10%。

农机合作社的蓬勃发展，在巩固和完善农村土地家庭承包经营的基础上，将广大农机拥有者、使用者紧密联结起来，破解了农机大规模作业与亿万农户小规模生产的矛盾，提高了土地产出率、劳动生产率、资源利用率和科技贡献率，对推进农业机械化、发展现代农业、促进农民增收具有重要意义。但是，作为市场经济环境下的经济组织，农机合作社直接面临国际、国内同业的竞争压力，因此，如何提高经济效益，增强市场竞争力，是中国农机合作社面临的重要课题。

本书在理论分析的基础上，重点考察农机合作社的效率问题，主要分析该类合作社的效率水平及影响效率的因素。本书采用两阶段分析方法。首先，采用 Bootstrap-DEA 方法测量农民专业合作社的技术效率，包括纯技术效率和规模效率；其次，运用截断 Bootstrap 模型检验效率的影响因素。

本书的样本来源于湖北省 17 市（地、州），其原因在于湖北省是全国市场化程度相对较高的省份。就农机合作社发展而言，湖北农机合作社发展时间较长，门类较齐全，运营较规范，基础数据相对完整。湖北还是中国最早出台农民专业合作社专门性法规的省份。因此，以湖北为例，分析农机合作社的效率，不仅可信度较强，而且对全国其他地区农机合作社发展具有指导意义。

二、关于效率测度的研究述评

效率包括技术效率和配置效率（Farrell，1957）。前者指企业最优利用现有资源的能力，即在给定各种投入要素的条件下企业实现最大产出，或者在既定产出下实现最小投入的能力；后者描述企业在一定要素价格条件下实现投入（产出）最优组合的能力。在一般情况下，企业往往首先利用现有资源而不是对其重新组合进而从降低成本中获益。因此，更多情况下对效率的测量都是针对技术效率的。遵循这一思路，本书具体考察农民专业合作社的技术效率。

严密的效率测量方法是准确评价农民专业合作社效率的必要条件。已有文献主要使用的是基于前沿理论的参数法（如 Boyle，2004；Hailu et al.，2007）和非参数法（如 Ariyaratne et al.，2000；Galdeano-Gomez et al.，2006），这两种方法各有其优缺点。前者的优点是考虑到了随机误差并对相关假设进行统计检验，缺陷是在假定前沿面之前就确定了具体的函数形式，且局限于单一产出；后者（主要是 DEA 方法）能克服前者的缺点。

DEA 方法的原理主要是通过保持决策单元（decision making units，DMU）的输入或者输出不变，借助于数学规划方法确定相对有效的生产前沿面，将各个决策单元投影到 DEA 的生产前沿面上，并通过比较决策单元偏离 DEA 前沿面的程度来评价它们的相对有效性。DEA 方法的优点是：第一，在处理多输出–多输入的有效性评价方面具有优势。它能够有效解决农业投入、产出指标复杂而难以取舍的问题，且能够对农机合作社进行系统的效率评价。第二，应用 DEA 方法建立模型前无须对数据进行量纲化处理。第三，不需要考虑投入产出之间具体函数关系。农业方面效率评价函数关系构建十分困难，使用 DEA 方法可以防止函数建立错误而导致的结果不准确问题，也不需要进行参数检验等统计步骤。

根据研究目的的不同，DEA 模型可以分为投入导向型和产出导向型两种。投入导向型基于投入的技术效率，即在一定产出下，以最小投入与实际投入之比来估计。产出导向型基于产出的技术效率，即在一定的投入组合下，以实际产出与最大产出之比来估计。一般来说，分析者倾向于选择面向投入的模式。这也是本书采用的分析模式。

第二节 农机合作社分类型效率实证分析

一、模型选取与指标拟定

（一）模型选取

本书涉及的模型包括 CCR（Charnes，Cooper and Rhodes）模型、BCC（Banker，Charnes and Cooper）模型。CCR 模型是在规模收益不变的假设下得到的。每一决策单元都有 m 项投入和 s 项产出，分别用向量 x_i 和 y_i 表示决策单元的投入和产出。$m \times n$ 为投入矩阵 X，$s \times n$ 为产出矩阵 Y，用它们来表示 n 个决策单元的所有数据。其线性规划形式为

$$\min \quad \theta$$

$$\text{s.t} \quad \sum_{j=1}^{n} X_j \lambda_j \leqslant \theta X_0$$

$$\sum_{j=1}^{n} Y_j \lambda_j \geqslant Y_0$$

$$\lambda_j \geqslant 0, \ j = 1, 2, \cdots, n$$

$$X_k = \left(x_{1k}, x_{2k}, \cdots, x_{mk}\right), Y_k = \left(y_{1k}, y_{2k}, \cdots, y_{sk}\right)$$

其中，x_{ik} 表示第 k 个决策单元的第 i 个输入变量，y_{ik} 表示第 k 个决策单元的第 i 个输出变量。θ 表示其效率值，满足 $0 \leqslant \theta \leqslant 1$，$\theta$ 越接近 1，说明此决策单元越具有技术效率；越接近 0，说明此决策单元越缺乏技术效率。且当 $\dfrac{1}{\theta^0}\displaystyle\sum_{j=1}^{n}\lambda_j = 1$ 时，规模报酬不变；当 $\dfrac{1}{\theta^0}\displaystyle\sum_{j=1}^{n}\lambda_j < 1$ 时，规模报酬递增；当 $\dfrac{1}{\theta^0}\displaystyle\sum_{j=1}^{n}\lambda_j > 1$ 时，规模报酬递减。

CCR 模型的经济含义为：在某一决策单元产出 y 可由所有 k 个决策单元产出的线性组合替代的情况下，其投入 x 的可压缩程度，压缩比例的大小为 θ，也称效率测度值。当 $\theta = 1$ 时，表示该决策单元是效率前沿面上的点，即处于有效状态；对于 $\theta < 1$ 的无效决策单元，$1 - \theta$ 就是该单元多投入的比例，也就是可以减少投入的最大比例。

在可变规模收益（variable return to scale，VRS）情况下，即当不是所有的决策单元都以最佳的规模运行时，会使得对技术效率（technical efficiency，TE）的测度受到规模效率（scale efficiency，SE）的影响。VRS 模式允许技术效益的计算不受规模效益的影响，就是将技术效率分解为纯技术效率（purely technical efficiency，PTE）和规模效率。

VRS 模式下的 DEA 分析，对 CCR 模型进行简单改进就可实现。即通过增加凸面条件 $\displaystyle\sum_{j=1}^{n}\lambda_j = 1$ 即可得到 BCC 模型：

$$
\begin{aligned}
&\min \quad \theta \\
&\text{s.t} \quad \sum_{j=1}^{n} X_j \lambda_j \leqslant \theta X_0 \\
&\qquad \sum_{j=1}^{n} Y_j \lambda_j \geqslant Y_0 \\
&\qquad \sum_{j=1}^{n} \lambda_j = 1 \\
&\qquad \lambda_j \geqslant 0,\ j = 1, 2, \cdots, n \\
&X_k = \left(x_{1k}, x_{2k}, \cdots, x_{mk}\right),\ Y_k = \left(y_{1k}, y_{2k}, \cdots, y_{sk}\right)
\end{aligned}
$$

BCC 模型的经济含义即在 VRS 的情况下，由于管理和技术等因素影响的纯技术效率的大小。其中纯技术效率是指决策单元在规模报酬可变假设下获得的效率；规模效率是指技术效率与纯技术效率之间的比值（TE/PTE）。

（二）指标拟定

1. 决策单元的选取

决策单元应当具有一定的代表性，具有相同的目标和任务，相同的外部环境，相同的投入产出指标。目前，湖北省各地区农机合作社的发展目标、提供的服务基本上一样，因此可以认为各地区农机合作社的投入要素和产品基本相同，所以可以将不同地区的农机合作社视为不同的决策单元。截至 2013 年底，湖北省随州、神农架、武汉、仙桃、孝感、黄冈、鄂州、荆门、襄阳、十堰、潜江、荆州、宜昌、天门、咸宁、黄石、恩施等 17 个地区共计成立了 1 470 家农机合作社。本书选取湖北 17 个地区的农机合作社作为决策单元。

2. 投入与产出变量的选取

受 DEA 模型自身限制性的影响，投入与产出变量的选取应当遵循在全面反映评价目的前提下尽量精简的原则，保持两者之间较强的同向性关系，以符合被考察对象实际情况。本书选取的投入变量包括专业技术人数（人）、常年聘用人数（人）、合作社资产总额（万元）及财政扶持资金总额（万元）四项指标；产出变量包括作业服务面积（万亩）、农机化服务收入（万元）两项指标。

二、数据来源

本书的数据来源于湖北省农业厅农业机械化管理处建立的全省农机合作社 2012 年度财务数据库中的合作社数据，见表 6-1。

表 6-1　湖北省 17 个地区农机合作社投入产出指标数据

地区	投入变量				产出变量	
	常年聘用人数/人	专业技术人数/人	合作社资产总额/万元	财政扶持资金总额/万元	作业服务面积/万亩	农机化服务收入/万元
随州	710	125	8 515	340	74	5 436
神农架	744	20	950	15	3.8	1 620
武汉	705	414	15 165.2	869.6	498.8	9 769.5
仙桃	310	950	3 806	110	42.6	1 985
孝感	1 313	539	28 917	600	535	26 757
黄冈	4 770	2 573	53 157	2 740.6	664.6	43 561
鄂州	280	110	7 520	360	61	2 097

续表

地区	投入变量				产出变量	
	常年聘用人数/人	专业技术人数/人	合作社资产总额/万元	财政扶持资金总额/万元	作业服务面积/万亩	农机化服务收入/万元
荆门	1 614	534	47 486.1	2 211.1	510.5	25 081.7
襄阳	1 001	369	43 451.3	1 352.7	525.3	34 651.4
十堰	93	170	1 200	240	705	2 100
潜江	691	57	3 842	700	40	3 250
荆州	414	148	31 263	3 509	680	35 604
宜昌	331	200	13 077	981.1	193.5	7 431
天门	1 630	630	15 000	2 468	260	12 900
咸宁	1 025	413	5 626	20	16.3	2 724
黄石	1 293	688	8 606.4	645.4	111.6	10 474.1
恩施	619	168	13 370	579.8	46.3	4 087

三、实证结果

采用投入导向的 CCR 及 BCC 模型，利用 DEAP 2.1 软件计算得到湖北省各地区农机合作社效率值，结果如表 6-2 所示。

表 6-2 湖北省 17 个地区农机合作社效率得分

地区	技术效率	纯技术效率	规模效率	规模报酬	判断结果
随州	0.638	0.797	0.801	递增	非 DEA 有效
神农架	1	1	1	不变	DEA 有效
武汉	0.611	0.612	0.998	递减	非 DEA 有效
仙桃	0.521	1	0.521	递增	非 DEA 有效
孝感	1	1	1	不变	DEA 有效
黄冈	0.739	1	0.739	递减	非 DEA 有效
鄂州	0.292	1	0.292	递增	非 DEA 有效
荆门	0.574	0.576	0.997	递减	非 DEA 有效
襄阳	1	1	1	不变	DEA 有效
十堰	1	1	1	不变	DEA 有效
潜江	0.656	0.883	0.743	递增	非 DEA 有效
荆州	1	1	1	不变	DEA 有效

地区	技术效率	纯技术效率	规模效率	规模报酬	判断结果
宜昌	0.547	0.733	0.746	递增	非 DEA 有效
天门	0.634	0.722	0.878	递减	非 DEA 有效
咸宁	1	1	1	不变	DEA 有效
黄石	0.952	1	0.952	递减	非 DEA 有效
恩施	0.323	0.626	0.516	递增	非 DEA 有效
均值	0.734	0.879	0.834	—	—

由表 6-2 可知，只有神农架、孝感、襄阳、十堰、荆州及咸宁 6 个地区农机合作社效率达到 DEA 有效，即这 6 个地区农机合作社纯技术效率和规模效率均最优且规模报酬不变；其他 11 个地区农机合作社中又有仙桃、黄冈、鄂州和黄石 4 个地区纯技术有效，即这 4 个地区在当前农机合作社规模下的管理水平和技术应用水平都能使得投入变量充分有效利用。其余 7 个地区根据 BCC 模型得到位于前沿面上的目标投入值及目标产出值，由于本书采用投入导向型 DEA 模型，故从目标投入值方面进行分析，可以得到各地区的投入冗余率（表 6-3）。

表 6-3　非纯技术有效地区投入冗余率

地区	常年聘用人数	专业技术人数	合作社资产总额	财政扶持资金总额
随州	20.33%	20.33%	35.42%	20.33%
武汉	38.77%	38.77%	38.77%	38.77%
荆门	47.65%	42.39%	42.39%	42.39%
潜江	11.66%	11.66%	11.66%	65.36%
宜昌	26.71%	26.71%	53.30%	26.71%
天门	49.63%	27.79%	27.79%	56.88%
恩施	37.41%	37.41%	76.05%	37.41%

第三节　主要研究结论及政策含义

一、主要研究结论

（一）农机合作社效率分析

根据实证结果（表 6-2），湖北省 17 市（地、州）中达到 DEA 有效的神农架、孝感、襄阳、十堰、荆州及咸宁共 6 个地区的农机合作社总体投入和产出比例不需要调整,产业规模也不需要缩小或扩张,其管理水平、制度模式及技术水平都达到了相对最优。结合表 6-1 可知,其中神农架、十堰和咸宁 3 个地区农机合作社总体规模较小,有利于管理和技术应用,故能够达到 DEA 有效;而孝感、襄阳和荆州 3 个地区农机合作社总体规模较大,依然能够达到 DEA 有效,说明这 3 个地区农机合作社不仅各项投入比例合适,产业规模适合当地农业发展水平,而且管理水平、技术应用水平及制度模式都十分优秀,值得其他地区学习借鉴。

在未达到 DEA 有效的其他 11 个地区中,纯技术效率有效的有仙桃、黄冈、鄂州和黄石 4 个地区,说明这 4 个地区农机合作社总体管理水平和技术应用水平都达到了相对有效水平,无法在当前资源投入水平下得到更大的产出。其中仙桃和鄂州规模报酬递增,说明其管理水平及技术应用水平足以承载更大的产业规模且增大规模能够使产出更快增加,这两个地区应当结合当地实际需求情况适当增加农机合作社规模;而黄冈和黄石规模报酬递减,说明其管理水平及技术应用水平还不能承载当前农机合作社产业规模或者其产业规模超出了当地实际需求,这两个地区应当在明确当地实际需求后,适当缩小产业规模,若进一步盲目扩张则会导致边际收益递减,甚至管理混乱、建制臃肿导致收益减少。

而纯技术效率和规模效率都未达到有效的有随州、武汉、荆门、潜江、宜昌、天门和恩施共七个地区,说明这七个地区农机合作社规模水平和管理水平及技术应用水平都未达到相对有效。其中武汉和荆门地区农机合作社规模效率十分接近 1,说明其技术效率较低的主要原因是纯技术效率低下,这两个地区农机合作社管理水平和技术应用水平都不足,应当根据实际情况在管理制度和技术应用上进行改革和创新;而随州、宜昌、潜江和天门四个地区农机合作社的纯技术效率和规模效率都处在中等水平,其在管理水平和技术应用水平上还有待提高,在这四个地区中只有天门处于规模报酬递减状态,所以天门地区农机合作社规模应当适当缩小,而其他三个地区农机合作社规模都还可以根据实际情况适当扩大;只有恩施地区农机合作社纯技术效率和规模效率都偏离均值较大且规模报酬递增,说明该地区农机合作社管理水平和技术应用水平低下,而且农机合作社规模也无法在当前管理水平下有效运营或者无法满足当地实际农业产业需求。

（二）农机合作社投入冗余分析

由表 6-3 可以看出,在纯技术效率非有效的七个地区农机合作社中,武汉、荆门和恩施三个地区的总体投入冗余率都超过了35%,说明这几个地区的农机合作社在对人力资本、技术人才、合作社资产和政府财政扶持资金的运用和管理上存在较大问题。结合表 6-1 可以发现，这三个地区农机合作社投入规模在纯技术效率非有效的几个地区中排名靠前，可见随着投入规模扩大，对农机合作社的管理水平要求也更高，故各地区在扩大农机合作社规模的同时还应注重管理水平和技术应用水平的同步提高，一些规模较大的合作社应更加注意管理体制的改革创新，严防其中可能发生的一些问题。其中恩施地区农机合作社资产总额投入冗余率高达 76.05%，这说明该地区农机合作社未能合理有效利用合作社资产，可能存在严重的资产闲置或利用率低下问题。

而随州、潜江、宜昌和天门四个地区农机合作社的总体投入冗余率大多都低于 30%，只是在个别投入上冗余率较高，说明这四个地区的纯技术效率虽然未能达到相对有效，但管理状况较为良好。其中，随州和宜昌地区农机合作社资产总额投入冗余率相对其他几项投入较高，说明这两个地区应加强对合作社资产的利用效率，对闲置资产进行处理或再利用；潜江地区农机合作社的常年聘用人数、专业技术人数和合作社资产总额投入冗余率都只有 11.66%，说明该地区在这三个方面的管理水平良好，但其财政扶持资金投入冗余率高达 65.36%，说明该地区农机合作社在财政扶持资金的使用上存在较大问题，可能存在大量闲置资金，或是在资金使用上未能让市场起决定性作用，使得财政扶持资金流入了低效率部门；天门地区农机合作社的常年聘用人数和财政扶持资金总额投入冗余率相对较高，说明该地区农机合作社人力资源管理和财政扶持资金利用效率较低，可能存在人力资本和财政扶持资金闲置或者员工激励不足、资金运用效率低下等问题。

（三）研究结论总结

通过以湖北农机合作社为样本，采用 DEA 分析方法，本书的结论是：①神农架、孝感、襄阳、十堰、荆州及咸宁共六个地区农机合作社达到纯技术有效和规模有效，其中神农架、十堰和咸宁三个地区农机合作社规模较小，管理模式适合规模较小的一些地区学习和借鉴，而孝感、襄阳和荆州三个地区农机合作社规模较大，其管理模式适合总体规模较大的地区学习；②仅纯技术效率有效的有仙桃、黄冈、鄂州和黄石四个地区，说明这四个地区农机合作社总体管理水平和技术应用水平都达到了相对有效水平，应该着重根据规模报酬调整农机合作社规模，但同时应当注意调整规模后的管理水平能否相应改进提高以保证纯技术效率依然有效，最终达到技术效率有效；③而纯技术效率和规模效率都未达到有效的随州、武汉、荆门、潜江、宜昌、天门和恩施七个地区农机合作社应当首先根据各项投入冗余率改进管理模式，提高技术应用水平，在达到纯技术有效后再进一步根据规模报酬调整农机合作社规模。

二、政策含义

（一）提高农机合作社管理人员及技术人员综合素质

通过 DEA 模型对湖北省各地区农机合作相对效率的分析发现，多数农机合作社规模较大地区都存在不同程度的人力资本和技术人才投入冗余问题。然而，人员冗余问题并不仅仅是数量上冗余造成的。通过进一步调查发现，许多地区农机合作社管理人员均为普通农民，对现代管理理论没有学习了解，管理效率低下，一些地区农机合作社甚至没有形成一套有效的管理体系，还在进行简单的粗放式经营；而农机合作社的技术人员大多是当地的农机专业户，知识水平有限，并不能完全掌握一些复杂大型机械的使用技巧。所以，人力资本和技术人才投入冗余直接受到当地农机合作社管理人员和技术人员素质的影响。

进行农机合作社管理人员及技术人员培训是解决人员投入冗余的有效方法，应在当地政府的引导下对各个农机合作社管理人员和技术人员进行长期的专业知识培训，以帮助农机合作社建立一套完善的管理制度，拥有一批高质量技术人才。在管理人员培训方面，应着重结合当地农机合作社实际情况，因地制宜地解决实际管理中的问题；在技术人员培训方面，应当以当地常用农机培训为基础，同时加强对大型复杂机械的使用培训。

（二）建立农机合作社绩效评估体系

分析中反映出的资产投入冗余问题，主要是农机合作社管理不善导致的。劳动资本合作式的农机合作社，社员对农机没有支配权和使用权，积极性较低，若管理制度不能引入激励制度弥补则会导致资产使用效率低下甚至闲置现象。故各地农机合作社都应根据当地实际情况建立一套可行而有效的量化绩效评估体系，可以将通过 DEA 模型非参数分析方法得到的相对效率与投入冗余和当地农机合作社建立的绩效评估参数分析的结果相结合，促进农机合作社资产高效利用，同时对一些使用价值低的资产进行处理，提高资产配置效率。

而针对政府财政扶持资金投入冗余的问题，政府应当在投入财政扶持资金后加强管理。一些地区存在财政扶持资金申请烦琐困难，而发放后政府管理松散问题。政府应当建立健全财政扶持资金的事后管理监督制度，结合实际情况对各农机合作社财政扶持资金使用进行绩效评估，对效率高的农机合作社采取激励措施，对一些财政扶持资金使用效率低下的农机合作社督促整改。通过政府的奖惩措施，引导农机合作社高效利用财政扶持资金。

（三）政府通过政策引导农机合作社规模

由于农业生产面临自然风险大、市场信息不对称等问题，农机合作社发展过程中容易出现规模过大或者过小的问题。例如，在一些发展较好地区，农机合作社容易出现盲目扩大规模的情况，而在一些发展相对落后的地区，则出现规模过小的问题。这可以从一些地区农机合作社分析反映出的规模效率不足问题中得到验证。为此，政府应根据农业发展的现实需求，在农机合作社规模不足时推出优惠政策鼓励社会资本进入扩大规模，提高经营效率；在农机合作社规模过大时则调整财政扶持力度，引导农机合作社规模收缩，实现收益的最大化，应当由政府通过政策引导进行调整。

第七章　农民专业合作联社共营绩效
影响因素分析

近年来，随着农民专业合作社及合作联社的快速发展，国内外相关研究不断深入，特别是在合作联社绩效与合作联社内部治理机制等方面研究成果丰硕。单个合作社资源无法得到合理有效的配置，小规模的单打独斗缺乏市场竞争力，导致合作社的发展受阻。合作社之间联合组建合作联社是以农业经济活动为主导的理性经济行为，其主要目的是实现规模经济、联合重组及服务功能扩展。

第一节　农民专业合作联社共营绩效的内涵

一、绩效及共营绩效的概念

绩效，从管理学的角度看，是组织期望的结果，是组织为实现其目标而展现在不同层面上的有效输出，它包括个人绩效和组织绩效两个方面。组织绩效实现应在个人绩效实现的基础上，但是个人绩效的实现并不一定保证组织是有绩效的。如果组织的绩效按一定的逻辑关系被层层分解到每一个工作岗位及每一个人的时候，只要每一个人达成了组织的要求，组织的绩效就实现了。对于一个人和一个组织而言，单纯从语言学的角度来看，共营绩效包含成绩和效益的意思。共营绩效，从经济管理活动方面看，是指社会经济管理活动的结果和成效；而用在人力资源管理方面，是指主体行为或者结果中的投入产出比。共营绩效作为分析农民专业合作社运行效率的重要组成部分，是我们分析和理解农民专业合作社问题的重要内容。

二、农民专业合作联社共营绩效的概念界定

农民专业合作联社的共营绩效应该包含两个方面：一方面，可以理解为合作联社的投入产出的绩效，指合作联社在既定的要素资源投入条件下获得最大产出的能力，或者是在一定产出水平下实现最小投入的能力，属于合作联社的内部绩效；另一方面，可视为合作联社的外部绩效，即合作联社在追求内部绩效的过程中促进了社会资源在各部门之间的合理配置，从而对整个社会经济发展所贡献的综合效率水平。简言之，合作联社的外部绩效指合作联社对社会总福利的贡献度（柏振忠和宋玉娥，2020）。由此可知，外部绩效标准是一种最佳的资源配置状态，既可以使合作联社实现资源利用最优，也能使全社会的资源得到充分合理利用，不存在浪费和闲置。因此，从理论上来说，合作联社在追求自身内部效率最优的同时，也应该考虑外部绩效，以实现社会总福利最大化，形成良好的绩效管理。然而，合作联社的外部绩效标准在现实中并不存在，也难以进行定量评价。并且，投入产出绩效是实现外部绩效的基础和前提，在没有实现内部绩效的情况下，一味追求外部绩效最终将成为一种虚无缥缈的幻想。因此，现实中的合作联社往往追求的是内部绩效。其中，在技术效率投入一定的条件下，合作联社追求的是获得最大产出的能力；在配置效率一定的条件下，合作联社追求的是选择成本最小的生产方式的能力。本书将以第一种情况为基准进行考察。

加强农民专业合作联社共营绩效影响因素的研究，有利于解决新农业经营主体与数以亿计小农生产之间的矛盾，有利于维护合作联社各成员的切身利益进而推动新型农业经营体系的建立，也有利于促进现代农业发展特别是国家乡村振兴战略的实施。

第二节　农民专业合作联社绩效影响实证分析

一、基本模型

在回归分析中，自变量选取数量过多将会产生回归方程共线性问题，使回归方程处于"病态"或者导致回归系数估值不稳定。为尽可能避免此类问题的发生，本书首先进行主成分因子分析，并且为避免分析过程产生复杂冗余，根据相关性程度将自变量分解为四个主成分大类；其次，对农民专业合作联社共营绩效影响

因素使用多元线性回归模型进行实证分析。

在主成分分析模型中，假设有 i 个变量，而且每个变量有 m 项观测值，则变量的原始数据矩阵，即主成分向量为

$$X_i = \chi_1, \chi_2, \chi_3, \cdots, \chi_m (i = 1, 2, 3, \cdots, n) \qquad （7\text{-}1）$$

经过数据的线性组合后，根据选定观测值的累计贡献率将自变量确定为 n 种主成分，得到多元线性回归模型：

$$Y_j = \beta_0 + \beta_1 X_{1j} + \beta_2 X_{2j} + \cdots + \beta_i X_{ij} + \varepsilon (j = 1, 2, \cdots, k) \qquad （7\text{-}2）$$

其中，Y_j 代表第 j 家农民专业合作联社的共营绩效值；β_0 为常数项；X_{ij} 代表第 j 家农民专业合作联社第 i 个影响因子特征向量；ε 代表扰动项。

二、变量选取与数据来源

（一）变量选取

本书以现有研究为基础，考虑湖北、湖南、贵州和重庆四省（直辖市）的具体情况，选取机械化程度、信息网站建设、农户人均收入、专业技术员人数、成员社数量、合作联社总人数、雇工总人数、带动农户数、注册资金额、土地流转价格、经营土地面积、自有品牌建设、联合紧密程度、社员满意度、政府扶持情况、与协会的协作等 16 个指标为自变量，农民专业合作联社总收入为因变量，进行农民专业合作联社共营绩效影响因素分析。

（二）数据来源

2017 年 5~8 月，课题研究小组对武陵山片区农民专业合作联社进行调研，选取湖北恩施土家族苗族自治州、宜昌市秭归县和长阳土家族自治县，湖南张家界市桑植县及贵州铜仁市、遵义市为样本调查点[①]，对当地最具代表性的 50 家农民专业合作联社进行调查，共涉及 426 家农民专业合作社。

三、回归分析过程及其讨论

通过 SPSS 19.0 软件，运用逻辑回归和方差分析来判别各自变量对因变量的具体影响。

---

① 由于重庆数据不全，舍弃。

（一）提取主成分

样本总数为 50 家农民专业合作联社，影响因子数为 13 个[①]，以累计方差贡献率不超过 85% 为标准，共选取四个主成分，见表 7-1。

表 7-1　总方差解释

成分	初始特征值			提取载荷平方和			旋转载荷平方和		
	总计	方差	累积	总计	方差	累积	总计	方差	累积
1	4.291	33.006%	33.006%	4.291	33.006%	33.006%	3.249	24.990%	24.990%
2	2.371	18.239%	51.245%	2.371	18.239%	51.245%	3.135	24.113%	49.103%
3	2.061	15.855%	67.100%	2.061	15.855%	67.100%	2.310	17.769%	66.872%
4	1.888	14.526%	81.626%	1.888	14.526%	81.626%	1.918	14.755%	81.627%
5	0.873	6.718%	88.344%						
6	0.662	5.089%	93.433%						
7	0.605	4.651%	98.084%						
8	0.099	0.759%	98.843%						
9	0.070	0.542%	99.385%						
10	0.052	0.402%	99.787%						
11	0.024	0.185%	99.972%						
12	0.003	0.026%	99.998%						
13	0	0.002%	100.000%						

四个主成分因子进行方差最大化正交旋转，得到的分量矩阵见表 7-2。

表 7-2　旋转后的分量矩阵

主成分	X_1	X_2	X_3	X_4
x_1 成员社数量/家	0.015	0.889	0.091	0.070
x_2 注册资金额/万元	0.014	0.206	0.944	0.013
x_3 土地流转价格/（元/亩）	0.218	−0.205	0.676	−0.074
x_4 经营土地面积/亩	0.040	0.210	0.946	0.017
x_5 机械化程度/万元	0.939	0.164	0.114	−0.004

---

① 注：自有品牌建设、政府扶持情况、与协会的协作三个因子没有进入总方差解释。

续表

主成分	X_1	X_2	X_3	X_4
x_6 信息网站建设（满分10）	0.951	0.150	0.125	−0.005
x_7 合作联社总人数/人	0.251	0.836	0.072	−0.050
x_8 雇工总人数/人	0.017	0.889	0.091	0.072
x_9 农户人均收入/元	0.666	0.030	−0.019	−0.037
x_{10} 专业技术员人数/人	0.927	0.137	0.120	0.100
x_{11} 带动农户数/户	0.208	0.809	−0.029	−0.076
x_{12} 社员满意度	−0.027	−0.022	−0.033	0.973
x_{13} 联合紧密程度	0.054	0.036	−0.008	0.968

注：分量矩阵的方差旋转方法为凯撒正态化最大方差法，且旋转在五次迭代后收敛

根据主成分主要指标的特征，各个主成分命名分别为：①内生动力因素 X_1，主要反映机械化程度、信息网站建设、农户人均收入和专业技术员人数等4个因子的作用；②人力资本因素 X_2，主要反映成员社数量、合作联社总人数、雇工总人数和带动农户数共4个因子的作用；③物质资本因素 X_3，主要反映注册资金额、土地流转价格和经营土地面积共3个因子的作用；④组织资本因素 X_4，主要反映社员满意度和联合紧密程度共2个因子的作用。

（二）主成分回归分析

对主成分进行回归分析结果显示，在10%的显著性水平下，内生动力因素、人力资本因素和组织资本因素对农民专业合作联社总收入绩效均有显著影响，而物质资本因素对其影响并不显著。具体回归结果详见表7-3。

表7-3　总收入绩效关于各主成分的回归结果

变量	回归系数	t 值	p 值	R^2	DW 值
常数项	8.447×10^{-17}				
内生动力因素 X_1	0.484***	4.030	0		
人力资本因素 X_2	0.286**	2.383	0.022	0.366	1.962
物质资本因素 X_3	−0.071	−0.592	0.557		
组织资本因素 X_4	−0.213*	−1.771	0.084		

*、**、***分别表示在10%、5%、1%的水平上显著

第三节　研究结论及对策建议

一、主要结论

本书使用 50 份面板数据，包括湖北、湖南、贵州三省在内的武陵山少数民族地区的农民专业合作社，对当地的合作社进行回归测度分析，旨在识别农民专业合作社共营绩效影响因素，并探索效率的根源。主要研究结论如下。

（一）内生动力因素

实证结果显示，内生动力因素在 1%高水平上显著，且影响系数取值在各主成分中最大，达到 0.484，说明内生动力因素对农民专业合作联社共营绩效影响最大。究其原因，可能与其中所含因子的自身特征相关。①农户人均收入：合作联社成员社利益一致性决定了农户人均收入的变动会直接影响联合动力和共营绩效。②专业技术员人数：由于关系到农民的生产水平和技术能力，该因素与合作联社绩效成正相关关系。③机械化程度：机械化解放农民双手，是合作联社提高绩效的有效手段。④信息网站建设：信息网站能够使农户更方便快捷地获取信息，显著影响合作联社绩效。

（二）人力资本因素

通过实证分析发现，人力资本因素在 5%中水平上显著，影响系数取值为 0.286，说明该因素对农民专业合作联社共营绩效影响较大，其影响程度仅次于内生动力因素。这是因为反映成员社数量、合作联社总人数、雇工总人数和带动农户数等因子作用的人力资本因素不仅决定了农民专业合作联社人数规模，而且还直接影响该合作联社包括带动农户数情况等人力资本质量状况。

（三）物质资本因素

物质资本因素在实证分析中对农民专业合作联社共营绩效影响不显著。其原因可能是，注册资金额和经营土地面积均为农民专业合作联社成立的基本条件，初步投入和产出并不一定正相关，产出变量往往和中间其他投入直接挂钩。例如，对于养殖类合作联社来说，经营土地面积就不是合作联社总收入的决定性因素。

而根据调查，随着时间推移，各地土地流转价格趋于升高，而且土地流转价格高低与当地土壤质量息息相关，所以在影响合作联社总收入方面，当地农村承包土地流转价格对其影响是变化的。

（四）组织资本因素

在实证分析中，尽管组织资本因素在10%低水平上显著，但影响系数取值为−0.213，说明该因素对农民专业合作联社共营绩效影响呈反方向变动，这与反映社员满意度和联合紧密程度等作用实际不相符合。分析原因，在提取主成分中，前三个因素内生动力、人力资本、物质资本累计方差贡献率已经超过60%，达到67.100%，组织资本因素对农民专业合作社共营绩效的影响极其有限，解释力出现偏差并不影响前面的分析。

二、对策建议

（一）提高合作联社发展内生动力

农民专业合作联社共营绩效受到发展内生动力的强大影响。为此，一是加强合作社之间的联合共营，降低交易成本，延伸产业链，增强竞争力，实现规模经济、范围经济，以便可以为成员社创造更多、更大的经济价值。二是提高自身技术装备水平，扩大经营规模、业务范围的同时，实现生产的机械化和经营管理的信息化、现代化，促进合作联社共营绩效进一步提高。

（二）改善合作联社人力资本状况

农民专业合作联社共营绩效的提升有赖于一定规模高素质人才的支撑。一是提高联合规模，加大宣传力度，消除农户为避免麻烦或者不愿意改变现状而形成的不愿意合作心理，激发经营主体对合作联社发展的坚强信心，增强农户、单个合作社及农业企业的联合意识，实现合作联社进一步联合壮大。二是提高人力资本质量，创新人才培养和使用机制，充分利用"阳光工程""雨露工程""农村实用人才培训工程"等项目，建设毕业大学生农业实习实践教育基地，培养培训紧缺实用人才；学习、借鉴公司管理制度，出台和落实"一岗一薪一制度"，为用好和留住人才打下基础。

（三）提升合作联社成员满意度

树立典型的合作联社模范，发挥带头核心社和典型合作联社的示范引领作用，促进其做大做强，为成员社创造更多、更大的经济价值，让农户深切感受到加入合作联社的实惠，共享发展成果。特别是在实施国家乡村振兴战略的大背景下，可以将农户与合作联社进行有效链接，培育合作联社参与乡村振兴的积极性和创造力，进一步提升包括农户、普通社员、成员社等在内的各级各类经营主体对发展合作联社的满意度。

第八章　农民专业合作联社协同创新研究

第一节　农民专业合作联社协同创新研究综述

国内外合作社的发展经验表明，创新在其中起着重要作用。黄祖辉和扶玉枝（2012）研究认为，创新已成为目前及今后一段时期合作社发展过程中的重要组成部分。Beverland（2007）的研究表明，产品创新有利于合作社与消费者维持长期关系，并提升市场竞争力。Hall 和 Jones（1999）认为，好的制度可以提供有效的激励结构和产权保护，进而促进经济的增长。刘滨等（2016）侧重于对合作联社主体行为的研究，通过对农民专业合作联社行为的实证分析指出，当下合作社负责人素质、合作社发展状况对合作联社发展影响不显著，但区域内有无合作联社对合作联社行为的影响十分显著。李金珊等（2016）在基于浙江省 23 家农民专业合作社的内外协同研究中认为，合作方的异质性及沟通机制等外部监管环境影响了合作社的战略协同。苑鹏（2008）认为，从农产品供应链建设入手，引导合作社以产品和产业为纽带开展合作与联合，有着较大的创新空间。且政府对合作联社的扶持也应该有"度"的限制。刘同山等（2014）指出，当下在家庭联产承包责任制的前提下，合作社在目前表现出的问题主要有：规模小、实力弱、资金缺、示范带动效应弱、利益联结机制松散等问题，走向联合、扩大规模成为不可阻挡的趋势。

然而，学界目前对于农民专业合作联社协同问题的分析较为鲜见。合作联社协同创新是指合作方以各自利益为基础，以合理分工基础上的资源共享或优势互补，通过结合不同的要素，使单个合作社之间实现有效合作并相互作用，产生整体协同效应的过程，最终在提供产品、生产技术、服务方式和组织制度等方面实现创新。本书以湖北为典型案例，通过构建合作联社战略、组织、知识、要素协同创新模型，实证分析合作联社运行中协同因素所起作用，探讨影响合作联社协同创新效应提升的因素，最后提出合作联社协同创新优化路径。

第二节 农民专业合作联社协同创新理论模型构建

农民专业合作联社是一个复杂的有机整体，与合作社、涉农企业、政府相关部门都有密切联系，要想使合作联社的动力核心作用最大化，有效协调各方的力量也就成为重中之重。从图 8-1 可以看出，合作联社的协同创新与"战略-组织-知识-要素"密切相关，在法律法规、市场发育、政府政策等环境因素影响下，战略、组织、知识及要素之间的协同产生巨大的协同创新效应，并受成本和效益的制约，共同推动合作联社协同绩效的持续提升（柏振忠和向慧，2019b）。

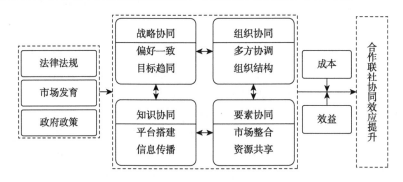

图 8-1 农民专业合作联社协同创新模型

一、合作联社战略协同

农民专业合作联社与其他组织之间的价值认同非常重要，如果成员在心理等方面具有一致性，他们会积极和努力参与所在组织的事务，促进组织的发展。在运行过程中，由于定位资源和能力发展存在差异，最终形成了没有统一文化背景和行为准则的组织。但就参与方而言，如果他们有强大的认同感和价值观，合作创新就越容易，如果其有共同的目标，合作时间就越长。合作联社中各组织有资源禀赋、能力和组织的差异，由此导致发展目标不同。合作方还需要准确地定位各自在合作创新中的作用，实现产业链的完整性，保持目标协同。

二、合作联社组织协同

赫尔曼·哈肯（Herman Harken）认为，协同就是以出人意料的方式推广大数定律，因为个体不再独立完成自己的工作，而是以协作的方式行事时，也能建立规律性。组织协同涉及的是不同的利益主体，单个组织无法取得合作的全部控制权，是一种独特的混合型跨组织关系。组织协同涉及的是不同的利益主体，单个组织无法取得合作的全部控制权，是一种独特的混合型跨组织关系，如重视合作关系、支持高层管理合作模式、合理分配人力资源、及时交换双方信息、解决冲突程序等。合作社和其他组织的合作创新涉及不同的领域、学科与主体，个人或个别组织难以控制整体局面，若成员之间缺乏团结和秩序，该组织就不能作为一个独立的单位运行，组织战略也就无法有效实施。

三、合作联社知识协同

知识协同是核心，位于知识管理的协同化发展阶段，它负责转换和提升合作方各自隐性与显性的知识。协作创新组织之间应及时沟通，通过了解对方的政策和具体做法，获得其在经济和社会中的作用和资源优势，以促成相同的知识评价，缩小知识供需之间的差距。沟通是实现各自知识信任的有效方法，提高知识共享的广度与利用效率。其他组织，如高校为合作联社提供合作研究重点，合作所需的条件，研究成果的转化、推广平台等。

四、合作联社要素协同

协同学中的要素协同是指在一定地理空间内，如果顾客期望走很短的路来购买商品，那么商店均匀分布在一个区域中是非常明智的；但如果顾客不在乎多走一点路，那么许多商店聚集在某一地区仍然较好，这些商店将以一种集体的方式对顾客产生较大的吸引力，它们能提供一个较好的挑选机会，并以集体的力量排挤掉孤立的商店。而只有当这个指定区域的居民规模达到一定程度时，某些社会公共资源，如行政机关、剧院、教堂、学校和医院等的建立才有必要性和可能性，居民点大小与该新社会公共资源的出现多数是互为条件的。在这种现实条件下，农民专业合作联社是合作社、农户入社之后向更高层次的聚集，由此产生的聚集效应不仅仅是单纯生产资料、农艺技术等要素的共享，更重要的是，合作联社的出现会带来更多的社会公共资源。

第三节　农民专业合作联社协同创新效应分析

依托农民专业合作联社协同创新理论模型，选取合作联社发展较快的我国重要农业生产基地湖北省为典型，分析农民专业合作联社协同创新效应。

一、战略协同促进内部价值认同

农民专业合作联社是一个涉及合作社、企业、政府等组织的复杂主体。合作联社兼具经济和社会服务功能，具有为社员服务和获取利润的导向，注重合作带来的经济和社会价值。不同主体参与合作联社的目的和动机各不相同，为此，合作联社必须在战略层面协同各个主体之间的关系，以便达成内部的一致性目标。对于加入合作联社的不同合作社来说，其虽然得到了较快的发展，但由于自身规模较小，仍难以适应与大市场之间的矛盾，迫切需要进行合作组织的创新再造。特别是在同一地区分散组建的同质性较强的农民专业合作社，可以通过合作决策协同，避免恶性竞争，提升一致对外的价值认同，发展成为农民专业合作联社。对企业来说，通过联合，能增强合作联社的谈判能力，在业务合作、权益维护方面发挥一定作用，协调多方利益促进目标趋同形成共营；对政府来说，合作联社能为政府发挥宏观调控职能、维护市场秩序提供抓手，弥补政府职能的不足；对于市场主体来说，通过建立合作联社，增强了加工企业与种植农民之间的紧密度，通过规划种植时间和品种，降低市场干扰作用，这在一定程度上弥补了计划发展的缺陷和经济发展的不稳定性，在稳定生产和销售的同时也能有效配置资源。以湖北宜昌邓村绿茶专业合作社联合社为例，其在关联合作社、茶农、茶商、茶企之间达成战略协同，并通过将农户链接在茶产业链上，参与当地政府"三农"工作，促进合作联社内部的价值认同。2014 年，湖北宜昌邓村绿茶专业合作社联合社首期投资 300 多万元，建成了占地 5 000 平方米的 9 个茶叶鲜叶交易市场。该市场覆盖竹湾村、黄金河、白水头、中包山等 4 个村和 10 多家茶叶加工厂，辐射茶园 12 000 多亩，受益群众 8 000 多人。产、加、销一条龙完备产业链的打造，有效链接广大茶农、茶商、茶企，及时培育茶鲜叶、茶成品等茶市，成功解决该地区长久以来"卖茶难"问题，特别是缓解了当地多年存在的茶鲜叶交易信息不畅、收购价格不公等困难。合作联社发展在造福当地茶农、及时为茶商提供市场交易信息、帮扶困难农户发展的同时，也建立了自身良好的信誉，并最终在整体上达成经济和社会价值的战略协同。

二、组织协同实现多方合作共赢

农民专业合作联社的优势在于，它不仅有农业合作社服务"三农"、促进农民增产增收的职能，而且有联合不同性质、不同领域的不同部门的属性，更有效地实现合作社、企业等经营主体之间的信息沟通，增强生产经营的计划性和协调性。合作联社对内是合作社的联合体，以产品和产业为纽带，基于做大同一产业、延长产业链、提高竞争力而自愿联合、民主管理的互助性经济组织，是合作社的高级形态；对外，可以协同政府、金融组织、销售企业等一切可以合作的产业部门。政府、金融组织及销售企业等组织间的合作带来的是多方信息的共享，组成的是多方的利益共同体，如产生积极的辐射带动效应，提供充足的资金支持，解决商品的市场营销问题等。合作联社作为整个产业链的重要一环，不可缺失。比较而言，合作社在某一地区执行生产和管理服务，跨区域合作的可能性微乎其微，其业务侧重于种植业和养殖业。而通过联合与合作，建立合作联社，可以把农业发展中的生产、加工、仓储、运输和金融服务纳入专业合作，因此合作社在信息收集、技术进步和市场活力方面具有比较优势，进一步完善独立合作社的潜在功能，延长农业产业链和实现农产品价值增值。近年来，湖北各农民专业合作联社严格按照《中华人民共和国农民专业合作社法》和《湖北省农民专业合作社联合社章程》，坚持"入社自愿、退社自由、自主经营、民主管理、利益共享"的原则，充分尊重和保护各生产经营单位的主体地位，不断完善成员大会、成员代表大会、理事会和监事会组织机构，建立健全各项管理制度。特别是，为了发展集体经济，加强农村社会治理，湖北一些地方，如利川市成功开展"村社共治"探索，所谓"联社里建支部，小康路上助民富"，把基层党组织建在合作联社，建在产业链上，实现了"建立一支部、起用一能人、聚集一批资金、搞活一个产业、带动一方发展"的良好势头。

三、知识协同搭建产业信息平台

由于科学技术的飞速发展，合作者需要通过整合外部知识来弥补内部知识缺口，构建由多个知识个体组成的知识协作网络。农民专业合作联社创建和管理多种形式的知识协同网，避免了由于存在各自利益差异而产生的信息摩擦和能量耗损。合作社成员拥有不同的信息来源，对发展相关信息的处理和判断存在差异，此外，由于成员内部分工所带来的信息不对称，难免会出现成员间沟通不畅等问题。因此，合作联社成员间更需要加强沟通，缩小知识差距，提高信息共享度。

湖北荆楚富民农机专业合作社联合社自 2013 年 5 月组建以来，始终坚持"专业合作、规模增效、品牌共创、利益共享、服务社员、促进发展"的宗旨，专门开展农机操作、农技培训、农机推广和农资配送服务。该合作联社截至 2015 年底已完成新型职业农民、高级农机手、绿色防控等专题培训 3 000 多人次，引导广大社员学习和运用先进适用技术，提高社员文化素质；通过统一协调业务、质量标准、技术培训、农资供应、作业收费标准等方式，为农业生产提供全过程保姆式和订单作业服务。通过知识协同，合作联社成员综合实力显著增强，经营业务快速发展，经济效益明显提高，社会影响迅速扩大。截至 2018 年，该合作联社被农业部授予全国农机合作社示范社称号的有 2 家，其他 5 家合作社承担了湖北省农机社会化服务体系建设项目并得到专项资金支持。

四、要素协同产生强烈聚拢效应

降低市场交易成本是合作社产生和合作联社形成的根本动因，而要素协同带来的聚拢效应正是降低市场交易成本的有效途径之一。随着组织规模的扩大，市场交易成本随之降低，而组织管理成本上升；组织规模降低，市场交易成本随之上升，而组织管理成本降低。对农民专业合作联社（合作社）而言，降低市场交易成本始终能够激发相关主体提高合作层次、扩大联合规模的冲动。近年来，在农业资源相对短缺的情况下，通过充分协调和高效利用土地、人力、资金等资源开展要素协同，成为湖北省省合作联社发展的重中之重。洪湖市春露农作物种植专业合作社联合社本着尊重农民意愿、保障合法权益的原则，结合农村土地承包和生产经营实际，摸索出了租赁承包、托管服务、保底分红、股份合作等多种流转方式，耕地面积达 4.5 万亩（其中自有流转土地面积 3 000 亩），社员达 2 450 人，有力推动了农地适度规模经营。通过两年多的实践和推行，合作联社与种植专业合作社、农机专业合作社、粮食收购加工企业抱团联合，发展成为一个拥有农技、农机、农资等 25 家专业合作社和粮食收购加工企业的综合经营主体，形成了目标同向、标准同样、风险共担、利益共享的经济联合体，开展农机、农艺协同整合和创新发展。

第四节　农民专业合作联社协同创新效应影响因素

一、战略协同意识差，合作联社人才短缺

合作联社不是各自独立的合作组织的简单加总，它是集生产技术、管理、产

品加工和市场营销各个方面为一体的先进的经济组织，对人才、资金等的要求更高。而在实际发展过程中，大部分合作联社面临许多发展问题，如人才短缺、资金匮乏等。首先，建立合作社需要高素质的领导者，但是实际过程中，其发起人基本来源于农民，教育程度低、缺乏现代经营理念、对合作联社认识严重不足仍是该群体的基本特征。其次，合作联社运营过程中，涉及技术、营销、管理等多个环节，延伸农业产业链需要各类人才的合作，而现实情况中，合作联社的领导人往往社会经验丰富，但综合素质比较低，同时农民的素质和知识水平还停留在比较低的层次，缺乏"有文化、懂技术、会经营、善管理"的新型职业农民。由于决策失误和管理不善，以及人才需求与供给矛盾突出，合作联社的可持续发展难以保障。例如，宜昌邓村绿茶专业合作社联合社也存在入社成员协同战略意志薄弱的问题，表现在社员进行团体学习的氛围不够强，社员缺乏协同战略愿景，个人对自身的发展没有长期规划。

二、组织结构较松散，合作联社运行不规范

农民专业合作联社是多个不同合作社之间的"联合"，然而，许多合作社尚未建立民主管理机制，导致操控不当的问题，合作联社内部各单一合作社之间联合形态比较松散，内部运行缺乏"收益共享、风险共担"的利益联结机制。合作社尚未建立成员间股权合作机制；另外，许多合作联社尚未建立单独的账户，合作联社很少进行独立的核算，成员之间没有产品交易记录，也没有重新分配利润。

三、知识协同能力弱，合作联社内外沟通不够

农民专业合作联社是新型的农村经济利益共同体，要谋求长远发展，就必须在联社内部各合作社发展上做文章。而沟通是协同创新过程中的重要环节，学术知识和经验知识的相互交流与共享是实现知识协同的重要条件，但是各组织之间的沟通还存在一些问题。首先，合作社和社员之间的沟通不够充分。信息共享是促进组织成员知识创造的有效方式，通过知识交流和共享，促进知识的充分利用，实现知识创新的目标。其次，合作联社与高校和科研机构的联系不够紧密，高校知识产权的转化率不高，知识生产与实际生产脱节，合作联社的发展恰恰需要这些高新技术。最后，与大型企业这样的市场主体相比，合作社的竞争力依然有限，面临服务水平低、标准化程度低、带动能力弱、市场竞争力弱、运营效率低等问题。

四、资源利用不充分，合作联社产品知名度不高

农民专业合作联社在农业产业化经营中发挥了巨大作用，通过组建合作联社，能够在一定程度上避免农户之间、农户与加工企业之间、合作社之间、合作社与销售企业之间的矛盾和无序竞争，把行业优势转化为市场竞争优势，促进农业产业的健康发展。但是，在农民专业合作联社的发展中一些问题也逐步凸显出来，如自我发展动力不足、自主发展能力不强、内部管理不规范等制约着合作联社的发展，品牌化经营是合作联社突破发展瓶颈的重要方法。在合作社的运营过程中形成品牌，影响力和吸引力至关重要，特别是基于产品的独特性而形成的优势品牌，国内外众多合作社成功的重要经验主要是围绕品牌合作和产业链延伸。以同业型农民专业合作联社为例，理论上该类合作联社可形成规模效应，增强产品的竞争力，提升品牌的影响力。但是，在实际操作中各个合作社技术标准不同导致生产出来的农产品质量不统一，影响了合作联社自身信誉，导致品牌知名度仍不高，打开国内市场乃至融入国际市场往往困难重重。

第五节　进一步提升农民专业合作联社协同创新效应的对策

一、注重人才培养，构建战略协同愿景

开展合作联社内部优势和劣势评估，分析其外部环境因素，确定组织间协同创新优势，寻求资源互补、利益趋同的组织，共同构建协同创新战略愿景。合作社成员行为动机不是以组织战略为基础，而是谋求个人战略。由于个体与组织战略具有相对独立性和差异性，只有二者统一才能相互促进。可见，合作联社的发展对人才提出了更高的要求，人才建设必须有新突破。为此，首先，要创新人才使用机制。一是薪酬制度必须合理稳定，可以学习、借鉴公司管理制度，尤其是"一岗一薪一制度"，这不仅职责分明，而且有利于引进专业人才。以合作社的农产品销售岗为例，这个岗位适合"基本工资+提成"的工资计算方式，既能提高社员和农民的收入，又可以激励员工提高工作效率。二是整合相关部门的技术和人才优势，加强与合作联社的合作。例如，农业技术推广人员或科研人员到合作社指导，担任合作社管理或技术问题的专家顾问。其次，建立人才培养机制。一是与政府部门联系，积极参与有关项目，如"阳光工程"、"雨露工程"或"农村实用人才培训工程"，为培养专业人才奠定基础。二是设立实习岗位，各高校为合作

社介绍一些对农业有兴趣的大学生，如农业科学、农业经济管理和财务管理专业人员，这样不仅给在校学生提供研究农业的基地，也帮助学生在实践中获取知识，并得到基层培训，培养其对合作社的认知与情感，同时也为合作社提供新鲜血液，促进合作社未来发展。

二、促进组织协同创新，发挥合作联社功能

中共中央、国务院 2014 年提出鼓励科研机构与企业联合研发，加大农业科技创新平台基地建设和技术集成推广力度，推动发展国家农业科技园区协同创新战略。农民专业合作联社应把握机会，以发展自身特色为奋斗目标，加强与其他合作社、企业、科研院所、高校等机构的合作，在合作组织的组织结构、治理、生产管理方式、产品和服务等方面进行合作创新。在运作过程中，合作社起着引导、协调和服务的作用。首先，合作社利用现有具有国家信用的资源，给予专业合作社足够的信心，使他们更愿意加入合作社，充分发挥组织协调的优势，妥善处理合作联社各成员间的利益关系，特别是作为土地流转过程中的调节者；其次，合作联社可引导地区内同质合作社积极加强合作，建立合作社生产销售信息平台，会员与合作社和龙头企业之间不存在强制性收购协议，只向会员提供多种销售渠道信息，会员可以选择自己的销售渠道。

三、鼓励合作联社公司化发展，搭建知识平台

合作社内部组织如果沟通不畅或者信息交换不及时，很容易导致组织之间的信任度降低等问题。提高信息共享度，是资源得到合理的配置并提高其利用率的有效方式，也有利于最终实现合作社的协同创新发展。政府部门承担农民服务业的职责，联合机构承担该部门不能提供的服务。联社实际上是以市场的方式整合资源服务业。市场化的实质是企业经营，"公司+合作社+农户"或"合作社+公司+农户"这两种模式符合市场经济规律和中国农业资源分散的现状，这是较为理想的发展模式。所以，在指导合作关联各方的过程中，一方面，有必要强调服务职责；另一方面，要鼓励实行公司化管理，强调社会相关角色的定位。另外，建立知识交流平台，发展信息，加强信息共享机制，增强合作社成员之间的信任是至关重要的一环。合作社应利用董事会披露财务计划、收入、支出、资产、债券等，信息公开后，应及时听取成员意见，并以系统形式确定相关内容、形式和时间。同时，利用互联网技术建立信息共享系统，使组织与合作社联系起来，能够及时了解合作的关联信息。

四、整合合作联社内外资源，提高品牌影响力

现有资源的整合是通过产品本身高质量的宣传特性来创造产品形象。首先，品牌定位是关键。合作联社应以产品的种植、品质为基础，以顾客的需求及偏好为核心，生产出差异化的农产品，也就是说，在实际操作中，应该创造独有的区分于竞争对手的品牌，以消费者为导向，培植和加工出功能多样的商品。其次，合作社要创造出鲜明和区分度高的品牌形象。产品最直接的体现是名称和标识，包括命名和标记，产品质量和创意概念等。品牌建设的基础在于科技创新，增加科技投入，将新技术运用在实践中，研发富有特点的产品，并将产品的加工程序精细化，生产出高质量的农产品。品种是名牌效应的关键和源头，优化品种，重视优良品种的消化吸收，消除不合格的品种，减少常规品种数量，推广优质品种，通过更换品种提升产业水平，延伸产业链。加强合作联社品牌营销战略建设，使品牌形象得到巩固。以现代新媒体为媒介，积极创建口碑，同时也可通过展销会、技术监督部门推荐等宣传方式，扩大农民专业合作社品牌知名度。

五、加强政府监管，引导合作联社规范发展

目前，政府为了鼓励合作社健康长远发展，支持合作社提出的建议，开展国家、省、市、县多级示范社的评估工作，尤其是在促进合作社规范化管理方面取得了良好成效。在规范合作联社发展过程中，可在全国范围内开展合作联社"示范社"评比工作。各地都可以因地制宜地制定自己的合作社评价方法，重点把标准化管理纳入评价指标，确定相应的指标权重，并按照指标的重要程度进行分类。通过政策的吸引和鼓励，将格式化的规章制度具体运用于合作社的规范运营管理中。另外，将基层农业经济服务体系结合，逐步建立并在探索发展中完善各级服务机构，积极引进具备理论知识的协同管理业务顾问，帮扶合作社不断前进的同时，给予指导意见，协助合作社协会建立利益联结机制。

第九章 农民专业合作联社发展金融支持政策研究

第一节 金融政策支持农民专业合作联社发展的现状

一、财政支持农民专业合作联社发展

1. 实施农村金融奖励补贴政策

近年来，国家逐步加大对农民专业合作联社的金融奖补政策扶持力度。农业部从 2004 年开始建设农民专业合作组织示范项目，分国家级、省级示范社两级管理，实行县域涉农金融机构、县域涉农小额贷款公司补贴试点工程，补贴资金由中央财政和地方财政按比例承担。地方财政扶持资金大幅增加。图 9-1 显示，2010 年农民专业合作社（合作联社）财政扶持资金来源中，地级市财政最多，达 57.8 亿元，占比 53%，省级财政次之，为 27.02 亿元，占 25%，而中央财政仅为 13.31 亿元，占比 12%（柏振忠等，2016a）。

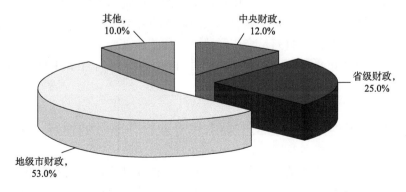

图 9-1　2010 年农民专业合作社（合作联社）财政扶持资金来源及占比

2. 完善农业保险保费补贴政策

实施农业保险保费补贴政策，扩大农业保险业务范围，支持农民专业合作联社发展。中国政府以完善农业风险分担机制和保障机制为基础，积极引导农业保险机构按照市场化方式经营农业保险，全面培育农业保险市场，推动农业保险业务健康发展。目前，中央财政实行的农业保险保费补贴政策，基本覆盖涉及国计民生的粮食作物、主要的农畜产品和有地方特色、具有较高经济价值的农作物。保费由中央财政、省级财政、县级财政和农户缴纳部分组成，根据各省情况的不同，采取不同比例补贴。

二、在税收优惠方面支持农民专业合作联社的发展

国家出台一系列的税收优惠政策，明确了免增值税、抵扣增值税、免征印花税等优惠措施，支持农民专业合作联社的发展。主要包括允许税前全额扣除涉农贷款五级分类中的关注类、次级类、可疑类及损失类计提的专项准备金；免征金融机构针对农户 5 万元以下小额贷款的利息收入的营业税；免征种植业、养殖业的农业保险业务的营业税；免征畜牧业类、农林作物保险合同的印花税等优惠措施。

三、在信用担保方面支持农民专业合作联社的发展

中国银行业监督管理委员会（现名为中国银行保险监督管理委员会）和农业部联合下发相关文件，提出关于如何做好农民专业合作联社金融服务工作的意见，其中包括三项措施：一是将农民专业合作联社纳入贷款担保范围，各级信用担保机构应当为符合条件的农民专业合作联社申请的信用贷款提供担保服务；二是改进服务方式，在合作联社信贷领域引入农户联保贷款和信用贷款机制，提高贷款效率，解决担保难题，尽量满足合作联社小额贷款的需要；三是适当前移贷前调查环节，简化贷款审批过程，确保在最短时间内尽量满足符合条件的合作联社及社员的贷款需求。

四、在运行费用减免方面支持农民专业合作联社的发展

在不改变农业地用途的情况下，农民专业合作联社可依法优先安排创办农业科技示范基地、养殖场，发展特色林果业和设施农业等用地；各级国土资源管理

部门通过优先考虑农用地转用计划指标、免征城镇土地使用税等措施来支持合作联社自办农产品加工企业；按国家农业用电电价标准收取合作联社从事各种种植业、养殖业和农业生产设施用电。此外，交通部门对农民专业合作联社涉及鲜活农产品的运输部分，优先发放"绿色通道"通行证，并把全国所有收费的公路都归入"绿色通道"的范围，对整车依法运输鲜活农产品的车辆免收通行费用。

第二节　金融政策支持农民专业合作联社发展面临的困难

一、缺乏金融政策支持，合作联社融资困难

合作联社的市场主体地位不明确，农民专业合作联社融资困难，严重制约合作联社的发展壮大。目前大部分合作联社的资金主要来源于合作联社发起人的集资，满足不了农民专业合作联社的资金需求，从而出现了合作联社服务功能偏弱，覆盖范围狭窄，无法扩大生产经营规模，无力支持合作联社继续扩大经营规模和发展新产业等问题。由于农民专业合作联社缺乏金融政策支持，金融机构也因合作联社的性质难以明确、缺乏抵押物等而无法向其提供贷款。在目前缺少金融政策支持的情况下，金融机构提供的贷款难以满足农民专业合作联社运行发展的资金需求，直接导致合作联社的发展受阻。

二、政府金融扶持力度不够，不利于合作联社的发展壮大

借鉴发达国家的成功经验，发展农村合作金融少不了政府相关部门的政策扶持和财政资金的投入。然而，目前政府支持的力度仍然跟不上合作联社发展的需要，尤其是市级以下的相关部门，缺少具体的、实践性较强的金融扶持政策。主要表现在两个方面，一是税收优惠支持力度不大。新型农村合作金融机构，扎根于农村、服务于合作社社员，经营范围和能力水平有限，利润水平普遍较低；二是融资渠道不畅。我国新型农村合作金融组织目前暂时不允许进行银行间同业拆借和向央行申请再贷款融资，向其他金融机构融资也面临抵押物不足的问题，导致其资金周转困难，融资压力大。此外，还有很多农民合作联社依然处于发展扩张阶段，资金需求量大，且分开单独管理，不利于农民专业合作联社的发展，金融政策扶持力度有待加强。

三、利益联结机制不健全，合作联社经济收益低下

农民专业合作联社是农民专业合作社之间的"联合"，理应按照民主决策的方式进行日常工作的管理。然而，许多合作联社还没有建立合作社之间的民主管理机制，某一个核心合作社控制的问题在不少合作联社的管理中出现。此外，合作社内部也缺乏"收益共享、风险共担"的利益联结机制，因此各合作联社都普遍存在解决及办事效率低、承担风险大、经济收益低的问题。

四、相关法律尚不完善，金融支持政策难以落实

我国农民专业合作联社的组织形式目前正处于起步阶段，尤其需要相关部门的金融政策扶持。然而，合作联社因其主体资格缺乏法律依据，财产权利与基层合作社的关系问题在法律上难以明确等因素，相关部门无法落实相关的金融支持政策，不利于合作联社的发展壮大。

第三节　进一步强化金融政策支持农民专业合作联社发展的对策建议

一、发挥各级政府功能，加大对合作联社的政策扶持力度

（1）在财政支持方面，首先要给予各级示范社一定的补助，使各级示范社更好地发挥示范带动作用，带动合作联社的发展。整合对农业的农业综合开发有偿资金、财政支农资金和专项投资资金，重点支持农民专业合作经济组织开展的农产品生产基地的基础设施建设、技术服务水平、科研开发能力、信息网络体系建设和质量检验检测水平；重点扶持农民专业合作社开展绿色、无公害、有机等三品和地理标志认证工作，提高品牌经营水平。

（2）在税收方面，2008 年 7 月实施的《财政部 国家税务总局关于农民专业合作社有关税收政策的通知》，主要减免农民专业合作联社的印花税和增值税，营业税等税种并没有在减免范围之内。因此，要充分考虑合作联社及其提供的部分具有公共物品性质的服务，减免农民专业合作联社为其成员提供农业生产经营服务所要缴纳的营业税等。

（3）在信贷方面，国家政策性金融机构和商业性金融机构应当采取多种办法，

多途径地为农民专业合作联社提供金融政策支持。首先，中国农业发展银行应向农民专业合作联社进行信贷倾斜，提高农民信贷额度，对农民发展生产所需要的资金和生产基地建设给予一定的支持，尽量减少不必要的环节；其次，对运作规范的、信誉较好的合作联社，可给予优惠贷款或低息贷款，如扩大合作联社经营规模、提高合作联社生产经营效率、加大设施投资贷款量等；最后，应该建立适合农民专业合作联社特点的信贷抵押担保机制。

二、建立和完善担保机制，有效解决合作联社贷款问题

政府部门可通过成立担保公司等途径为农民专业合作联社提供贷款担保，以商业资金、社员资金、财政资金等为担保主体建立基金运作体系，积极主动地发挥财政杠杆作用，解决目前合作联社缺乏抵押财产、注册资本少的问题；同时，促进一批专门的农业担保机构形成，制定相关的政策法规，激励农民专业合作联社成员开展担保业务和互助保险业务，鼓励各类担保公司积极提供担保业务，形成多主体分担农业的担保机制，有效地处理合作联社"担保难、贷款难"的问题；此外，要建立贷款信用风险分担机制，以发展农民合作组织机构、农业保险和龙头企业为农民合作联社及社员贷款提供商业担保的方式来共同承担金融机构对合作联社贷款的风险，增强金融机构对农民专业合作联社贷款的信心。

三、规范农村金融市场，防止农村金融资源流失

我国农村金融市场发展呈现两极分化的格局。其中，在经济发达的沿海地区和改革开放进度较快的地区，农村金融市场非常活跃；而在经济欠发达的中部、西部地区，农村金融仍停留在初始阶段。并且，每个农户对于金融服务需求也不尽相同。因此，农村基层金融机构组织的发展模式应随当地发展状况而变化。经济发达地区要鼓励商业银行扩大基层网点的建设，大力引进新型的金融资源，鼓励政府和社会设立专门针对农村的金融担保机构和金融保险机构。有条件的地方政府要支持建立村镇银行、支持小额贷款机构的设立，丰富农村的金融市场。对于当前农村信用合作社改制成为农村商业银行的风潮要予以节制，特别是对经济欠发达地区的农村金融市场要合理规划，防止经济市场落后的农村金融资源大量流失。

四、进一步建立完善农村合作金融体系，解决合作联社融资问题

相关部门可以借鉴发达国家的成功经验，进一步建立和完善农村合作金融体

系，提供优惠的信贷政策，拓宽融资渠道，加大财政资金的支持力度。农民专业合作联社所承担的主要业务除了向农民提供低利率贷款发展自身的农业生产之外，还可以吸收农民剩余存款，转借给其他有需要的部门，帮助农民合理高效地运用剩余资金，其中的利润也可用于农民培训、农业技术推广等。完善农村合作金融体系，更好地支持合作联社组织的经济活动。

第十章　西部地区农民专业合作社共营模式创新效率研究

第一节　西部地区农民专业合作社发展状况

一、西部地区农民专业合作社的产生与演变

（一）西部地区农民专业合作社产生的内因

1. 降低交易成本应对市场风险

竞争市场中有数量庞大的买者和卖者，没有任何单个经济主体可以控制市场价格。在农业领域，不论是农业生产资料生产者（如机械、种子、化肥等），还是食品加工商，由于追求最低成本而形成一定的生产规模，而西部地区的农业生产以家庭为单位进行组织，与这些厂商相比，就失去了控制价格的能力。随着市场经济的发展，农户急需提高在农业市场中的地位，抵抗其他交易方的价格垄断。而农户通过加入合作社，把生产资料的供应与农产品的加工销售环节也纳入合作社的范围，实现一体化生产，有效地降低农业交易成本，促进农户增收。

2. 农业生产实现适度规模经营

农业劳动生产率的提高可以通过对土地资源的适度集中产生规模效应。西部地区有着独特的自然条件，地处第二、第三级阶梯，气候、地形等自然因素复杂，土地与东部地区相比，集中化程度低。但也应看到，西部地区总耕地面积占全国耕地面积总数的 37.36%，各地人均耕地面积大多高于全国人均耕地面积 1.47 亩（表 10-1），人少地多，耕地资源十分丰富。但家庭承包经营的土地制度使西部地区的土地资源逐年细碎化，且以家庭为单位无法有效规避市场风险，由于不同家

庭种植农产品种类不同，给统一销售带来了困难，并且单个农户缺乏对市场价格信息的把握，利益得不到保障。针对这种情况，农民专业合作社的建立将分散的农户组织起来，使农业生产规模扩大，且提高了农户的组织化程度，将家庭承包经营向集约型集体经营转变。以湖北恩施来凤县为例，来凤县独特的自然环境适合姜的生长，来凤姜的种植由来已久，但分散种植，姜的品质不一，价格市场混乱，好姜卖不出好价钱。但近些年来，来凤县农户自愿成立的凤头姜产销专业合作社通过整合本县的凤头姜资源，凤头姜种植面积不断扩大，统一质量标准加工，统一价格收购，创立品牌，扭转了恶性竞争、资源优势不能转变为经济优势的不利局面。

表 10-1　西部 12 省（自治区、直辖市）耕地面积情况

地区	耕地面积/万亩	耕地占全国比重	人均耕地面积/亩
全国	202 498.05	100%	1.47
四川	10 097.10	4.99%	1.23
云南	9 312.75	4.60%	1.96
贵州	6 806.10	3.36%	1.93
西藏	664.50	0.33%	2.05
重庆	3 645.75	1.80%	1.21
陕西	5 992.80	2.96%	1.58
甘肃	8 062.35	3.98%	3.10
青海	882.60	0.44%	1.50
新疆	7 783.35	3.84%	3.29
宁夏	1 935.15	0.96%	2.89
广西	6 603.45	3.26%	1.38
内蒙古	13 857.00	6.84%	5.52

资料来源：根据《中国统计年鉴 2016》计算所得

3. 解决农业发展融资窘境

农业发展融资困难特别是广大农村地区想要扩大农业生产融资不易的主要原因在于，农村缺乏合格的抵押品，金融机构对农村地区发放贷款十分谨慎，认为农业贷款风险大、成本高。农业发展融资难问题是现阶段全国都存在的普遍问题，阻碍着农业现代化、集约化发展，在这种紧迫的形势下，西部地区较东部地区而言金融机构数量更少，从金融机构融资的难度也更大。东部地区另一种有效的融资方式是通过农村的资金互助社得到资金支持，而西部地区组建资金互助合作社的现象并不多见。在这种情况下，西部地区农民作为弱势群体，本身从事的就是利润率较工业低的农业，在西部贫瘠的土地上生存更加不易。但合作社的出现在

一定程度上改变了这种被动的局面，首先，加入合作社的农户可以以自己的土地经营权入股，有合作社支持，信用评级有所提高，更易从银行得到资金支持。其次，政府也积极引导金融机构对合作社进行扶持，如政府组织对合作社进行信用评级，对不同信用级别的合作社开展不同类型的贷款贴息，也增强了金融机构对合作社还贷能力的信心。最后，农民专业合作社可以通过农村资金互助组拆借资金，解决资金短缺的问题。

（二）西部地区农民专业合作社的发展演变

西部地区农民专业合作社的发展大致可以划分为萌芽、起步、规范发展三个阶段。西部地区农民专业合作社萌芽于 20 世纪 80 年代，真正起步于 20 世纪 90 年代，2000 年之后属于规范发展阶段。

20 世纪 80 年代，西部地区农村主要推行的仍是家庭联产承包责任制。随着改革开放以来国内经济一片大好，农业市场化也进一步加深，传统的单个农户农业经营带来不少弊端，主要表现在对市场发展趋势把握不够，农业生产技术含量低，农民收入增加缓慢。为了改变这一现状，农村一些能人带动农户组建了一些农业协会，这些组织作为技术互助组，帮助农民提高农业技术水平，传播市场需求信息。这一阶段的农民专业合作组织依托技术互助建立，对外融资能力弱，社员之间的关联度不高，还处于分散经营阶段，互助组管理不规范，缺少健全的规章制度。这些合作组织能力有限，很难实现适度的规模生产和农业现代化，这些性质决定其随着农业的发展肯定会逐渐衰败。

20 世纪 90 年代，西部地区农民专业合作社开始进入正式起步阶段。90 年代，国内主要农产品供求格局的转变，市场经济下的农业为农民带来了新的发展机遇，同时分散的家庭经营也很难再适应市场的变化。这一时期，西部的农民专业合作社发展中，形成了一些资金组合互助组织，这些组织的特点是联合农户统一进行农业生产，统一购买生产资料和进行技术帮助，并对农产品进行统一销售。这些合作社的内部运行机制逐步完善，实行入社农户"一人一票制"，合作社盈余按劳分配，合作社少有资金积累。这一时期的合作社为农户带来了实实在在的好处，得到农户的支持，但由于所得利润大多分给社员，合作社的后续发展资金不足，很难促进合作社进一步发展壮大。

21 世纪属于西部地区农民专业合作社发展的规范阶段。随着生活水平的提高，消费者对农产品的需求逐步由数量转向农产品的质量和安全，农业生产也随之发生改变，标准优质化是农业生产的新方向。西部地区农民专业合作社在 21 世纪也有新变化，主要表现在合作社利用自身优势进行规范化生产，不仅加强对社员的农业技术培训，而且合作社经营范围从生产扩展到销售，形成产供销一条龙服务，农产品名优品牌的创建便是一种具体表现形式。在合作社运行上，合作社成员之间产权明晰，关系密切，合作社运行遵照规范的章程，在盈余分配中坚持按交易额分配为主，社员享有股金分红和按劳分配相结合的原则。特别是 2007 年《中华人民共和国农民专业合作社法》开始实施，合作社发展有了法律依据，合作社的发展更加规范。

二、西部地区农民专业合作社发展现状分析

西部地区农民专业合作社经过几十年的不断发展，不管是数量还是种类都有了极大的提升，关于西部地区合作社组建模式的研究也一直存在，本部分从合作社的发展规模、合作社类型等方面进行概述。

西部地区农民专业合作社是农业市场经济中由农户自愿组成的为农户服务的经济组织。21 世纪以来，该区域合作社发展势头良好，每年合作社数量都急剧增加，且辐射范围不断扩大，受益群众不断增多，合作社类型也愈加丰富。数据显示，2016 年底，全国依法登记的农民专业合作社有 173.1 万家，合作社数量较《中华人民共和国农民专业合作社法》施行之初的 2007 年增长了约 65 倍，年均增长 59%。特别需要指出的是，全国平均每个行政村有合作社 3 家，而在合作社总量中，东北地区占 12.5%，东部地区占 32%，中部地区占 27.5%，西部地区占 28%。从图 10-1 可以看出，西部地区 12 省区市的合作社发展良好，其中四川、甘肃、内蒙古合作社数量最多，发展势头很猛（农业部农村合作经济经营管理总站课题组，2016）。虽然西部地区农民专业合作社总量上不及东部地区，但增长很快，合作社数量已超过中部地区和东北地区。

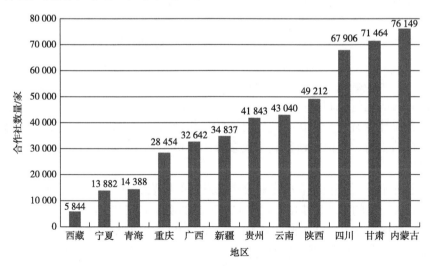

图 10-1　西部地区农民专业合作社数量（截至 2016 年 8 月）

三、西部地区农民专业合作社运行绩效评价

随着西部地区农民专业合作社的发展壮大，其在农业生产中所发挥的作用也变得越来越重要，作为农业领域不可忽视的经济组织，合作社在促进农民增收、提升农户农业经营水平、促进农业现代化的实现等方面的优势不可忽视。

（一）有效增加农民收入

农民专业合作社为农户服务最基本的功能之一是增加农户收入，且增收渠道多样。一是对农户生产的农产品结构进行调整，使其更加适应市场的需求，从而增加农户收入。以新疆农民专业合作社为例，合作社在发展过程中，结合当地的优势不断调整产品结构，合作社产业分布广泛，涉及畜牧、种植、林业等多个产业，2010 年之后种植业合作社不断减少，而畜牧业和林业合作社所占比重增加，农业合作社类型的分布越来越符合新疆的实际。正是由于合理的产业结构调整，新疆农民专业合作社入社农户的年可分配盈余逐年增加。2010~2013 年，新疆农民专业合作社年可分配盈余总数从 14 151 万元增长到 72 018 万元，三年时间总额增长了 4 倍，入社农户的收入也随之增加，2013 年社员人均可分配盈余达 0.16万元，而三年前人均可分配盈余还不到 0.1 万元（王立民和刘维忠，2016）。二是入社农户通过合作社年终盈余分配增加收入。例如，云南省易门县丰赢农民专业合作社联合社，2014 年合作社成立之初就规定，入社农民每年享有按股利分红和按交易量分红两种分红机会。截至 2016 年底，该合作社的累积销售额达到 3 873.26万元，扣除不可避免的经营成本、管理费用之后仍节余 368 万元，在提取合作社盈余公积金之后，给社员二次返利 257.6 万元，农户通过盈余分红增加的收入实实在在（余红，2017）。三是农户加入合作社之后生产支出减少，收入增加。合作社统一订购农业生产资料，统一对农户进行生产技术培训，不仅减少了农户的开支而且生产效率得到显著提高。例如，截至 2017 年 1 月，贵州省安顺市已注册农民专业合作社 91 家，涉及领域包括农、林、牧等，带动了农民生产的积极性。贵州省农业部门专门选派 5 名专业技术人员定期深入各个专业合作社，了解和掌握最新发展动态。为解决秸秆回收产生的问题，合作社为农户争取到 100 元/亩的专项补贴，秸秆还田不仅节约了农户的时间和成本，而且有效地保护了当地生态环境（杨丹丹，2017）。同时，合作社密切关注市场需求导向，帮助农户联络产销渠道，对发展中遇到的困难，给予各方面的帮助与支持，带动农民就业增收。

（二）提升农业产业化经营水平

农民专业合作社提供贯穿农业生产产前、产中、产后的一系列服务，促进农业生产向现代化转变，同时打造农业产品向品牌化经营，解决单个农户做不了，普通企业不想做的事。在家庭联产承包责任制的基础上，使小农户与大市场之间的联系更加密切。合作社在一个地区的发展一般以当地特色农业生产为基础，在发展一项产业的前提下带动一方经济的同时致富一方农民，合作社特色产业的发展可以带动特色村的建设。西部地区自然地理条件复杂，工业基础虽然薄弱但每个地方的特色农业特点突出。驰名中外的特产，如陕西的苹果、广西的蔗糖、云南的香烟等都具有得天独厚的竞争优势，是当地的主要支柱产业。以宁夏回族自治区中宁县为例，该县是中外闻名的枸杞之乡，为发展枸杞种植成立了许多枸杞专业合作社。这些枸杞专业合作社，一方面，整编农户手中的土地规模种植，对农户传授种植技术；另一方面，与销售市场进行对接，稳定枸杞价格，保障农户利益。例如，中宁县众合枸杞专业合作社流转了该县恩和镇土地共计 1 000 亩，建成枸杞出口生产基地，失去土地经营权的农户都能得到补助，同时农户自愿可以选择到合作社继续从事枸杞的种植工作，合作社的做法实现了合作社与农户的双赢（张秀萍，2016）。

（三）加快农业标准化进程

现代农业的发展标志之一就是农业生产的标准化。而标准化生产主要包含两层意思：一是在合作社组织农户进行生产的环节，要统一生产技术、生产标准，力争生产出质量均等的农产品；二是在销售环节，严把出产关，对外质量、价格都要有一致性。农民专业合作社在生产中遵照安全生产既要增产又要增质的原则，对农户进行统一培训，推广最新的农业机械，投入最优良的品种，对产品的质量进行控制，力争在市场占据一方地位。同时密切关注市场需求动向，生产面向市场才能保证产品的竞争力，提高农业的生产经营效益。以陕西富平县科农果业专业合作社为例，该合作社成立于 2007 年 10 月，注册资本 1 500 万元，合作社成立之初有成员 5 000 户。在 2013 年，陕西富平县成为全国农业改革和建设试点示范区，合作社抓住这一机遇积极开展标准化生产。截至 2016 年，合作社成效显著，合作社产业涵盖粮食、瓜果生产及农产品深加工，不仅拥有占地 4 000 亩的标准化果园，还建成了一个水果交易市场，一个冷冻库，一个专门用来加工水果的果醋厂，同时还配套了用于销售农产品的农资连锁店。合作社不仅带动了富平一个地区经济的增长，还连带辐射到周边县市，合作社的农业服务甚至蔓延至甘肃天水。标准化的果园、标准化的市场、标准化的企业，合作社作为黏合剂将标准化农业贯彻到底，带来了丰厚的利润回报。果园每年总产值达 6 620 万元，利润 2 820 万元，对周边地区的农民专业合作社都起到了典型榜样作用（马义玲，2016）。

四、西部地区农民专业合作社发展中存在的问题

（一）农民专业合作社发展中的主要制约因素

21 世纪以来，西部地区农民专业合作社的发展已有了很大的进步，但与发达的东部地区相比仍显不足，发展过程中有许多制约因素。西部地区农民专业合作社存在融资难的问题。在市场经济中，资金就是企业的血液，有了资金企业才可能发展壮大，资金对于合作社来说同样重要。对农民专业合作社来说，合作社在创建和发展的各个环节都需要资金的支持，这些资金大体包括短期用于购买种子、化肥等农业生产资料的花费；长期用于购买农业机械，维持合作社正常运行的费用；同时还需要资金以保证合作社后续规模扩大的需要。资金对于合作社来说不仅是正常运行的基础，而且还是后期发展的后盾。西部地区农民专业合作社筹措资金的能力有限。一方面，加入合作社的农户大多数都是自身经济实力不强的普通农户，自身"造血"能力不足，即使农户有一部分积蓄，但由于农户怕风险、求稳定的思想，农户的资金投入不会很大。另一方面，合作社对外融资环境不佳。虽然政府对合作社发展一直都有所扶持，但合作社数量正在成几何倍的增长，这就会出现僧多粥少的局面。从金融机构来看，由于西部地区农民专业合作社发展规模较小，担保能力不足，偿还能力有限，金融机构考虑到预期风险较大，不仅设置的贷款手续繁杂，而且最终提供的贷款数额也非常有限。

入社农户经营规模小、农业技术水平低是另一大制约因素。西部地区由于地理自然因素，部分地区耕地呈现碎片化特点，农业机械使用十分不方便，农业劳动生产率很低。以陕西省的耕地情况为例，该省耕地总量居全国第 18 位，耕地总量大但耕地质量不高，耕地中水田水浇地的比例占到 30.5%，但在陕北地区约 1 200 万亩耕地缺乏灌溉水源。由于自然条件恶劣，陕西省一直以来除水果产出不错之外，其他农产品生产落后于全国大多数省份，农户碎片化的农业生产无法形成规模效应。西部地区这种小而散的家庭经营增加了创立合作社的难度，难以很快形成规模经济为农民带来经济实惠，同时自给自足的家庭生产降低了农户对成立专业合作社的需求。

（二）农民专业合作社运行机制缺陷

西部地区农民专业合作社近些年来虽然有一定的发展，但仍存在一些运行机制上的缺陷，如合作社内部治理机制不完善、盈余分配随意性大等。首先，合作社民主决策机制难以正常实现。农民专业合作社成立之初的主要目的是为处于弱势地位的农户服务，合作社依靠社员民主管理运行。民主是保证合作社良好运行的助推器，入社农户在合作社中一人一票的制度是法律赋予社员的权利。但与此同时，我们也应注意到社员水平参差不齐，社员的管理才能不强。有资料显示，是否决定参加农民专业合作社与农户自身的文化水平呈正相关。与东部地区相比，西部农村地区教育水平不高，农民素质有限，对合作社认知程度低阻碍了合作社的发展，也是东部地区、西部地区农民参与合作社积极性差距大的原因之一。其次，社员中缺乏可以领导合作社的具有高水平管理才能的能人。西部地区合作社许多管理人员大多由地区农业能人充当，虽有一定的农业经验，但缺乏商品意识，大多数管理者不懂市场运作规律，不能及时了解市场信息，对市场变化把握不够。最后，盈余分配是社员最关心的问题，但合作社在盈余分配中的随意性过大，没有严格遵守合作社所制定的章程。虽然合作社成立之初明确规定了合作社盈余分配的比例，但随后的运行中没有进一步制定分配制度，随意分配盈余，有的合作社甚至都不提取公积金，所得利润直接进行股金分配，致使合作社发展后劲不足。

第二节　西部地区农民专业合作社共营模式创新

一、农民专业合作社共营模式概述

（一）共营模式的概念

农民专业合作社共营模式创新主要是指为缓解西部地区现存的农村劳动力不足，家庭承包经营导致的土地分散化、单个农户农业生产技术不高等窘境，而创新发展的以土地股份合作社为基础，以农业职业经理人为创新点，以农业综合型服务超市为后盾的三位一体的新型农业经营体系。

土地股份合作社是合作社共营模式的核心，社员以自家土地经营权折资入股，推进土地股份合作，合作社以土地为基础，既解决了规模经营的土地来源问题，又解决了社员入股资金不足的问题。2010年5月，四川省崇州市的隆兴镇第一家土地股份合作社诞生，它由全镇30户农民自发组建，共101.27亩土地被折资入股，开创了土地承包经营权投资的先河。

农业职业经理人是合作社共营模式中的亮点。农业职业经理人是为合作社经营而专门培养的生产能人，通过正规的培训并拿到相应证书的经理人才有资格被聘用，除发放工资外，合作社还对职业经理人给予城镇养老保险补助。职业经理人的出现使合作社生产管理迈出了新的一步。

农业综合型服务超市是合作社共营模式中的后勤部。农业综合型服务超市涵盖不同领域，包括高校科研机构、农业技术推广站等，涉及农作物从种植到最后销售的完整环节，对农户提供机械供给、技术推广、优良品种换代等服务，解决农户生产的后顾之忧。

（二）共营模式形成过程

四川省崇州市是农民专业合作社共营模式的诞生地。崇州市是成都管辖下的一个县级市，距离成都 25 千米，地势平坦，交通便利，辖区面积 1 089 平方千米，人口 73 万人。崇州市作为农业大市，共有 36.95 万人属于进行农业生产的劳动力，但近些年来劳动人口大多选择外出务工，留守在农村的大多是老人，加上老人接受新事物的能力有限，农业结构调整缓慢，农业"边缘化"趋势愈加严重。崇州市可以耕作的土地共计 52.14 万亩，农村人均耕地面积约 1 亩，低于国家人均耕地面积水平，农业生产很难形成规模效应。随着农村青壮年劳动力的流出，懂经营管理的农业人才十分匮乏。农业技术落后，对市场信息了解不充分，缺乏金融支持，这些问题进一步造成了当地农业发展缓慢，生产非粮化问题也越来越突出。崇州市具有典型的西部地区农村特色，所面临的问题在西部其他地区也屡有出现。

崇州市从 2010 年建立第一家土地股份合作社开始，仅用 7 年时间建立并完善了"土地股份合作社+农业职业经理人+农业综合型服务超市"的现代化农业共营体系。在 2014 年中国农业经营制度创新实践研讨会上，与会专家学者就崇州市农民专业合作社共营模式展开了积极的学术探讨，并认为崇州市的合作社共营制或可成为典型创新模式作为西部地区农业经营方式的重要突破口。截至 2015 年底，崇州市已组建土地股份合作社吸纳农户 9.09 万户，占全市农户的 59.14%，农民合作社共营制初见规模（李淼，2015）。

二、农民专业合作社共营模式产生的现实原因

（一）分散的小农经营方式仍占主导地位

从本质上来看，西部地区目前的农业经营制度还是以小农经营为主，合作社

有所发展，但影响力不够强。小农经营的主要特征：其一，土地的分散化，集体共同所有，使用权分给单个农户，农业生产很难形成规模。其二，农业经营单位还是以小农户为主，劳动力被捆绑在土地上。一方面，农户使用落后的生产工具进行耕作；另一方面，农户的经营规模十分有限。与土地总量巨大形成鲜明对比的是从事农业生产的单体力量分散，小农经营方式不仅无法使劳动力从土地中解放出来，而且农业难以进行集约化、现代化发展。尽管在改革初期，家庭联产承包责任制极大地调动了农民生产的积极性，但这种制度有一定的历史局限性，随着经济的发展，其土地分散经营的弊端就逐渐显现出来。缺乏代表农户利益的经济组织，家庭联产承包责任制的制度优越性不复存在，小农经营方式存在一定的问题。

如上所述，西部地区农业经营仍以小农经营为主，农民靠农业生产增收有限，"三农"问题突出。要促进西部农业现代化发展走农业集约化道路，最有效的方法是构建农业现代化变革新路线，创新农业经营模式，使农业生产面向市场而发展变化。

（二）进行农业生产的劳动力外流

改革开放以来，国民经济生活水平显著提高，沿海经济得到了快速发展，西部地区经济发展相对缓慢，经济发展的不平衡催生了西部地区人口向东部转移的浪潮。1996年全国人口普查结果显示，全国进行农业生产的纯农户占农户总数的62.8%，但到了1999年，这一比例下降到了40%，不到一半的比例揭示出劳动力外流的现实，2008年的数据显示黑龙江、吉林、安徽、四川、浙江五省的纯农户比例下降到 25.3%。这些数据都表明现阶段的农村，农业生产已不是家庭收入的支柱产业，可以从事农业生产的劳动力外出务工的现象十分普遍。特别需要注意的是，西部地区农村外出务工的劳动力大多数是家里的青壮年，留守在家里的多是老人和孩童，他们只能进行简单的农业生产自给自足，无力进行更大规模的农业经营，这就是西部地区人口流出的非均衡性问题。据四川省统计局资料，以四川省富顺、安岳、中江三个县为例，2001年三个县农村从事劳动生产的大多是55岁以上的老人，农业生产决策者中老人的比例占到了58%，45岁以下的青壮年不到总数的10%（柏振忠等，2016b）。农业生产中面临着劳动力老龄化的威胁，随着青壮年劳动力的输出，一方面，适度集约化的农业得不到发展；另一方面，老人粗放经营的耕作方式与农业现代化的时代趋势背道而驰。同时，远离土地的青壮年逐渐定居于城市，对农村的认同感正在降低，农业生产由谁领导，谁来种田的问题日益严峻。

（三）农业规模经营发展速度缓慢

20 世纪 70 年代与 80 年代相交之际，家庭经营方式一经实行便表现出旺盛的生命力。21 世纪以来，面对国外农业进入工厂化集约型发展阶段，国内家庭联产承包责任制为主的经营相较之下效率较低，农业经营的规模化发展进度缓慢。我国东部一些地区成立了规模较大的合作社，合作社运行态势良好，带动了一方经济的发展，与此同时，西部地区由于受到经济水平、资源条件、人口素质等方面的影响，合作社规模小，农业经营不够集约，发展滞后。以四川省为例，2012 年全省农村地区外出务工的人员达 2 400 万人，农村剩余闲置土地很多，但耕地流转率仅为 20.5%，低于全国同期水平。西部地区土地耕种出现矛盾，一方面，劳动力流出土地的闲置；另一方面，缺少可以进行规模生产的大面积耕地。

综上所述，制约西部地区农业经营现代化转变的因素有：适龄的农业劳动力大量外流，农村剩余留守劳动力生产能力有限，闲置土地较多，但缺乏能人带头对土地进行统一规划，亟待一种创新的农业经营模式改变这一现状。

三、农民专业合作社共营模式具体内容

（一）组建农业职业经理人队伍

农业经营中面临的首要问题是"谁来种田"。通过对资料的整理分析可以发现，四川农村地区进行农业生产的主力是留守在农村的老人，他们一般以粗放经营为主，农业生产的主要目的是自给自足，少数农户进行农作物交易，但缺乏对市场信息灵敏度的把控，交易成本较高，需要有能人帮助农户整合农业经营方式，同时建立与市场的联系。

农业职业经理人在这种背景下应运而生，崇州市制定了一整套的规章制度来规范农业职业经理人这一群体。一是严控经理人入门资格。严格控制入选资格，想要参与培训的人员年龄必须在 45 岁以下，有一定的务农经验，对从事农业生产管理兴趣浓厚、意愿强烈，达到初中以上文化程度，以自愿报名或者乡镇推荐的方式参与培训。二是加强培训规范。参加经理人培训之后，学时必须达到 120 小时以上，对理论有深刻的理解且实际操作合格，最终学分达 300 分以上，方可获得《农业职业经理人资格证书》。取得证书的经理人后期还可以不断进修，合格之后可以从初级职业经理人向中级、高级晋级，不断提高自身的业务水平，经理人想要加入土地股份合作社或者其他农业合作社组织仍需竞聘上岗。三是强化经理人队伍管理。成为职业经理人之后自动成为经理人人才库的成员，但并不是就高

枕无忧，培训机构与接纳经理人的合作社联合对经理人进行考核评估，对不能很好地履行职责的经理人有权进行辞退。四是完善扶持激励。职业经理人加入合作社之后不仅每月有相应工资领取，而且享有城镇职工养老保险补贴，经理人的个人信用评级提高，对持证的经理人信用贷款有贴息扶持。

农业职业经理人的出现，很好地解决了农业生产中"谁来种田"的问题，经过培训后的经理人掌握农业生产的最新技术，不仅将技术传授给农户而且协调合作社管理，推广农业机械生产，提高农业产出量。例如，在水稻种植上，崇州市某地 2012 年水稻亩产约为 533 千克，粮食生产能力为 27 万吨，但农业职业经理人的加入、科学种田方式的引入促进粮食增产增收，每亩水稻增产 15 千克，总量增加 5 000 吨。截至 2016 年初，崇州市经过培训得到资格证书的农业职业经理人共计 7 348 人，农业职业经理人队伍初步建立起来（魏薇，2017）。

（二）建立集约型土地股份合作社

农业职业经理人属于专业化的农业经营人才，但巧妇难为无米之炊，接下来要解决的就是"种怎样的田"的问题，但现实情况中土地分产到户，小块土地无法进行规模经营，组建土地股份合作社的构想应运而生。

和全国其他农村地区一样，家庭联产承包责任制在崇州市实行多年，现在需要组建合作社，农民手中拥有的是土地的使用权，这是最珍贵的农业资源，土地股份合作社的产生是农民结合自身特点做出的正确选择，合作社遵循一般合作社制度，如入社和退社自由，风险利益共担，最大的特点是农户以自家土地的使用权折资入股。社员入社后最关心的是利益分红，合作社主要采取的是双层分红，首先，只要加入土地股份合作社的农户都会有每亩 400~600 元的保底收入。其次，合作社经营所得除去成本之后的利润中有 70%都会根据按股分红原则发放给社员。在合作社的运行管理制度中，社员作为合作社的实际决策者对合作社进行管理，社员有权参与理事会与监事会的选举，理事会成员代表农户进行生产安排、预算成本。最后，理事会代表社员对外公开招聘农业职业经理人，被聘用的职业经理人的主要职责是结合合作社实际提出生产计划，将预算方案交给理事会审批，审批通过之后，职业经理人敦促计划的顺利实施。

土地股份合作社的成立收效显著，截至 2016 年初，崇州市共建成土地股份合作社 246 个，整合耕地共计 31.06 万亩，凭土地折资入股的农户共 9.09 万户，占崇州市农户总数的 59.14%，全市基本实现了土地适度规模经营的目标，规模经营率达 70%（魏薇，2017）。

（三）建设综合型服务超市

农业职业经理人的产生解决了农业经营生产的难题，土地股份合作社的出现集中了土地资源，但在实际的操作中还需要许多相关的后勤保障，如科技、金融、贸易等方面，为了降低服务外包的成本，共营模式中组建了综合型服务超市。

综合型服务超市的重点在综合，所谓综合是服务于农业生产的不同领域的集合。首先，合作社依托四川省知名高等院校和科研团队，聘请专家学者作为合作社的高级顾问，负责对农业职业经理人进行不定期的农技传授，解决农业生产中的疑难杂症，帮助完善合作社运行的管理制度。其次，综合型服务超市搭建了一站式的农业服务平台，包括专业育苗、农资配送、病虫防治都有专业化团队提供帮助，截至2014年底，崇州市共建成农业服务团队10多个，专业的粮食烘储中心17个，农业生产中的机械化使用率达80%。最后，综合型服务超市中探索出农村产权抵押的融资新通道，组建"互联网+农村金融"的新型融资平台，通过合作社与金融机构的协商，全市发放产权贷款1 062例，涉及贷款总额17亿元，这些资金很好地促进了农业发展。在2015年，崇州市推出一项新的针对合作社的政策，只要应聘的农业职业经理人凭借自己的资格证书就可以获得一定数额的贴息贷款，鼓励金融机构对土地股份合作社发放资金贷款，这一政策是综合型服务超市金融支持合作社发展的又一例证。

第三节　西部地区农民专业合作社共营模式效率考察

西部地区农民专业合作社作为合作社制度的创新，开创性地发起土地股份合作社，以综合型服务超市为依托，利用专业化农业职业经理人管理生产，既具有传统合作社的优点，又有其存在的独特优势，下面就合作社共营模式与单个农户生产、传统农民专业合作社及农业协会进行比较，对合作社共营模式的效率进行考察。

一、合作社共营模式与单个农户生产对比分析

农民专业合作社共营模式的基础是土地股份合作社，合作社最大的特点是入社农户以土地承包权折资入股，适当土地的集中，这与传统的土地经营方式有很大的不同，也就导致入社之后农户收入构成与自给自足的生产收入有所区分。总的来说，合作社共营模式与单个农户生产的主要区别在于土地经营规模、农户收

入构成、农业生产方式等方面（表 10-2）。合作社共营模式对于单个农户来说最大的效益在于增加农户收入，改变单个农户传统的农业生产方式。

表 10-2　合作社共营模式与单个农户生产对比

对比内容	合作社共营模式	单个农户生产
土地经营规模	土地股份合作社引导土地经营权流转，土地经营规模化、专业化	享有土地经营权，分散经营为主
农户收入构成	保底土地租金+股权收入+年底分红	自给自足，财产性收入占比少
农业生产方式	集中连片规划，聚集发展优势产业，享有一站式农业生产社会化服务	传统耕作方式，专业化程度低

（一）盘活农户土地承包经营权，增加农户土地收入

传统农业生产向现代化农业生产的转变过程就是改变原有的自给自足小农经济，生产转变成既提高产量又重视质量，面向市场，面向消费者，追求生产利润最大化。而土地适度集中就是其中重要的一环。现实中为了实现土地的集中一般采取的是土地经营权的转租，但这种方式交易成本高，流转费用过高阻碍了土地的流转经营。共营模式在此问题上有了创新，土地股份合作社的成立不仅实现了土地的集中，而且最大限度地将交易成本降低，避免了市场想要从农户手中获得使用权成本较高的问题，降低了土地的流转成本，而且土地成为农民增收的资源，实现低成本的土地集约化。

土地股份合作社对农户最大的吸引力在于合作社吸收农户手中的土地经营权和集体建设用地使用权，农户不仅可以靠这些土地使用权获得保底收入，而且折资入股之后因为享有股份每年合作社获利扣除成本之后还会进行盈余分红。这是一箭双雕的新举措，不仅保证农民增收，而且实现了土地的适度规模化经营。以四川郫都区唐昌镇战旗村组为例，该村由农户自愿组建了土地股份合作社，为进一步扩大合作社规模，吸引了临近的金星、火花等村的农户一同入社，农户每年除保底土地收入补贴外，年终扣除成本和合作社公积金之后发放二次分红，入社农户人均增收 300 元以上。

（二）农业生产方式发生改变，推行适度规模经营

2016 年国家提出农业供给侧结构性改革，在当前的时代背景下，这一改革论点的意义非凡，它彰显着农业现代化是这个时代农业发展的主旋律，农业生产从单纯追求数量到开始注重质的提高。农民专业合作社共营模式与普通农户相比更有优势，在于可以联系更多的资源，不管是人力资源，如农业职业经理人，还是服务资源，如高等院校、金融机构对农业生产保驾护航，转变农业生产方式，向

集约型现代化发展。以崇州市的榿泉镇千丰土地股份合作社为例，合作社规定入社的土地每亩给农户补助 500 元，同时科学的生产管理，使收入除传统的农作物销售收入外，利润来源更广。由于农业生产土地面积大，形成了规模效应，合作社的育种发展尤其好，每年的育种季节，单育一项就给合作社带来了不少的收入，这项收入由合作社、农业职业经理人和社员共享，分配比例为 3∶2∶5。

二、合作社共营模式与传统农民专业合作社对比分析

农民专业合作社共营模式是合作社的一种模式创新，它拥有一般合作社的共同属性，但同时与传统农民专业合作社相比，又有许多不同点（表 10-3）。合作社组建方式不同，合作社在经营中，更加注重特定农产品的专业化生产，运行机制更加健全。首先是生产环节，农业职业经理人负责制订生产计划并在后期监督实施，保证了农业生产面对市场需求的针对性；其次，在种植过程中，高校作为合作社的智囊团为合作社提供科技支撑，科学管理不再是一句空话；最后，金融机构经过政府的引导愿意对合作社提供资金信贷支持，政府还给予一定的利息补贴促进合作社发展壮大。

表 10-3　合作社共营模式与传统农民专业合作社对比

对比内容	合作社共营模式	传统农民专业合作社
农户入社方式	农户以土地经营权量化入股土地股份合作社	农户自愿申请加入合作社
运行机制	社员大会+理事会+农业职业经理人+农业服务超市	社员大会+理事会+监事会
服务范围	构建"科技、金融、品牌和专业化团队"四大服务体系	对农业生产中的相关事务提供服务
利益分配	除本分红、保底二次分红、"佣金+超奖短赔"多种方式并行	按股金分红

（一）完善运行机制，提高专业化水平

单个的农户进行农业生产无力进行水利建设，也很难将机械运用于农业生产之中，标准化生产很难实现。伴随着结构调整的深入，农民专业合作社的组建缓解了这一情况，但传统合作社仅限于农业生产环节，与市场联系不够紧密，合作社共营模式的出现，创造性地加入农业职业经理人这一概念，不仅提高了生产的专业化水平，而且运行机制有所创新，经营更加兼顾市场与地缘，并且熟悉农业生产的各个环节方能协调好各方合理配置资源，实现利益的最大化。

合作社共营模式中的农业职业经理人作为农业经营主体保证了农业生产环节的专业化。由培训获得资格证书的农业职业经理人被合作社聘用之后结合合作社发展实际与合作社签订生产计划和产量指标。农业职业经理人对合作社负责，为

农户服务，保证合作社运行。首先，从事农业生产的主体发生了改变，由一家一户的家庭生产转变为能者务农的职业经理人生产，是土地资源的集中也是粮食生产市场化的开端。其次，土地不需支付高额的流转资金就可以进行集中，社员展开生产最大限度地发挥资源优势，促进生产增收。最后，农业职业经理人作为合作社同社员与其他经济组织的中介，将不同的资源进行整合服务于农业的生产、流通环节，为解决"谁来种田"的问题找到了一条可行之道。

（二）拓展服务范围，实现多方共营

传统的农民专业合作社由农户自愿组建，为农户生产提供服务，但在提供的服务中不包括对农业生产的全部环节进行专业化指导，与农机农艺的整合不到位，资金来源少，科技服务更是缺乏。农民专业合作社共营模式在对农业进行服务中最大的优势就是开创了分工精细的农业服务体系。股份合作社除集合土地外，同时外聘专业的农业职业经理人对生产进行管理，经理人作为联系农户、合作社、服务超市的纽带作用很大。高校为合作社运行提供理论指导，金融机构对合作社后续发展提供资金支持，合作社为了照顾到农业生产中"播—种—管—收—销"的所有环节，不仅积极联系农业服务团体，而且建立了粮食烘储仓库、专业运输团队，积极开展农产品营销，对农业生产开展的服务可谓面面俱到。

应特别指出的是，农民专业合作社共营模式中提供的完善服务可以分为两大类，一类是生产型服务，主要针对农业生产提供农机农艺资金服务，如土地股份合作社、高校智能团、金融机构；另一类是交易型服务，主要存在于农产品的交易网络之中，如职业经理人、销售专业团体等，这一类服务主要目的在于降低农产品销售中的成本，且稳定农产品价格。两类服务相辅相成，不可分割，由于生产型服务的完善，农产品生产成本降低，更有利于销售的实现，而销售市场中服务的完善，反馈市场信息给生产者，有利于及时调整农业生产结构，紧跟市场需求，实现供给侧结构性改革。总而言之，合作社共营模式中不同团体都是为合作社的农业生产提供服务，但也是通过这些服务，自己获得利润，实现大家好才是真的好的共营目标。

三、合作社共营模式与农业协会对比分析

农业协会是在农业领域中自我管理的非营利性团体，是为农民提供服务，介于市场与政府之间为农户代言的组织。农民专业合作社共营模式与农业协会相比，其组织目标更加明确，与市场关系密切，成员通过加入合作社可以得到直接的利润分成，成员间由于存在经济利害关系，成员间的密切度也更高（表10-4）。

表 10-4　合作社共营模式与农业协会对比

对比内容	合作社共营模式	农业协会
组织目标	直接参与市场竞争，交易中争取实现利润最大化	不直接参与市场竞争
成员权利	可以从组织中通过股份分配获得利润	只有缴纳会费义务，没有分享盈余的权利
成员间的密切度	成员间存在紧密、直接的经济利益关系，密切度高	成员间不存在直接的经济关系，密切度低

（一）打造名优品牌，增强市场竞争力

农民专业合作社共营模式与农业协会相比，合作社更倾向于实现经济利益，通过对农业生产的产前、产中、产后进行严格的把控，降低农产品的生产销售成本，提高经济效益。为实现这一目标，合作社积极构建了农业科研品牌服务体系。例如，近些年来崇州成立了品牌管理委员会，农民专业合作社与委员会联系紧密，推广了一批当地的名优农产品，如"稻虾藕遇"和"白头五星老油坊"等，同时紧跟时代潮流，加入电商营销，在互联网上搭建了"西蜀粮仓·崇州味道"农村电商平台，通过网络配送农产品。截至 2016 年，全市的农产品中有 61%都进行了品牌认证，加盟 120 多家电商进行产品销售，大大提高了农产品的知名度，增强了市场竞争力。

（二）密切社员关系，促进农业现代化

合作社共营模式中，通过合作社搭桥，农户通过土地折资入股加入土地股份合作社，成为合作社的主人，农业职业经理人通过专业培训竞争上岗，成为合作社生产的代理人，高等院校、专家学者组成农业技术专家团，之前不同领域的人通过合作社共营走到了一起。社员是合作社的主人，在合作社中从事农业生产，同时也通过合作社取得经济效益，这种切身的经济联系使社员之间密切度很高，与农业协会中社员较为疏离的生产关系是截然不同的。合作社共营模式中不同行业的人走到一起为了共同的事业而努力，社员密切度高带动了从事农业生产的积极性，不同主体各司其职，技术能人提供先进的科技生产技术，企业家发挥自身优势促成交易顺利进行，农业资源得到了很好的配置，土地产出更高，农业现代化的另一大标准就是不同主体形成了互惠共赢的利益共同体。

第四节　西部地区农民专业合作社共营模式效率产生机理

农民专业合作社所采取的共营模式在西部地区运行中具有显著效果，这种方

式与单个农户、传统农业专业合作社及农业协会存在很大不同。究其根本在于共营模式作为合作社运行中的模式创新，通过改变原有的农业生产函数提高农业产出率，通过提高社员满意度促进合作社运行，通过对合作社内部和外部的环境进行改变，最终实现多方一起协作，共同推动它向前发展。

一、合作社共营模式效率产生理论逻辑

（一）合作社高效运行降低成本提升产出

土地产权结构调整与社员利益分配机制完善共同作用下降低了农业生产的成本，也实实在在提高了社员收入，组成促进合作社共营模式运行的动力机制。虽然在改革开放的开始阶段，农民耕种的积极性因家庭联产承包责任制得到极大提高，但是农村土地的制度，即家庭收入、均田承包及集体所有的这些特点在改革开放开始至今 40 多年来，基本没有发生改变，但随着时代的变化，这一制度显现出一定的局限性。土地的零碎分散化，阻碍着农业机械化、现代化的发展，先进的农业生产技术很难普及，而城镇化和人口增长使这一问题更加严峻。例如，相关数据显示，历经 25 年的发展，从 1986 年到 2011 年，全国范围内的农户每户人均耕种面积已经从之前的 0.61 公顷减少至 0.37 公顷。农村土地细碎化现象较为普遍，农业经营不能实现规模经济。共营制中的土地股份合作社既不是单纯为了农业生产技术的提高也不是为了解决农产品销售问题，而是采取了将农村土地经营权统一集中管理的方法。这种土地入股合作的方式具备两方面优势，一方面，作为土地经营权所有人的农户的主体地位得到了保证；另一方面，农户提高农业生产的需求也能够通过对农业职业经理人进行集体招聘得到解决。通过集中农户土地承包经营权，可以提高经营的规模化，从而招徕更多的资源投入其中，最终使农户农业生产的成本降低，合作社成为农户经营权细分与企业家人力资本的交易平台。

分配指的是生产相关要素，尤其是在不同经济群体和社会成员之间，因生成物或者生产工具造成的分割。生产本身的问题是生产要素的分配，而生产要素也是生产的先决条件，而这实际归根于一个问题，即生产资料所有制。社会再生产中一个关键环节是生产物的分配。生产、交换、分配及消费这几部分，构成了社会再生产的统一体。这个统一体的出发点是生产，借助交换和分配，最终到消费环节。生产和消费通过分配这一中间环节得到连接。生产决定再生产过程中的分配环节，生产出的产品是分配环节的对象，而生产关系的性质决定了分配的性质。分配对生产也有重要的反作用。人与人之间的物质利益关系牵涉其中，会促进或者延缓生产的发展。生产物的分配是农民合作社分配的主要内容，通过按股和按事业利用额两种方式对社员分红。农民专业合作社共营模式除传统合作社分红方

式以外，创新利润分红制度。合作社收入分配方面，农业职业经理人、合作社、社员三方按比例分配，在去除各项成本费用的基础上，后续发展需要公积金和工作经费支撑，于是合作社将5%的收入留下用于以上支撑经费，按入社土地股份分红，社员将获取70%的收入，而余下的25%将成为农业职业经理人的佣金。崇州市农村居民的人均可支配收入在2013~2015年3年间平均增长19.9%，而在2015年人均收入已达到1.63万元。分工经济、农业规模经济及合作剩余通过生产要素的聚集和共同经营得到显著改善，并且"共赢共享"的机制也得以形成。

（二）生产函数要素变动引起产出变化

投入产出间的物质技术关系可以通过生产函数得到反映，它能够代表资源转换为产品的比例关系。而这本质上归属于自然科学的内容，并不是经济概念的直观表现。农业生产函数的概念因生产函数在农业领域的应用得以形成。

柯布-道格拉斯生产函数，即 C-D 函数由数学家柯布和经济学家道格拉斯一起合作建立，其基本形式如下：

$$P = bL^k C^j$$

表达式右边表示资源的投入，左边表示产出。其中，C 代表资本；L 表示投入的劳动量；与解释变量 C、L 无关的 b、j、k 为未知参数。生产函数有着很深的经济学含义。函数中不同的变量求微分可得

$$\frac{\partial P}{\partial L} = bC^j kL^{k-1} = \frac{P}{L}k$$

$$k = \frac{\partial P}{\partial L} \cdot \frac{L}{P}$$

同样，

$$\frac{\partial P}{\partial C} = bL^k jC^{j-1} = \frac{P}{C}j$$

$$j = \frac{\partial P}{\partial C} \cdot \frac{C}{P}$$

从上式可知，生产函数其实揭示的就是一定条件下，投入与产出之间的关系。其表明产出成果与投入的资源在一定的技术条件下所对应的变化，所以，这种适用于各种经济主体中，用于探究生产成果与劳动之间关系的函数也适用于农业生产领域。

我们在对农业生产函数展开讨论时，经常会集中在可控并且可变的那些投入上。可是，固定投入，即所谓的计数单位，在生产过程中的重要作用是不能忘记的。投入固定的理由有以下几点：第一，经营者明白减少或者增加某些资源的数量，会对其利益造成损失，所以经营者对于一种资源的用量多少可以进行准确计

算；第二，由于时间周期在生产过程中比较短暂，拥有这种资源的数量是经营者所不能改变的；第三，经营者基于某些考察目的，没有必要改变特点资源的数量。农民专业合作社共营模式中的生产函数，也可以用柯布-道格拉斯生产函数进行分析，这对于我们理解不同生产条件下产出的变化很有帮助。

（三）组织环境协同产生区域聚拢效应

赫尔曼·哈德曾说过：采用出人意料的方法对大数定律进行推广即协同，协同让个体通过协作的方式做事，而不是之前的独立性，这种方式还能建立相应的规律性。合作社共营模式下的组织协同涉及的利益主体不再是单个的农业合作社，单一的组织也无法取得所有控制权，而是一个完整、复杂、严谨的组织体系。合作社共营模式中高度重视组织环境的协同，就是要针对不同主体搞好协作。例如，金融组织、综合性服务超市中的高校团队与合作社的关系及合作社农户与土地股份合作社的关系，从而对发展存在的利益分配、信息共享及人力资源等问题进行解决。由于合作社与其他组织之间也会有合作关系，但各自所涉及的领域、主体、学科都不尽相同，任何一方都不能主导整体局势，这就要求组织间建立长期合作秩序，不同组织各尽其能，协调发展合作社共营模式中的组织关系。

协同学中的环境协同设定了一个很巧妙的地理空间，假设一个地区的所有消费者都希望自己走最少的路而可以最快地购买商品，那么由于不同顾客所处的位置不同，这时商店均匀分布于小镇的每个地方是最有效的。但如果消费者并不介意走更多的路来获取商品，那么商店集中分布所收到的效果最佳，因为集中会提供更加细致的服务，且对消费者产生一定的吸引力，也能淘汰一些偏僻地点的店铺。在分析农民专业合作社共营模式绩效产生机理时，可以将合作社所在地作为研究的固定区域，而农产品的需求商可以类比为该区域内的消费者，那么农产品的生产商可看作大小不一的商店。由于现代交通的便利，对于农产品需求商来说，它更愿意选择质优价廉的商品，而交通因素的影响较小。在这种现实条件下，共营模式中的合作社在农户入社之后会向着更高层次集聚，因为这种集聚将带来生产资料、农艺技术的共享，以及其他社会公共资源。

二、合作社共营模式效率产生中的理论实践

（一）生产成本降低和收入增加提升了社员的满意度

农民合作社社员通过参与合作社的事务，会逐渐地形成对合作社的评估与认知。例如，合作社是否达到了社员的预期目标，社员会对这些进行判断，也就是

社员的满意度。下面通过实证分析来验证在合作社共营模式中，社员的年收益情况及年支出变化对合作社满意度的影响。实例分析中采用的数据取自恩施州，2016年7月底通过对当地农业合作社情况开展调研得到。这次调研共发出问卷120份，收回有效的问卷116份，问卷整体有效率为97%。

如表10-5所示，在对加入合作社是否满足预期目标的调查中，用不满意、一般、满意、很满意四个层次进行问卷调查，其中选择不满意的社员多属于年净收益少于5000元的农户，而选择一般的农户中，多数年收益少于1万元，选择对合作社满意的农户中，64%的农户年收益多于1万元，而对合作社很满意的多数农户年收益达到1.5万元，甚至2万元。这些数据表明，在社员加入合作社后，其收入越高，对合作社满意程度也相应越高。值得注意的是，在调研中，基本上所有的农户都表示在加入合作社之后家庭收入情况有所好转，但由于农户自身的特殊性，有农户收入不错但支出也多，所以每年所得收益并不乐观。

表10-5　合作社社员收益和社员满意度分布情况

社员收益/万元	社员满意度			
	不满意	一般	满意	很满意
<0.5	50.0%	26.1%	4.0%	0%
0.5~1	40.0%	47.8%	32.0%	24.1%
1~1.5	10.0%	21.8%	40.0%	43.1%
1.5~2	0%	4.3%	12.0%	19.0%
>2	0%	0%	12.0%	13.8%

资料来源：根据问卷数据整理所得

在表10-6中，对农户加入合作社之后家庭支出变化进行调查，家庭支出分为明显增加、没有变化和减少三类，通过对合作社社员对合作社满意度统计汇总，得出分布情况，结果显示那些家庭支出增加的农户，大多数对合作社的满意度低，但这一部分农户总数占调查农户总数的6%。家庭支出没有变化的农户里，有部分农户对合作社不满意，而其他农户对合作社满意度一般，但更多的农户加入合作社之后家庭支出明显减少，这一部分农户满意度高达98%。该情况表示，加入合作社后，大部分农户的家庭支出存在显著降低，同时这些农户对合作社更满意。值得指出的是，在调查中了解到，入社农户家庭支出减少的原因在于合作社提供的优质服务，如可以享受从合作社购买农药化肥、农膜种子等生产资料带来的优惠，而且可以免费参加合作社组织的病虫草鼠、排灌机耕等技术培训。大多数入社农户也表示加入合作社增加了自己的收入，且农业生产更加具有组织性，有一定的规模效益。

表 10-6　社员家庭支出变化与社员满意度分布情况

家庭支出变化	社员满意度			
	不满意	一般	满意	很满意
明显增加	30.0%	17.4%	0%	0%
没有变化	70.0%	78.3%	24.0%	19.0%
减少	0%	4.3%	76.0%	81.0%

资料来源：根据问卷调查数据整理所得

（二）农业生产函数重构促进经营效率优质高效化

农民专业合作社共营模式经营方式的变革带来生产效率的提高，可以利用柯布-道格拉斯生产函数进行分析。

假设变革前的农业生产函数为

$$Q_1 = F(L, S, K)$$

其中，L 为劳动力；S 为土地；K 为资本。

那么，变革后增加了农业职业经理人的农业生产函数为

$$Q_2 = FE(L, S, K)$$

其中，E 为农业职业经理人才能。

与最初的生产函数进行比较可以发现，新形势下有如下改变：第一，原有生产要素的升级。首先，是农业生产的劳动力（L，留守在家的妇女、老人）转变为经过专业技能培训的农业职业经理人。其次，作为生产资料的土地（S）由超小规模、分散经营向土地股份合作社的规模、连片经营发展，耕地资源的利用率得以提高。最后，作为农业要素的资本（K），土地股份合作社的成立使土地作为一种重要的资源以较少的成本进行集中，丰富了 K 的要素含义。第二，随着农业职业经理人这一崭新的生产要素 E 的出现。农业职业经理人的加入不仅仅是专业化管理能力和科学种植技能的加入，而且是将粗放的农业经营转化为精耕细作的集约化农业生产，农业生产的目的也从自给自足转变成进入市场进行交易。第三，共营模式农业经营效率的提高可通过生产函数表达为

$$\frac{Q}{L} = \frac{S}{L} \times \frac{Q}{S} \tag{10-1}$$

其中，$\dfrac{Q}{L}$ 表示新形势下的劳动生产率；$\dfrac{S}{L}$ 表示土地劳力配比率；S 表示种植面积；$\dfrac{Q}{S}$ 表示土地生产率。

通过对生产函数进行变形分析，崇州实践可以得出两个经验。一是由于土地

股份合作社的建立，实现适度的规模经营，原本需要大量劳动力的生产由机器代替，少量低强度的付出就可得到产出，提高了土地与劳动力的配比。二是农业职业经理人在生产函数中充当了催化剂的作用，还是原本的生产投入，但由于新的要素经理人的加入，带来了标准化生产，耕地产出率得到极大的提升。数据资料也表明，与未入社的土地相比，合作社的土地经过职业经理人的打理亩产为556千克，远高于未入社的亩产508千克，粮食生产率显著提高。

第十一章 陕西省农民专业合作社运营效率研究

第一节 陕西省农业发展及合作社运营状况

一、陕西省整体农业发展状况

（一）农业在地区生产总值中占比状况

陕西省经济发展总体呈现平稳上升的良好态势。地区生产总值由 2010 年的 10 123.48 亿元增加到 2018 年的 24 438.32 亿元，年均增长 11.65%。其中，农业总产值由 2010 年的 988.45 亿元增加到 2018 年的 1 830.19 亿元，年均增长 8.00%；三次产业占比由 2010 年的 9.76∶53.80∶36.44 转变为 2018 年的 7.49∶49.75∶42.76，农业在地区生产总值中占比下降明显，由 2010 年的 9.76%下降为 2018 年的 7.49%，9 年时间下降了 2.27 个百分点（表 11-1）。

表 11-1　陕西省地区生产总值情况（2010~2018 年）

年份	地区生产总值/亿元	增长率	农业总产值/亿元	增长率	工业总产值/亿元	服务业总产值/亿元	三次产业占比
2010	10 123.48	—	988.45	—	5 446.10	3 688.93	9.76∶53.80∶36.44
2011	12 512.30	23.60%	1 220.90	23.52%	6 935.59	4 355.81	9.76∶55.43∶34.81
2012	14 453.68	15.52%	1 370.16	12.23%	8 073.87	5 009.65	9.48∶55.86∶34.66
2013	16 205.45	12.12%	1 460.97	6.63%	8 912.34	5 832.14	9.02∶55.0∶35.99
2014	17 689.94	9.16%	1 564.94	7.12%	8 577.24	6 547.76	9.38∶51.39∶39.23
2015	18 021.86	1.88%	1 597.63	2.09%	9 082.13	7 342.10	8.86∶50.40∶40.74
2016	19 399.59	7.64%	1 693.85	6.02%	8 490.72	8 215.02	9.21∶46.15∶44.65

续表

年份	地区生产总值/亿元	增长率	农业总产值/亿元	增长率	工业总产值/亿元	服务业总产值/亿元	三次产业占比
2017	21 898.81	12.88%	1 741.45	2.81%	10 882.88	9 274.48	7.95∶49.70∶42.35
2018	24 438.32	11.60%	1 830.19	5.10%	12 157.48	10 450.65	7.49∶49.75∶42.76
平均		11.80%		8.19%			

（二）农业生产结构状况

2018 年，陕西省农用耕地面积为 300.6 万公顷，人均耕地面积 1.17 亩。粮食总产量为 1 226.31 万吨，比上年增长 2.7%，其中夏粮产量 438.30 万吨，下降 0.9%，秋粮产量 788.01 万吨，增长 4.8%。蔬菜及食用菌产量 1 808.79 万吨，增长 4.3%；园林水果产量 1 566.01 万吨，下降 5.7%；猪牛羊禽肉产量 113.68 万吨，增长 0.9%；牛奶产量 109.75 万吨，增长 2.3%；禽蛋产量 61.58 万吨，增长 2.5%。

（三）水果产业发展情况

陕西省位于中国内陆腹地。近年来，凭借地理区位和多样的气候条件，陕西省的水果产业也成为该省农业发展的根基，不论规模、数量，还是产量、品牌，水果产业发展稳居全国第一。

表 11-2 显示，2018 年陕西省园林水果产量 1 566.01 万吨，其中，苹果产量 1 008.69 万吨，下降了 12.6%；梨产量 99.72 万吨，下降 9.6%；柑橘产量 46.91 万吨，下降 13.2%；桃产量 71.72 万吨，下降 15.2%；猕猴桃产量 94.79 万吨，下降 31.8%；葡萄产量 72.84 万吨，上涨 6.9%；枣产量 97.93 万吨，上涨 12.3%；柿子产量 26.07 万吨，下降 35.8%；杏产量 12.50 万吨，下降 38.1%；石榴产量 5.39 万吨，下降了 47.9%；樱桃产量 12.37 万吨，下降 9.4%。而与 2017 年园林水果产量 1 801.02 万吨相比，下降 5.7%，全年果业增加值 466.2 亿元，比上年增加 33.7 亿元。2017 年到 2018 年的农业果业总产量下降，但果业的增加值却增加了 33.7 亿元。再从每亩产量与平均销售价格看，2018 年陕西省苹果的亩均产量为 1 425 千克，下降了 10.3%；梨的亩均产量为 1 586 千克，下降了 11.9%；柑橘的亩均产量是 1 478 千克，上涨 10.1%；桃的亩均产量为 1 719 千克，下降 8.5%；猕猴桃的亩均产量是 1 611 千克，下降了 24.9%；葡萄的亩均产量是 1 179 千克，下降了 6.5%；枣的亩均产量是 328 千克，下降了 1.2%；柿子的亩均产量 1 160 千克，上涨 7.9%；杏的亩均产量是 297 千克，下降了 33.3%；石榴的亩均产量是 1 141 千克，下降 28.2%；樱桃的亩均产量是 727 千克，下降了 41.9%，亩均水果产量除桃与石榴上涨外，其余水果均呈下降趋势。

表 11-2 陕西省主要水果产量及增长率情况

名称	2017 年水果产量/万吨	2018 年水果产量/万吨	增长率	2017 年亩均产量/（千克/亩）	2018 年亩均产量/（千克/亩）	增长率
苹果	1 153.94	1 008.69	−12.6%	1 589	1 425	−10.3%
梨	110.37	99.72	−9.6%	1 801	1 586	−11.9%
柑橘	54.06	46.91	−13.2%	1 343	1 478	10.1%
桃	84.61	71.72	−15.2%	1 878	1 719	−8.5%
猕猴桃	138.97	94.79	−31.8%	2 146	1 611	−24.9%
葡萄	68.15	72.84	6.9%	1 261	1 179	−6.5%
枣	87.23	97.93	12.3%	332	328	−1.2%
柿子	40.63	26.07	−35.8%	1 075	1 160	7.9%
杏	20.21	12.50	−38.1%	445	297	−33.3%
石榴	10.34	5.39	−47.9%	1 589	1 141	−28.2%
樱桃	13.66	12.37	−9.4%	1 251	727	−41.9%

尽管水果总量与亩均产量有所减少，但陕西省主要果品平均销售价格及增长率出现一定幅度的上升。2018 年苹果以每千克 4.02 元出售，上升了 19.6%，其中早熟苹果以每千克 4.26 元出售，上升了 16.4%；套袋红富士以每千克 5.22 元出售，上升了 26.7%；加工用苹果以每千克 0.66 元出售，增长了 6.5%。当年梨以每千克 2.36 元出售，增长了 8.3% 等（表 11-3）。这说明陕西省的水果全年果品平均销售价格普遍上涨，果品销售顺畅。陕西省农业果业开始转型升级、提升质量、增加效益并且工程稳步实施，陕西省水果生产整体呈现单果重量上升、优果比例增加、果品价格上涨的趋势。

表 11-3 2017~2018 年主要水果价格变化

名称	2017 年销售价格/（元/千克）	2018 年销售价格/（元/千克）	比上年增长
苹果	3.36	4.02	19.6%
其中：早熟苹果	3.66	4.26	16.4%
其中：套袋红富士	4.12	5.22	26.7%
加工用苹果	0.62	0.66	6.5%
梨	2.18	2.36	8.3%
柑橘	3.55	3.60	1.4%
猕猴桃	4.67	4.68	0.2%

二、陕西省典型合作社发展基本状况

农民专业合作社在生产经营环节"统得起来"，在利益分配环节"分得下去"，通过土地集中经营、联产联运、统购统销等方式，有效地实现了农业多种形式的规模经营，在推进投入集约化、农户组织化、生产规模化、服务社会化、经营产业化等方面发挥了积极作用。

（一）富平县科农果业专业合作社

富平县科农果业专业合作社被农业部命名为"国家级示范社"，也是陕西省农业产业化重点龙头企业。富平县科农果业专业合作社依托陕西省富平县果农协会，组织自愿出资入股的农民，牵头组建陕西三秦果农专业合作社联合社，2018年已拥有经营实体5个，服务网站2个，技术刊物2本。一开始，为了从根本上解决社员和农户在果业生产上缺信息、缺技术、缺销售渠道等实际问题，合作社向西北农林科技大学提出了申请，聘请了6名专家教授作为技术顾问，挑选了86名本地人员，组建成一个服务团，去农村进行培训指导。在指导社员建好建成示范社的同时，建立了合作社农业技术、农用物资销售服务平台，为合作社社员和广大果农开展了全方面且更方便的服务。当社员在农用物资平台购买农用物资时，出示社员证便可享受优惠。社员凭社员证购买所需农用物资，一年下来，所节约下来的农用物资成本达到了13%以上。等到年终清楚核算以后，再根据当年的农产品整体交易量及入社股份来进行返利与分红。农用物资销售平台的建立，不仅保证了农用物资产品的质量，更有利于合作社引导社员果园管理标准化技术方案的实施，为生产绿色无公害产品提供了良好的物资保障。

通过组织形式来看，富平县科农果业合作社开始属于基层自发性组建合作的形式。以市场为导向，以整个农业发展为目标，自下而上并做到有规划的发展，明确了产权关系、利益分配，做到统一的资金配置与监督管理；后来通过政府的主导，给予其扶持政策，促进产业升级，增加社员与农户等方面的支持。通过鼓励合作社之间组建联盟的措施，实现了增加盟友，实现联盟，共同进步且共赢的目的。在资源相同的条件下，打开了对应市场的大门，现已经实现了规模效益。科农果业专业合作社针对农业整体效益低、农民不愿种地等现状，由科农果业专业合作社牵头，在兼顾双方利益的条件下，在群众自愿的原则下，给予每亩800元承租费的优惠条件，并承诺在三年之后，按照当年的市场价，以800斤小麦的市场价来计付。这足以显示出合作社的诚意。之后，合作社流转了21 500亩土地，为期长达二十余年。这次一共涉及6个村庄，农户达到了3 070户。为了让农户们安心，合作社同每户农户签订土地流转合同，并且直接付款到户，让农户们把钱拿到手里，且做到每年付款，年年不漏。到目前为止，周边农户都愿意且自觉地将手中的土地流转给科农果业专业合作社。

（二）延安市甘泉县三利养鸡专业合作社

甘泉县三利养鸡专业合作社是村民共同入股投资兴办的养鸡专业合作社，是一家集养殖、饲料加工、蛋制品加工为一体的省级农民专业合作社。合作社主要产品有"劳山村"牌土鸡、土鸡蛋、富硒蛋等 30 余种产品。合作社生产的鲜鸡蛋产品于 2009 年通过了国家农业部无公害产地产品认定。2010 年"劳山村"牌健康蛋荣获了第十五届杨凌农高会"后稷奖"，"劳山村"牌注册商标获得陕西省著名商标称号，并且企业通过了 ISO9001 质量管理体系认证。2014 年，"劳山村"牌土鸡蛋通过了有机产品认证。2015 年，"劳山村"牌土鸡蛋被评为陕西省名牌产品。合作社现为省级百强示范社，全国农产品加工示范社。合作社初期主要以养殖为主，生产普通鲜鸡蛋，进行销售，但经过一年多的运营，发现鲜鸡蛋在整个大市场随波逐流，根本没有什么利润，而鲜鸡蛋保质期又短，难以持续，不方便储存。经合作社股东会议决定，在当地乡政府推动下注册成立公司投资扩建厂区，对鲜鸡蛋进行加工，提高蛋制品的附加值。并由初期的小规模开放式鸡舍发展转成现代化的鸡舍，单栋饲养量达到 52 200 只，实现了自动上料、整体照明、全面消毒、清粪自动一体化控制，提高了养殖效益。到目前为止它已经是全市规模最大、现代化程度最高的养殖企业。

甘泉县三利养鸡专业合作社与科农果业专业合作社的发展有些不同，按照组织形式来看，它是龙头企业带动型。这指的是有资金、有技术，并且从事产品加工类的周期长的农民专业合作社。它是"公司+基地+合作社+农户"的模式，建立了生产、加工、销售为一体的产业链。运营过程中，以龙头企业为中心，带动社员与周边农户生产中更加专业化、规模化及整体效率的提高。通过联合合作的方式，合作社提供优质的生产原料，龙头企业则利用自身的设备和技术对生产原料进行深度加工，增加了生产原料的附加值，实现合作社与龙头企业之间的双赢。随着合作社的进一步发展，在政府政策的扶持下，2018 年，甘泉县三利养鸡专业合作社被延安市政府认定为市级的示范园区承建单位。规划了 600 亩园区，以肉蛋二次加工为主，延长整个产业链条。建成蛋制品加工车间 1 座，养殖基地 5 个，其中 10 万只以上养殖基地 2 个，联系合作社 8 个，联系农户 183 户。同时还建成了农产品物流配送中心、农产品检测中心，以及农民技术培训中心，目前已发展成为省级现代农业园区。

第二节　陕西省农民专业合作社运营效率分析

一、运营效率评价指标体系的构建

DEA 模型方法的基本原理就是将整个生产过程当作一个完整的、可研究的经济系统，在既定环境下，特定时间内将一种资源由投入转化成产出的一种活动。DEA 模型方法是用来评价研究同类型的有力工具，通常分两种，一种是以投入为导向的分析方式，另一种是以产出为导向的分析方式。在开展效率分析时，如果研究对象涉及多个投入或产出指标，采取 DEA 模型方法可以避免各个指标量纲的不同。

对于任一决策单元，投入导向下对偶形式的 BCC 模型可表示为

$$\min \omega_0 - \varepsilon\left(\hat{e}^{\mathrm{T}} S^- + e^{\mathrm{T}} S^+\right)$$

$$\text{s.t.} \begin{cases} \sum_{j=1}^{n} X_j \lambda_j + S^- = \omega_0 X_0 \\ \sum_{j=1}^{n} X_j \lambda_j - S^+ = Y_0 \\ \sum_{j=1}^{n} X_j \lambda_j = 1 \\ S^+, S^- \geqslant 0, \quad \lambda_j \geqslant 0 \end{cases}$$

其中，假设有 n 个决策单元，并引入非阿基米德无穷小量 ε、松弛变量 S^+ 和剩余变量 S^-；X、Y 分别为投入变量、产出变量；$j = 1, 2, \cdots, n$，代表各个决策单元。DEA 模型本质上就是一个线性规划问题。

如 $\omega_0 = 1$，$S^+ = 0$，$S^- = 0$ 时，决策单元 DEA 有效；

如 $\omega_0 = 1$，$S^+ \neq 0$，$S^- \neq 0$ 时，决策单元弱 DEA 有效；

如 $\omega_0 < 1$ 时，决策单元非 DEA 有效。

（一）指标设计原则

DEA 模型方法在选取设计指标时，要从多方面来进行筛选，用于农民专业合作社运营绩效的投入产出指标时还应需注意以下问题。

（1）精简性。在选择投入产出指标时，首先要选择一些具有代表性的；其次，要在以评价为目的的基础上进行筛选，精简所获得指标的数量，以最大限度地从

这些选取的指标中获取绩效信息。

（2）可用性。农民专业合作社指标的选择要从其固有可用性考虑，要保证实际投入后所使用的效能，并根据建议进行绩效数据优化。

（3）数据可获得性。要保障农民专业合作社的数据来源的完整性、准确性。例如，从工商银行获得，实地调研等。

（4）符合 DEA 模型方法的计算要求。DEA 模型方法的计算要求是非零正值，只有正值才能展现出 DEA 有效。

（二）投入产出指标设计

DEA 模型的分析结果能否真实地反映出农民专业合作社的运营效率在很大程度上取决于其投入和产出指标的选择，投入和产出指标的选择决定输出结果是否规模有效。由于 DEA 模型方法对指标体系进行选择时有比较高的需求，本次选取五个指标来分析所选取农民专业合作社样本的运营效率。本书分为三个投入指标和两个产出指标。投入指标分别是人力资源方面指标、土地资源方面指标和资金方面指标。人力资源方面指标是指农民专业合作社中入社的社员人数，社员的数量反映了农民专业合作社的大小与运营规模状况；土地资源方面指标是指经营的土地面积；资金方面指标是合作社的社员投资总额，是农民专业合作社的主要运营成本。两个产出指标分别是年销售额与年可分配盈余。农民专业合作社的年销售额是指农民专业合作社通过一年时间内运营的整体所得收入，而年可分配盈余是指年销售额扣除一系列支出后所剩的盈余，盈余可反映出农民专业合作社的真实状况。

（三）指标确定

1. 样本选取说明

本书利用 DEAP 2.1 软件评价陕西省农民专业合作社的运营效率。依据研究目的及数据可获得性，选取了 2018 年度陕西省百强合作社与百强示范社内的 40 家富有代表性的农民专业合作社为样本。

2. 原始数据采集

原始数据来源于研究小组于 2019 年 7~9 月在陕西省的实地调研，收集到了陕西省百强合作社与百强示范社中 40 家农民专业合作社的多项投入和产出指标数据。需要说明的是，调研的 40 家农民专业合作社名称在表 11-4 中用简称替代，其对应全称详见附录 2。

表 11-4　样本合作社的投入与产出

合作社	年销售额/万元	年可分配盈余/万元	投资总额/万元	经营土地面积/亩	社员数量/人
果缘果业	518.00	146.00	100.00	3 128.00	154
绿佳源蔬	562.00	100.00	240.00	837.00	173
鑫锋核桃	1 180.00	846.00	300.00	2 635.00	198
科农果业	18 000.00	2 953.00	1 520.00	21 500.00	5 043
春语茶业	10 000.00	1 867.00	100.00	6 884.00	486
永红猕猴桃	3 400.00	680.00	1 500.00	6 336.00	8 000
关中奶山羊	546.04	92.00	500.01	79.00	263
农家乐果蔬	531.00	49.00	230.00	240.00	228
东方红中药材	14 600.00	5 061.00	213.17	10 558.00	2 276
兴盛养殖	684.00	77.00	303.00	58.00	122
富兴陕果业	150.00	89.00	113.00	220.00	189
手工挂面	412.00	32.00	380.00	307.75	100
祥源果业	890.00	290.00	86.50	7 912.30	687
务实蔬菜	502.00	128.00	66.40	1 214.00	373
高树梁果	620.00	230.00	165.10	7 432.00	475
民兴蔬菜	290.00	15.80	120.00	4 210.00	158
农民洋芋	1 062.00	180.00	1 000.00	37 260.00	180
宏达圣乡	13 000.00	5 782.00	100.00	10 894.00	750
荔民果蔬	2 281.20	128.60	1 315.00	7 154.00	1 625
腾博果业	600.00	140.00	600.00	7 903.00	193
神农养殖	7 000.00	981.00	1 070.40	100.00	287
金桥果业	4 600.00	317.50	380.00	502.50	156
三利养鸡	2 630.00	377.60	550.00	85.00	61
金色秦川	547.00	162.00	330.09	14 519.00	527
龙飞马铃薯	3 240.00	79.00	500.00	22 000.00	468
阿党镇苹果	500.00	125.50	550.00	2 224.00	146
手工红薯粉条	1 220.00	479.00	650.00	30 000.00	826
雨阳富硒	2 012.00	99.00	860.00	5 000.00	428
四方苹果	28 000.00	936.60	1 182.00	28 000.00	1 183

续表

合作社	年销售额/万元	年可分配盈余/万元	投资总额/万元	经营土地面积/亩	社员数量/人
奇威果业	1 200.00	545.00	528.50	1 800.00	300
田运瓜菜	1 443.00	158.2	1 183.60	6 052.00	365
华瑞果业	760.00	134.00	990.00	1 600.00	136
恒绿蔬果	3 200.00	426.80	52.00	21 600.00	110
绿林石榴	664.00	64.00	150.00	1 345.00	89
振强种养殖	690.00	60.98	240.00	72.00	270
秦煌石榴	544.00	100.00	180.00	1 000.00	146
中绿苹果	7 580.00	2 863.00	1 100	23 056.00	1 336
富硒石榴	618.00	121.00	580.00	1 153.00	107
宇航果品	668.00	221.00	500.00	2 300.00	165
万隆养殖	1 620.00	967.00	300.00	540.00	320

二、实证分析

（一）数据处理结果

通过 DEAP 2.1 软件进行运算,样本农民专业合作社的综合效率、纯技术效率、规模效率取值见表 11-5,其中 irs、—、drs 分别表示规模报酬递增、规模报酬不变、规模报酬递减。

表 11-5　效率分析结果

农民专业合作社	综合效率	纯技术效率	规模效率	规模报酬
果缘果业	0.161	1.000	0.161	irs
绿佳源蔬	0.177	0.762	0.232	irs
鑫锋核桃	0.564	0.826	0.684	irs
科农果业	0.415	0.693	0.600	drs
春语茶业	1.000	1.000	1.000	—
永红猕猴桃	0.163	0.177	0.923	irs
关中奶山羊	0.183	0.743	0.247	irs
农家乐果蔬	0.221	0.777	0.284	irs
东方红中药材	1.000	1.000	1.000	—

续表

农民专业合作社	综合效率	纯技术效率	规模效率	规模报酬
兴盛养殖	0.323	1.000	0.323	irs
富兴陕果业	0.239	1.000	0.239	irs
手工挂面	0.127	0.951	0.134	irs
祥源果业	0.088	0.731	0.120	irs
务实蔬菜	0.234	1.000	0.234	irs
高树梁果	0.070	0.508	0.137	irs
民兴蔬菜	0.078	0.887	0.088	irs
农民洋芋	0.167	0.398	0.419	irs
宏达圣乡	1.000	1.000	1.000	—
荔民果蔬	0.099	0.136	0.730	irs
腾博果业	0.112	0.423	0.264	irs
神农养殖	1.000	1.000	1.000	—
金桥果业	1.000	1.000	1.000	—
三利养鸡	1.000	1.000	1.000	—
金色秦川	0.050	0.293	0.170	irs
龙飞马铃薯	0.271	0.330	0.821	irs
阿党镇苹果	0.122	0.539	0.227	irs
手工红薯粉条	0.077	0.181	0.422	irs
雨阳富硒	0.168	0.262	0.641	irs
四方苹果	0.974	1.000	0.974	drs
奇威果业	0.360	0.538	0.670	irs
田运瓜菜	0.129	0.230	0.558	irs
华瑞果业	0.150	0.485	0.310	irs
恒绿蔬果	1.000	1.000	1.000	—
绿林石榴	0.278	1.000	0.278	irs
振强种养殖	0.385	1.000	0.385	irs
秦煌石榴	0.181	0.869	0.208	irs
中绿苹果	0.289	0.290	0.997	drs
富硒石榴	0.174	0.674	0.258	irs
宇航果品	0.181	0.533	0.339	irs
万隆养殖	1.000	1.000	1.000	—

（二）结果分析

表 11-5 表明，通过对陕西省百强合作社和百强示范社中 40 家农民专业合作社所做的分析，29 家农民专业合作社规模报酬递增（irs），3 家农民专业合作社规模报酬递减（drs），8 家农民专业合作社规模报酬不变（—）。在规模报酬递增的 29 家农民专业合作社中，14 家是水果类，10 家是蔬菜类，3 家是养殖类，余下 2 家是其他类。这些合作社规模报酬递增，说明其运营正处于高效、良好发展阶段。通过调研发现，这是因为这些合作社的生产规模均出现了不同程度扩大，采用了先进的农业技术，机器化、专业化程度不断提高，在节约经营成本的同时实现了增产增收，最终规模报酬递增。

为了便于统计分析，本书将计算结果中的效率值按照较低、偏低、偏高、较高、有效五个梯度进行划分，详见表 11-6、表 11-7。

表 11-6　农民专业合作社效率值划分标准

效率范围	（0, 0.3）	[0.3, 0.5）	[0.5, 0.8）	[0.8, 1）	1
梯度分类	较低	偏低	偏高	较高	有效

表 11-7　样本农民专业合作社效率值范围分布

效率范围	综合效率		纯技术效率		规模效率	
	DMU 个数	百分比	DMU 个数	百分比	DMU 个数	百分比
（0, 0.3）	26	65%	7	17.5%	16	40%
[0.3, 0.5）	4	10%	4	10%	6	15%
[0.5, 0.8）	1	2.5%	10	25%	6	15%
[0.8, 1）	1	2.5%	4	10%	4	10%
1	8	20%	15	37.5%	8	20%

1. 综合效率分析

表 11-5 和表 11-7 显示，40 家样本农民专业合作社中有 9 家合作社综合效率值高于 0.8，属于较高类型。其中，8 家合作社综合效率值、纯技术效率值、规模效率值均为 1，达到 DEA 完全有效，其生产要素投入-产出效率达到最优化，是当前状态下达到收益最大化的代表。另 1 家合作社综合效率值虽然高于 0.8，但其规模报酬出现递减情况。这是由于该合作社的整体规模过大，在生产运营多方面问题频出，协调困难，从而降低了生产效率。样本合作社中综合效率值低于 0.5 的合作社高达 30 家之多，占总数的 75%。实地调查发现，这 30 家合作社生产规

模普遍偏小，技术水平还停留在较为原始相对低级的阶段，导致运营效率低下，综合效率值偏低。总之，从综合效率值可以看出，陕西省农民专业合作社综合效率值整体偏低，综合效率平均值仅为 0.380，能够取得较高综合效率值的合作社仅占样本合作社总数的四分之一，合作社在未来发展过程中综合效率提升空间仍然很大。为此，在中国当前二元经济结构状况下，处理好小农户与大市场之间的矛盾，加大先进技术和专业性人才等生产要素投入，加强内部管理，使其更加合理化与专业化，促进合作社加快发展，进一步提高合作社运营效率变得尤为重要。

2. 纯技术效率分析

农民专业合作社纯技术效率是指基于一定生产资源的投入条件下，剥离农民专业合作社规模影响的效率值，用以检验合作社在保持生产条件一致的条件下确保产出最大。通过以上测算可以看出：40 家样本合作社纯技术 DEA 有效的频数达到 15 家，占比为 37.5%，平均纯技术效率值为 0.539；纯技术 DEA 有效频数较综合 DEA 有效频数增加 6 家，且从整体来看多数合作社纯技术效率值相比其综合效率值要高。这说明陕西省农民专业合作社资源利用率总体水平比较高，当前合作社资源利用率水平要高于其运营管理水平。相对而言，合作社在目前阶段要素投入-产出比是令人满意的。然而，通过仔细分析可以发现，现阶段合作社运营尚未达到投入-产出均衡点，其纯技术效率还存在较大的提升空间。为此，陕西省农民专业合作社需要进一步优化资源配置，加大生产要素的投入量，充分发挥区域比较优势，进一步提升农民专业合作社的运营绩效。

3. 规模效率分析

由表 11-5 和表 11-7 可知，40 家样本农民专业合作社中规模效率达到完全 DEA 有效的共有 8 家，仅占总数的 20%，样本合作社规模效率 DEA 有效家数相比综合效率 DEA 有效家数和纯技术效率 DEA 有效家数要么相同要么偏少。但样本合作社规模效率平均值达到 0.742，不仅高于综合效率平均值，也高于纯技术效率平均值，是这三组数据中最高的。并且，规模效率值在 0.5~1.0 区间内的合作社有 18 家，其中 15 家合作社实现了规模报酬递增，这也说明这些合作社还未达到规模生产的均衡状态。通过调研发现，合作社经营规模偏小的原因普遍是缺乏资金支持，扩大经营规模的能力受限。由此，为提升合作社总体运营绩效，可采取将多个合作社联合兼并的方式，组建更高级别的合作联社，扩大经营规模，增加生产要素投入，最终达成提高合作社总体运营绩效的目的。另外，3 家合作社出现了规模报酬递减的情况，调研中发现这 3 家合作社的经营规模偏大，但管理水平跟不上，导致合作社运行过程中出现了部门之间、生产各环节之间难以协调等问题。为此，针对这类合作社，应加强要素投入控制，并特别注重提高经营管理水平，以谋取合作社收益最大化，进一步提升合作社运营效率。

第三节　陕西省农民专业合作社运营的困难与瓶颈

一、实用型人才匮乏，持续发展难保障

在以乡村振兴战略为总抓手的情况下，针对"短板"是农村，"弱项"是农业，就有了一个全面的提高，农业现代化也得以高速发展。尽管如此，农村环境与城市环境相比而言相对落后，城市里的娱乐消遣方式多元化程度和相对高质量的生活服务方式，让现在城市里的年轻人和从农村而来的青年人沉迷于此，产生了依赖，对农村丧失兴趣以至于无视农村发展。也正是如此，当代年轻人及毕业的大学生等受过高等教育的人才大部分都选择远离农业相关工作，使从事农业相关工作的人数随之减少，成比例的降低，缺乏农业实用型人才。农民专业合作社亦是如此，实用型人才匮乏的现状已不可避免地成为自身可持续发展的阻碍。农民专业合作社需要精通农业生产投入的掌控、销售模式与渠道把握、内部管理等各个环节的实用型人才。况且农业还是一个脆弱的产业，是大市场当中的弱势产业，这也使得农民专业合作社需要一些懂得农业生产技术和农业管理方面的高等人才。农业本身具有一些特性，人才流失愈发严重。而农民专业合作社的社员大多数都是农户本身，文化水平本就相对比较低，以至于无法使合作社的各个环节资源合理运用、收益最大化。就目前情形而言，我国农业管理方面能达到国家竞争层面的领军人才、高端人才凤毛麟角，造成了农业管理不够深入，发展缺乏后劲。

二、融资流转渠道窄，问题突出难解决

农民专业合作社在扩大规模的过程中，想要进一步扩展，资金的缺乏让其滞步不前。现如今，这已经成为农民专业合作社发展的瓶颈。农民专业合作社秉持开放性的原则，其内部资本一直处于变动状态下。因此，农民专业合作社的投入资本与资产一直处于经营变更与维护的过程之中。农民专业合作社的社员加入与退出而发生的一系列变化，导致其难以实现融资功能。再加上农民专业合作社的外部融资渠道本就十分狭窄，农民专业合作社获取信贷资金依旧是困难重重。目前为止，许多金融服务机构对农民专业合作社的关注度很低，因为农民专业合作社的发展缓慢与规模较小的特性，农民专业合作社所投入的资金也就无法在短时间看到经济收益。这一情况的存在，导致了很多经济组织选择不给予帮助，农民

专业合作社在短期内无法找到担保者，也没有固定资产可以用来作抵押品。农民专业合作社在农村金融的面前，极度缺乏支持，结果是农民专业合作社很难获取信贷资金。目前，全国农民专业合作社的数量太多，无法确定农民专业合作社的真假，这一现象影响了整个大市场对农民专业合作社在信贷方面的信誉度，导致农民专业合作社的融资更加困难。

三、销售环节短板现，产品滞销难止损

农产品本身就是生活必需品，它的销售环节本就存在着短板问题。现如今，农产品的销售分为线下和线上两个模块。线下，本书将其称为传统营销方式。长久以来，我国的农产品大多数是以农民为单位进行生产的，且运营规模较小，在市场经济激烈的竞争下，无法形成农产品销售主体。农产品的传统营销市场主体是农民专业合作社、加工企业、传统零售商和批发商。批发商是主导者，农民专业合作社将农产品直接卖给批发商。批发商将一部分农产品送入加工企业，再将其出售给二、三级批发商，最后到达传统零售商手里，卖给消费者。这种营销方式步骤繁多，且效率低下。农民专业合作社在销售过程中处于被动地位，往往还会出现谷贱伤农的情况。一些农民专业合作社可以成功地建立自己的产品品牌，但因为本身销售模式单一，再加上产品本身的标准不是很高，使得一些品牌失去其本身的意义，并且让消费者对此品牌失去好感，起到负面效果，产品滞销更严重。线上，本书将其称为电子商务营销方式。农民专业合作社在这种营销方式中就是销售者，但与购买者之间长期处于单向和被动的状态，在销售过程中的信息流通多数以电话和物流的信息方式进行传递，但常常会出现信息不对称的情况，效率低且严重影响了产品的品质。况且，一旦消费者和销售者信息交流中断，便会出现退货已发货、发错货物等现象，产品的保鲜、运费等一系列问题的出现，增加农民专业合作社的销售成本。此外，适用农产品的线上平台本就不多，许多线上平台还取消了农产品这一模块，缺乏一个较低成本、较成熟的农产品合作平台，导致农民专业合作社严重滞销。

四、"空壳社"现象引关注，名誉下降失民心

"空壳社"现象主要有三种类型：第一类是在工商管理部门进行注册登记之后，并没有实际运营的"空壳社"。这种类型的农民专业合作社，一是由政府的相关部门主导而成立的；二是由一些实体公司组织牵头成立的。这类农民专业合作社主要是为了应付政绩考核这种强制性的要求，再加上可通过这种手段来套取政府补贴而衍生出来的结果，这本就是运营者的初衷不正当而导致的后果，因而造

成社会负面信息，同时对农民专业合作社良好的发展造成的危害是最大的。第二类是所谓的有名而无实的"空壳社"。这类农民专业合作社也最难被挖掘出来。它的特点是，注册信息是农民专业合作社并且是在工商银行登记的，同时它具备并且也有实际具体的生产经营方式与生产活动，但它并不具备农民专业合作社所应有的基本要素及其规章制度，也不按照农民专业合作社的总则和原则来开展活动，这一类对社会的危害性也是较大的。第三类则是无法继续运营的"空壳社"。这类农民专业合作社成立的初衷就是改变自身的经济状况，为增加社员及周边农户的收入而自发性成立的。在实际运营过程中，出于各种原因，农民专业合作社在实际经营过程中愈发困难，发展难以为继，逐渐成为名存实亡的"空壳社"。

五、齐心协力求发展，利益共享未实现

分析农民专业合作社的利益分配，把农民专业合作社社员分为以下三类，分别是股东合作社社员（包含大股东和小股东）、核心合作社社员、普通合作社社员。由于这三类社员的天赋资源、参与目的和参与行为方面的不同，对合作社进行的资本投入也不同，那么必然会遇到在收益分配的过程中存在的投入与收益之间的基本问题。其中天赋资源便是社员在入社前就已经拥有的技术、土地、资本等有形要素的投入，还包含了其已经掌握的农业生产经验和运营管理方法这些无形要素的投入，要素的投入在社员入社之前便已形成。农民专业合作社基本上是通过入社的占股比例来进行利润分红，绝大部分利润都被股东社员所得，大股东和小股东是农民专业合作社的主要出资人，除了大股东社员和小股东社员以外的其他社员基本只享受了合作社的优惠生产资料和技术服务及很少的"二次返利"。在这种情况下，由于合作社的开放性原则，一部分合作社的社员出现了资本"搭便车"的现象，核心社员和普通社员同时获取了剩余索取权。相对经验丰富的核心社员所获得的利润被稀释了，但核心社员的收益依旧在普通成员之上。部分农民专业合作社是有多少利润就分多少利润，根本不进行公共积累。

第四节　提高陕西省农民专业合作社运营效率的对策建议

一、招贤纳士强培育，实用人才振乡村

乡村振兴，人才为先。农村与城市的发展最大的区别在于人才，人才便是当今农民专业合作社运营发展的首要资源要素。农民专业合作社在加强培养人才的

过程中，可以向当地的农业部门申请资金方面与技术方面的援助。通过理论知识的引导梳理、技能专业化管理加强培训，要求培训的内容要有力度、有深度。同时，还要注重其思想上的培训，要让其从思想上重视农村农业，从思想上到行动上同步进行，落实整个人才的开发培训工作，努力培养出一批拥有专业技能和专业素养的社员，让这些实用型人才成为农民专业合作社乃至整个农业的中坚力量。农民专业合作社的人才培养是一个长期而又复杂的工程，培养农业人才很重要，但更重要的是让农业方面的人才留下来。这就要农民专业合作社建立且健全自身的人才引进规划与制度，再加上政府给予农民专业合作社的补贴扶植政策，将其与政府的人才引进政策相结合，对农业专业的毕业生给予一定的福利政策，将高质量、高素质的人才注入农民专业合作社的运营发展中。同时，可以尝试和农业类大学进行联合，让学习有关农业方面的大学生来农民专业合作社进行实习，早早地将理论与实践相结合。建立新型农业经营主体专项基金，以投资的方式来对农业管理人才培养保驾护航。提供充足的资金和保障的同时，科学地培养出应用型人才，以"能培养，留得住，有吸引"的原则，构建出中国特色农业管理人才培养体系。同时吸引国内相关人才积极参与社内的研究项目，吸引优秀毕业生和该领域专家，共同推进农民专业合作社的团队人才建设，积极带动社员，提升农民专业合作社的科技水平，让其提高农产品的产量与质量，从而提高农民专业合作社的绩效，加快农村的区域经济发展。

二、融资渠道多元建，产品质押缓压力

农民专业合作社的融资问题，一直是其发展的难点。农民专业合作社从来都不是一个短期能看到收益的经济组织。因而，农民专业合作社的融资要从多方面来考虑。第一，将农产品质押给农业公司的融资方式。农民专业合作社每年都有大量的农作物、农产品产出，故而将这些农产品以质押的方式，交给当地较有名的农业公司，来获得其融资。同时，允许农业公司对抵押产品进行销售，达成双赢。这类多用于农民专业合作社资金匮乏，且销售犯难的情况。第二，将农产品抵押给加工企业的融资方式。农产品属于缺乏弹性的生活必需品，故而将其抵押给加工企业，来获得融资。同时，让其进行加工制造，进行创造价值且产品升值。农民专业合作社想在产品还未产出时获得融资，可与加工企业签订合约，让农民专业合作社避免"谷贱伤农"，双方达成共赢。这类多用于农民专业合作社资金短缺，但希望产品能销售出高价的情况。第三，过桥资金的融资方式。在农民专业合作社于银行贷款后，因自身方面而急需资金的情况下，可通过民间的一些融资机构来筹措资金，如融资性担保公司、小额贷款公司等。当筹措到资金后，先把

之前在银行所到期的贷款如数归还，然后再次向银行贷款。取得贷款后，再将这笔资金偿还给民间融资机构的一种融资形式。这是一类农民专业合作社短期急需用钱，所进行的资金运作的方式。

三、线上线下两步走，控制短板减滞销

在市场经济的资源配置过程中，农民专业合作社一直处于供给方，其参与农业生产资料的采购、生产、加工、销售等一系列活动，都要准确把握线上和线下的农产品信息和市场信息。无论是线上销售还是线下销售，农民专业合作社在销售自己的产品时应处于透明的状态。农民专业合作社在传统销售模式中，可以自己创建加工公司或与加工企业进行合作，从而对自己的产品进行加工制造，包装升级，让单一的产品变得多元化。再将这些多元化的产品卖给批发商。让农产品的季节性、周期性不再成为影响农产品的因素。把所有的环节都透明化，从销售初级产品转化成销售高级产品，提高农民专业合作社的绩效。在电子商务销售模式中，农民专业合作社可以与较为完善的电商平台合作。农民专业合作社所在的电商平台销售具有排他性。农民专业合作社与电商平台所签署合约的目的是互利互惠，实现"双赢"。在此销售过程中，彼此双方都了解自己的权利与义务。农民专业合作社提供产品的供给与售后，电商平台提供物流信息的沟通、产品的宣传等。消费者在电商平台购买时，很清楚地知道自己买的货物发货的时间、货物抵达位置等，即便出现临时退货也可以急速处理，做到供给方与需求方信息对称，达成"三赢"。农民专业合作社在销售过程中还需要打造出自己的产品品牌，将自身的特色进行强化，让消费者能够体验到该品牌的优势和产品的独特性。农民专业合作社在销售的过程中还需要注重产品的包装和外观，从而有利于产品的品牌推广和宣传，发挥出农民专业合作社在此供给产业链中的最大效应，促进农业经济在农村的发展。

四、健全合作社法律，剔除挂牌空壳社

农民专业合作社作为中国新型的农业微观经济组织，在社会经济发展中有着将农户个体小生产与大市场衔接起来的重要使命。当前，为抑制住空壳社等不良行为，应实施如下举措。第一，适当地提高农民专业合作社的入市门槛，要对这些想进入市场的农民专业合作社严标准，严要求。不仅如此，还要在工商银行如实提供信息，让工作人员进行实地勘探，不合格者，一律不允许登记。第二，先确定农民专业合作社的注册资金，确定之后要对其出资总额有最低限度。这个最

低限度要根据当地农民实际的收入水平、消费水平等经济发展情况来决定，要想走得长远，求人不如求己。不能让其存在依赖国家经济扶持政策的想法。第三，施行以奖励取代补贴的方式。多用事后的奖励来支持，甚至于取代补贴。这样便可有效地引导农民专业合作社发展道路规范化，让那些投机倒把的不良人无法再以合作社为幌子，进行套取补贴的操作。第四，强化对农民专业合作社的动态监管。只要发现有农民专业合作社不做实事、弄虚作假，先对其提出整改意见，并在工作人员的监督下完成，每日要记录其改良情况，以三个月为周期；拒绝进行整改的、整改中态度消极的、整改结果依旧无效的，直接撤销其营业执照，再进行加大处罚；更为严重的，直接在工商银行销户，清理掉这些"空壳社"，绝不姑息。

五、利益风险共享担，让利分红达共赢

农民专业合作社在成立的初期，农民通过土地和资金的方式在农民专业合作社入股，这个股份不是原始股，却可以给予社员保障，让入股的社员都是合作社的股东。农民专业合作社在运营过程中应遵循"利益共享、风险共担"原则。这样做解决了社员之间的资源的差异，按股分红，使得分配方式透明、公开。每年在向社员进行分红的时候，可以通过适当增加优秀的普通社员分红比例，将他们在社的占股比例增加，然后将其红利留社，也被称为"一次让利"，并承诺这些将红利留社的来年将会以更高的报酬率返还给社员。扣留合作社成员"一次让利"利润后，这些普通社员便解决了初始无投资的问题，也在农民专业合作社中占有了一席之地，由个体利益转变成利益共同体，共担风险，互赢互利。最终，以确定的交易额返利和公积金的比例来进行分配。在2018年7月1日施行的新《中华人民共和国农民专业合作社法》中，对于出资入股解释为，农民专业合作社成员可以用货币出资，也可以用实物、知识产权、土地经营权、林权等可以用货币估价并可以依法转让的非货币财产，以及章程规定的其他方式作价出资，也就是说，只要符合章程规定、获得全体社员的认可、合理合法即可以。这一点明确指出了农民专业合作社的社员可以以土地经营权等财产来进行出资入股，不但体现了出资模式的多样性，还进一步强化了对农民专业合作社及其成员的利益与权益保护的基本保障。

第十二章 山东省农民专业合作社运营效率研究

第一节 山东省农民专业合作社运营状况

一、山东省整体经济发展概况

山东省农业现代化水平走在全国前列，农业生产科技和管理能力发展迅速。在当今经济大环境中，加快农业产业结构调整，保障农村经济稳定发展是提升农业现代化水平的重要途径。因此，在对山东省农民专业合作社经营效率进行研究之前，应整体分析山东省经济发展的基本情况和全省农林牧渔业的发展情况。2007 年山东地区生产总值为 25 776.91 亿元，至 2015 年增至 63 002.33 亿元，增长 37 225.42 亿元。仅 2016 年一年内的地区生产总值就达到 67 008.19 亿元，同比上年增长约 6.36%。农林牧渔业总产值同样呈现快速上升趋势，至 2016 年已接近万亿元（表 12-1）。

表 12-1 山东省经济发展基本状况

年份	地区生产总值/亿元	农林牧渔业总产值/亿元
2007	25 776.91	4 766.23
2008	30 933.28	5 612.96
2009	33 896.65	6 003.09
2010	39 169.92	6 650.94
2011	45 361.85	7 409.75
2012	50 012.24	7 945.76
2013	55 230.32	8 749.99

续表

年份	地区生产总值/亿元	农林牧渔业总产值/亿元
2014	59 426.59	9 198.26
2015	63 002.33	9 549.63
2016	67 008.19	9 325.88

注：本章以下数据除特殊说明外，来源同表 12-1
资料来源：根据山东省统计局《山东统计年鉴（2007~2016）》整理所得

　　由图 12-1 可以看出，山东省地区生产总值在 2007~2016 年一直呈上升趋势，农林牧渔业总产值除在 2016 年出现轻微下降外，其余年份均呈上升趋势。但是，在良好的经济发展环境和发展趋势中，也不能忽视产业结构调整，尤其是农业产业结构的调整，应该尽量提升农业生产的活力，避免农业经济发展水平的迟滞，尽力清除农业可持续发展的障碍。

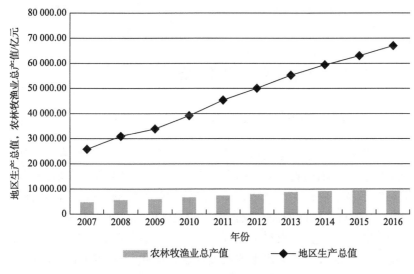

图 12-1　山东省经济基本状况

　　随着社会的发展和时间的推移，虽然山东省总体经济得到了迅速发展，但山东省区域发展不平衡现象日益凸显，城镇居民消费水平绝对额与农村居民消费水平的绝对额差值日益增大（表 12-2）。

表 12-2　山东省各项消费水平

年份	全省居民消费水平绝对额/元	城镇居民消费水平绝对额/元	农村居民消费水平绝对额/元
2007	8 142.00	12 633.00	4 251.00
2008	9 673.00	14 815.00	5 081.00

续表

年份	全省居民消费水平绝对额/元	城镇居民消费水平绝对额/元	农村居民消费水平绝对额/元
2009	10 494.00	16 027.00	5 395.00
2010	11 606.00	17 717.00	5 730.00
2011	13 840.00	20 389.00	7 206.00
2012	15 816.00	22 556.00	8 604.00
2013	18 463.00	25 779.00	10 182.00
2014	20 637.00	27 828.00	12 065.00
2015	22 834.00	29 798.00	13 966.00
2016	25 860.00	33 016.00	15 970.00

山东省各地市农业发展状况同样存在明显的差异。2007~2016 年山东省区域内农林牧渔业总产值最高的潍坊市与最低的莱芜市之间差距逐年拉大，仅 2016 年差额就达到 7 837 523 万元。

二、山东省农民专业合作社规模与类型

（一）山东省农民专业合作社基本状况

为推进现代农业的更深层次可持续发展，山东省区域内农民专业合作社致力于突破传统性农业，依据农民生产的需求和产品消费者的需求创新服务项目，克服产业链延伸不足，优化生产技术，拓展经营与服务领域，以提升自身的运营效率。现阶段，山东省区域内农民专业合作社的发展模式具有显而易见的共同特征，即农民专业合作社通过整合农村生产资源，充分发挥各自的比较优势，实现有效的分工与协作。目前，一些高水平的农民专业合作社管理者积极利用区位优势，开拓新产品、新服务，并提高社员之间的凝聚力，根据农业标准化、信息化、智能化、国际化等现代可持续农业发展思路，吸收国内外农业领域的高新技术成果，设计出节能、环保、规模与效益并存的一体化绿色生产模式。同时严格采取"统一供应种子、统一栽培、统一管理、统一提供技术、统一供应化肥农药、打造品牌统一营销"的一体化管理模式。并且积极引导社员种植绿色、有机果蔬产品，确保产品的质量安全，推广高效实用的产品为社员降低生产成本，实现整个产业链在生产前后的纵向一体化，在市场上发挥主动权，进而保障农民专业合作社的可持续发展。但是，在高速发展的同时，也应清醒地认识到，合作社作为市场经济新萌生的事物，山东省农民专业合作社松散现象明显，规模小、能力弱，结构

松散的在短期很难得到大幅度提升，多数合作社与社员之间的联合与互助依旧仅仅依靠技术服务为基础。另外，依然有极少部分空壳合作社存在无场所、低资金、管理混乱的现象，在发挥合作社功能时实力严重不足。

自《中华人民共和国农民专业合作社法》颁布实施以来，山东省区域内农民专业合作社进入高速发展阶段。截至2016年底，山东省农民专业合作社达到161 001家（图12-2），共发展社员人数6 548 805人，相比2010年全省农民专业合作社社员的数量增长了近2.54倍。农民专业合作社向周边的辐射面积也相对较大，带动能力较强，至2016年底共带动了640多万农户（表12-3）。处理表格数据得出更能直观反映近年山东省农民专业合作社发展状况趋势的折线图（图12-3）。

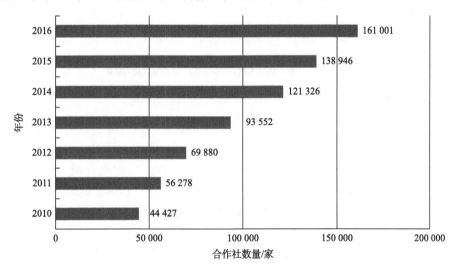

图12-2　山东省农民专业合作社数量变化趋势图

资料来源：山东省农业农村厅经管处（站），2018年

表12-3　山东省农民专业合作社成员状况

指标	2010 年	2011 年	2012 年	2013 年	2014 年	2015 年	2016 年
成员人数/人	2 573 558	2 988 257	3 459 127	3 948 146	6 045 631	6 265 803	6 548 805
带动非成员农户数/户	3 739 801	4 086 973	4 544 197	4 800 814	5 498 117	5 942 069	6 404 483

资料来源：山东省农业厅经管处（站），2018年

（二）山东省农民专业合作社类型

1. 基于组织形式的分类

基于组织形式的分类，农民专业合作社大致可以划分为四种类型：一是政府

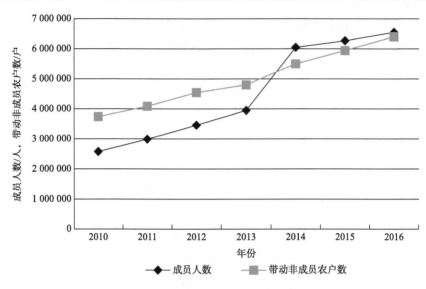

图 12-3　山东省农民专业合作社成员状况

主导型。为稳定农业生产，促进产业升级，增加农民收入，各级政府通过实施鼓励合作社组建联盟的政策，实现了合作社联盟。在政府的支持下，一些联盟探索和完善了内部运作机制，有效对接市场，实现了规模效应。二是种粮大户带动型，主要指由当地种粮大户发起，由普通农民共同形成的合作群体。这种农民专业合作社的运营管理与盈利分发均是农民自己决定，能最大限度地提高农民的收益，保障农民的权益。三是龙头企业带动型，主要是有资金有技术且长期从事产品加工与运转的中大型企业发起而成立的农民专业合作社类型。所成立的农民专业合作社实行"公司+合作社+农户"的经营模式，围绕龙头企业，带动社员和附近农民在农业生产中的专业化、规模化和规范化水平的提高。在合作过程中，社员为龙头企业供应优质的生产原料，龙头企业利用自有的设备和技术开展对生产原料的深度加工，延长产业链，增加原料的附加值，实现社员与龙头企业之间的双赢。四是基层自发组建联合体型。同种经营范围的农民专业合作社已经发展到一定程度，由于资金、规模、技术、市场等因素的需要，自发地积极组建农民专业合作社联社。这类联社以市场为导向，以行业发展为目标，自下而上发展，可以本着民主自愿的原则，明确产权关系，建立各方都能接受的组织，并进行统一的资金配置和监督管理机制，有利于提高管理效率。

2. 基于产业范围的分类

山东省农民专业合作社最初经营的农产品主要是小麦、玉米等粮食作物。随着粮食需求量的逐渐变化，当前山东省农民专业合作社经营不仅涉及小麦、玉米等传统粮食生产，同时以蔬菜、葱姜蒜等特色农产品生产为主的农民专业合作社发展迅速，服务的产品种类逐渐增多，服务效率不断升高。按经营行业划分，以种植业为主的合作社约占总数量的 60%，以林业为主的约占总数量的 6%，以畜牧业为主的约占总数量的 18%，以渔业为主的约占总数量的 2%，从事服务业的约占总数量的 10%，从事其他行业的约占总数量的 4%（表 12-4、图 12-4）。并且截至 2016 年底，15 472 家服务业合作社中从事农机服务的合作社有 9 103 家，植保服务的合作社有 1 030 家，土肥服务的合作社有 633 家，金融保险服务的合作社有 106 家。

表 12-4　山东省农民专业合作社发展产业类型　　单位：家

产业	2010 年	2011 年	2012 年	2013 年	2014 年	2015 年	2016 年
种植业	23 250	29 683	37 461	53 794	71 778	82 992	97 544
林业	1 659	2 528	3 173	4 814	6 715	8 374	9 397
畜牧业	13 158	15 744	18 547	21 089	24 889	26 406	28 679
渔业	842	1 076	1 347	1 710	2 319	2 618	3 125
服务业	3 514	4 757	6 090	7 877	10 668	12 855	15 472
其他	2 004	2 490	3 262	4 268	4 957	5 701	6 784

资料来源：山东省农业厅经管处（站），2018 年

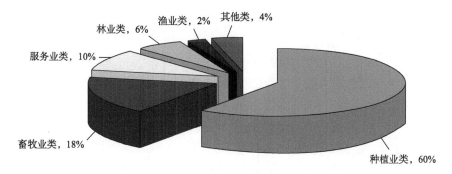

图 12-4　2016 年山东省农民专业合作社发展产业类型分布

第二节　山东省农民专业合作社运营效率分析

一、运营效率评价指标体系的构建

（一）DEA 评价模型的确定

在 DEA 模型的具体运用中，通常有以投入为导向和以产出为导向的两种分析

方式。Charnes 等（1978）首先根据 DEA 的原理提出了基于规模报酬不变且在 DEA 方法理论体系中最具有代表性的 CCR 模型。然而，由于 CCR 模型必须在假设规模不影响效率的情况下才能构建，而在实际上，规模报酬常常存在变化。基于此，Banker 等（1984）于 1984 年提出了基于可变规模报酬的 BCC 模型。BCC 模型可以应用于规模报酬可变的情况，在计算中剥离规模效率的影响。本书利用 DEA 模型测量农民专业合作社在可变规模报酬下的技术效率（technical efficiency，TE）、纯技术效率（pure technical efficiency，PTE）和规模效率（scale efficiency，SE），因此选用 BCC 模型。

DEA 模型可转化为一个线性规划问题，假设有 n 个决策单元，并引入非阿基米德无穷小量 ε、松弛变量 S^+ 和剩余变量 S^-。通过类比 CCR 模型，得 BCC 模型可表示为

$$\min \omega_0 - \varepsilon\left(\hat{e}^{\mathrm{T}} S^- + e^{\mathrm{T}} S^+\right)$$

$$\text{s.t.} \begin{cases} \sum_{j=1}^{n} X_j \lambda_j + S^- = \omega_0 X_0 \\ \sum_{j=1}^{n} X_j \lambda_j - S^+ = Y_0 \\ \sum_{j=1}^{n} X_j \lambda_j = 1 \\ S^+, S^- \geqslant 0, \ \lambda_j \geqslant 0 \end{cases}$$

其中，X、Y 分别为投入变量、产出变量；$j = 1, 2, \cdots, n$ 代表各个决策单元。

如 $\omega_0 = 1$，$S^+ = 0$，$S^- = 0$ 时，决策单元 DEA 有效；

如 $\omega_0 = 1$，$S^+ \neq 0$，$S^- \neq 0$ 时，决策单元弱 DEA 有效；

如 $\omega_0 < 1$ 时，决策单元非 DEA 有效。

（二）指标选取原则

建立科学合理的指标体系是研究数据包络效率的基本前提。模型分析结果是否能够真实反映农民专业合作社的运营效率在很大程度上取决于投入和产出指标的选择。由于 DEA 模型对指标体系的选择有较高的要求，在本次实证中利用 DEA 模型研究农民专业合作社的运营效率时，必须遵循 DEA 指标体系选择的一般原则：①建立能够全面反映客观事物的情况全方位评价性指标体系。建立过程中需要先对不同组织形式和区域进行分析，再综合选择能够真实反映农民专业合作社的运营效率的指标。②科学原则，建立指标体系需要科学地反映事物的实际情况，避免对研究对象的主观假设。由此应选择符合农民专业合作社运营效率特征，并且客观、有据可

依、切合实际的指标用于反映农民专业合作社的发展和运营现状。③代表性原则是指所选取的指标在一定程度上富有代表性。在实证研究中，应选择最具代表性和有效性的指标，指标体系过于复杂或过于简单都会影响结果的真实性。④指标可用性原则，以确保数据源收集活动的可行性，保证原始数据的完整性、准确性及可用性。

（三）投入指标与产出指标的选取

本次指标是在相关指标选取原则指导下结合实际情况综合考虑所选取的。本书共选取五个指标来分析所选取农民专业合作社样本的运营效率。其中，三个投入指标分别为：①人力资源方面主要指标是指农民专业合作社中社员数量。农民专业合作社社员的数量反映了合作社大小和组织；②土地资源方面主要指标是指经营土地面积；③资金方面主要指标是合作社的社员投资总额，可以真实反映合作社的硬件水平和规模，是农民专业合作社的主要经营成本。两个产出指标分别为年销售额与年可分配盈余，其中，农民专业合作社的年销售额是指一年时间内合作社经营业务的整体所得收入，而年可分配盈余是指年销售额除去购买、销售、加工、运输等多方面支出后，可以真实反映合作社的运营状态的盈余。

二、样本数据的采集

（一）样本选取说明

依据研究目的和数据的可获得性，本书选取 2017 年度山东省内 30 家富有特色和代表性的农民专业合作社为样本，并进行实地调查。其中，合作社运营效率的测算采用 Deap 2.1 软件完成。

（二）原始数据采集

通过实地调研，本书获取了 2017 年度山东省 30 家样本农民专业合作社的多项投入和产出指标数据，并进行整理置于表 12-5。其中因页面限制，调研的 30 家农民专业合作社名称在表 12-5 中用简称替代，全称详见附录 3。

表 12-5　样本合作社的投入与产出

农民专业合作社	年销售额/万元	年可分配盈余/万元	投资总额/万元	经营土地面积/亩	社员数量/人
松涛芦笋	667.0	424.8	645.0	1 062.0	389
树斋种植	282.0	68.0	1 000.0	162.0	60

续表

农民专业合作社	年销售额/万元	年可分配盈余/万元	投资总额/万元	经营土地面积/亩	社员数量/人
强特核桃	300.0	170.0	1 000.0	220.0	69
沙沟大棚	700.0	420.0	8.0	200.0	142
庙子粉皮	1 200.0	480.0	80.0	400.0	22
先运辣椒	4 025.0	676.0	2 200.0	12 200.0	440
大地红大樱桃	989.0	450.0	1 000.0	1 000.0	1 500
福满地粮蔬	3 000.0	1 058.0	300.0	3 760.0	230
天口福蔬菜	220.0	106.0	500.0	1 050.0	206
夼富财大樱桃	1 500.0	736.0	300.0	1 200.0	300
天胜科技	390.0	18.50	1 000.0	34 200.0	1 130
宗路果品	9 000.0	5 260.0	500.0	9 200.0	2 200
鑫丰种植	3 900.0	70.0	160.0	40 000.0	560
李营苗木	3 008.7	871.4	160.0	20 000.0	156
裕丰果品	5 000.0	500.0	501.0	3 581.0	334
阳光花卉	2 295.0	900.0	2 200.0	4 500.0	2 100
荣华果蔬	136.0	34.0	500.0	680.0	336
三标灵芝	3 000.0	955.0	100.0	703.0	320
久源芦笋	1 200.0	816.0	1 000.0	2 000.0	1 000
茂祥谷物	692.0	270.0	1 100.0	1 180.0	510
增东大蒜	19 845.0	2 780.0	1 000.0	49 612.0	556
彩蒙服务烟农	655.9	46.4	240.0	12 500.0	374
玉清果树	4 820.6	351.2	3 600.0	5 000.0	424
桥南王小麦	429.0	331.0	40.0	800.0	880
源丰润果品	880.0	358.0	600.0	712.0	179
道乐果蔬	2 300.0	240.0	1 000.0	1 200.0	118
曹家寨地瓜	1 980.0	457.60	120.0	2 454.60	286
明利蔬菜	700.0	29.0	631.0	240.0	248
琅琊岭小龙	6 400.0	2 800.0	800.60	2 800.0	235
百草苑金银花	1 100.0	260.0	150.0	800.0	370

三、实证分析

（一）数据处理结果

运用 Deap 2.1 软件对样本农民专业合作社的综合效率、纯技术效率、规模效率进行分析，输出结果详见表 12-6，其中 irs、—、drs 分别表示规模报酬递增、规模报酬不变、规模报酬递减。

表 12-6　样本农民专业合作社效率分析结果

合作社简称	综合效率	纯技术效率	规模效率	规模收益
松涛芦笋	0.246	0.251	0.980	irs
树斋种植	0.435	1.000	0.435	irs
强特核桃	0.497	0.920	0.540	irs
沙沟大棚	1.000	1.000	1.000	—
庙子粉皮	1.000	1.000	1.000	—
先运辣椒	0.168	0.289	0.579	drs
大地红大樱桃	0.258	0.266	0.973	irs
福满地粮蔬	0.559	0.731	0.766	drs
天口福蔬菜	0.072	0.301	0.241	irs
齐富财大樱桃	0.418	0.467	0.894	drs
天胜科技	0.018	0.056	0.325	irs
宗路果品	0.620	1.000	0.620	drs
鑫丰种植	0.776	0.926	0.838	drs
李营苗木	0.947	1.000	0.947	drs
裕丰果品	0.582	0.867	0.671	drs
阳光花卉	0.131	0.145	0.904	drs
荣华果蔬	0.047	0.331	0.141	irs
三标灵芝	1.000	1.000	1.000	—
久源芦笋	0.225	0.286	0.787	drs
茂祥谷物	0.153	0.198	0.772	irs
增东大蒜	1.000	1.000	1.000	—

续表

合作社简称	综合效率	纯技术效率	规模效率	规模收益
彩蒙服务烟农	0.115	0.201	0.572	irs
玉清果树	0.312	0.412	0.756	drs
桥南王小麦	0.197	0.250	0.788	irs
源丰润果品	0.366	0.408	0.896	irs
道乐果蔬	0.611	0.721	0.847	drs
曹家寨地瓜	0.614	0.633	0.970	irs
明利蔬菜	0.683	0.833	0.820	irs
琅琊岭小龙	0.807	1.000	0.807	drs
百草苑金银花	0.322	0.382	0.844	irs

（二）结果分析

1. 不同产业类型合作社效率分析

为了更深一步分析山东省不同产业类别对农民专业合作社的运营效率的影响，本次实证把样本分为水果、蔬菜类，主粮、杂粮类，其他类，并计算每类合作社三种效率的平均值后进行排位比较。从表 12-7 可知，水果、蔬菜类农民专业合作社综合效率、纯技术效率和规模效率的排位分别是第三、第二和第三；主粮、杂粮类农民专业合作社的综合效率、纯技术效率和规模效率排位分别是第二、第三和第一；其他类包括苗木种植、加工服务类等农民专业合作社，综合效率、纯技术效率和规模效率排位分别是第一、第一和第二；通过比对发现，每个类型合作社的综合效率、纯技术效率和规模效率排名均不相同，说明合作社的产业类型对其运营效率影响不显著，由此可推测出效率的高低与关系组织结构、运营机制、内部管理、外部环境等因素关系紧密。

表 12-7　不同产业类型合作社效率均值

类型	综合效率平均值	纯技术效率平均值	规模效率平均值	示例
水果、蔬菜	0.4472	0.5978	0.7298	如松涛芦笋、荣华果蔬等
主粮、杂粮	0.4598	0.5476	0.8268	如茂祥谷物、鑫丰种植等
其他	0.5374	0.6338	0.7710	如阳光花卉、庙子粉皮等

2. 样本合作社效率取值范围分析

为了便于统计分析，本书将合作社效率值划分为较低、偏低、偏高、较高、有效五个梯度进行分析（表 12-8）。根据梯度划分标准，样本农民专业合作社效率值范围分布情况见表 12-9。

表 12-8　梯度划分标准

效率范围	（0, 0.3）	[0.3, 0.5）	[0.5, 0.8）	[0.8, 1）	1
梯度分类	较低	偏低	偏高	较高	有效

表 12-9　效率值范围分布表

效率范围	综合效率		纯技术效率		规模效率	
	DMU 个数	百分比	DMU 个数	百分比	DMU 个数	百分比
（0, 0.3）	11	36.67%	9	30.00%	2	6.67%
[0.3, 0.5）	6	20.00%	6	20.00%	2	6.67%
[0.5, 0.8）	7	23.33%	3	10.00%	10	33.33%
[0.8, 1）	2	6.67%	4	13.33%	12	40.00%
1	4	13.33%	8	26.67%	4	13.33%

1）综合效率取值范围分析

表 12-9 表明，30 家样本农民专业合作社中有 6 家合作社综合效率属于较高类别，其取值均高于 0.8。实地调研发现，这 6 家合作社的经营范围均为带有区域特色的农副产品，以苗木和特色果蔬（苹果、大蒜、大葱、灵芝等）为主。并且，郓城县三标灵芝种植专业合作社等 4 家合作社的综合效率值、纯技术效率值、规模效率值均为 1，达到 DEA 有效，是生产要素投入配置效率最优化，现有规模最优化，以及现有状态下收益达到最大化的典型代表。综合效率值分布在 0.5 至 1.0 区间属于偏高类别的合作社有 13 家，约占样本总数的 43.33%。而综合效率值低于 0.3 属于较低类别的合作社达到了 11 家，占样本合作社总数的 36.67%，超过总数的三分之一。可见，对于处在小农户与大市场相矛盾的山东省农业而言，急需适当调整农民专业合作社的投入结构，提高其资源利用率，并在减少无效投入基础上加强资源管理，这是稳定该省农业发展的有效途径。

2）纯技术效率分析

农民专业合作社纯技术效率是在基于一定资源投入的条件下，剥离农民专业合作社规模影响的效率值，能够检验农民专业合作社是否实现在相同条件下达到的最大产出。通过对山东省 30 家样本农民专业合作社纯技术效率进行测算，结果表明：从整体来看，30 家样本合作社的纯技术效率值多数比其综合效率值要高；纯技术 DEA 有效的频数达到 8 家，占样本合作社总数的 26.67%，相比综合效率 DEA 有效 4 家翻了一番。这说明，山东省农民专业合作社的资源利用率水平总体上略高于综合经营管理水平，但是该省合作社的纯技术效率依旧有较大提升空间。由此，山东省农民专业合作社需要进一步优化资源配置，提高资源利用率，对投入的要素需要进一步充分利用，从而增强合作社的运营效率，提高其服务能力。

　　3）规模效率分析

　　表 12-9 显示，30 家样本农民专业合作社规模效率达到 DEA 有效的共有 4 家，占总数的 13.33%。有 14 家样本合作社比较有效地利用了固定资产、人力资源、土地资源、技术服务等要素资源，实现了规模报酬递增，但各类要素投入比例尚未达到最优，在资源配置和经营管理方面未达到规模效率最佳值。以第一个决策单元松涛芦笋种植专业合作社为例，其规模效率虽然已高达 0.980，但是投入不均衡，导致其纯技术效率提升困难。另外，其余 12 家样本合作社在固定资产、人力资源和技术等要素资源投入方面存在冗余情况，处于规模报酬递减状态。因此，总体而言，多数农民专业合作社还需要对要素投入比例进行调整和优化，才能够达到规模收益最佳。另外，为实现合作社经营效率的进一步提升，还需要提高其经营管理水平。

第三节　山东省农民专业合作社运营的困难与瓶颈

一、风险分散和补偿机制缺乏，资金筹集渠道狭窄

　　农民专业合作社融资困难已成为阻碍农民专业合作社发展的重要因素之一，它导致农民专业合作社服务功能薄弱、覆盖面狭窄、带动力弱。由此可知，现阶段经营中的农民专业合作社整体实力呈现弱势，抵抗风险能力与补偿机制缺乏。如何解决农民专业合作社的运营资金问题，形成具有中国特色的运营机制，是加快农民专业合作社发展的首要任务。农民专业合作社的内部资本始终处于不断变化的状态。合作社主要经营与农业有关的项目，这些行业基础薄弱、风险高、经济收益低，吸引城市剩余资金来发展的可能性较小。然而，农民存储少、收入增长幅度小，由此农民专业合作社社员对合作社建设的投资非常有限，导致合作社运营效率低，不能发挥自身对市场风险的免疫能力。另外，农民专业合作社遵循社员意见入社和退社，极易导致合作社在运营过程中因社员退出而撤走资金，影

响合作社发展和服务计划的完成。资金"搭便车"现象严重，新入社社员和有经验的老社员可以获得同样的资金和剩余索赔，没有按贡献分配的合理机制，导致有经验的社员所赚取的利润被稀释了，降低了老社员对农民专业合作社的投资激励。这一现象和趋势严重影响有经验老社员再次在农民专业合作社中投入更多资金，甚至当面临资金流动困难时，部分社员会提早提取资金，以确保其所投资金的安全，降低了农民专业合作社抵抗资金不足风险的能力。获取信贷资金困难，外部融资渠道狭窄。我们寄希望于相关金融机构重视农民专业合作社的融资问题，并给出相应的解决方案。但是，基于农民专业合作社本身的异质性特点，再加上虽然合作社数量众多，但真假难辨，信息不对称增加了金融机构的识别难度，影响了其在信贷市场的信誉，多数农村金融机构进行风险分析后不能积极提供贷款担保，况且农民专业合作社自身也不能提供充足的固定财产用于抵押。最终导致社会中金融机构对合作社支持不足，出现利用信贷资金进行运营的途径困难重重的情境。

二、发展规模小而分散，资源集约化程度低

中国作为世界上最大的发展中国家，农户基数大。本次样本调查分析结果显示，大多数农民专业合作社体现出规模与效率的矛盾，服务规模小，难以形成规模经营。农民专业合作社的基础资源是土地，土地资源的规模在一定程度上反映了农民专业合作社的经营规模，进而影响农民专业合作社的运营效率。由此，以农民专业合作社为载体在成员间开展多种形式的土地流转将有利于专业型农户达到适度规模经济。虽然可以通过土地使用权流转的方式实现土地集中管理，用于解除家庭承包经营中存在的土地小规模生产的限制，但是在土地规模经营中缺乏规范化管理、农户的土地使用权入股收益及合法权益不能得到保障。一方面，土地流转后的使用方向难以保证，流出土地的农民达到预期收入存在风险。另一方面，现有农民专业合作社主要提供生产资料和技术培训等方面的服务。而能够提供资金、高新技术、管理人才等综合服务的合作社微乎其微。如果农民专业合作社不能形成一定规模，达到增强凝聚力和市场竞争力的目的就困难重重。众所周知，只有生产经营同类或相近产品且具有相当经营规模的农民专业合作社才能更有效地降低农民专业合作社的内部交易成本，才能有效提升自身的运营成效和社内社员的收益。因此，如何形成良好的土地规模经营管理机制是农民专业合作组织的首要任务。

三、运行机制仍不健全，存在监督管理隐患

众所周知，作为中国新型的农民合作组织，农民专业合作社在社会经济发展中扮演着将家庭小生产与大市场联系起来的重要角色。国内农民专业合作社的发展依旧处于起步阶段，相关法律法规还有待完善。据调查，农民专业合作社大群体中存在着各式各样的"空壳社"与"挂牌社"等不合法合作社，一些合作社没有独立的金融机构，其账户也不开放，窃取了有限的扶持资金和土地使用权，损害了农民专业合作社的声誉。另外，大部分合作社之间还没有建立起完善的民主管理机制，在管理中存在核心成员控制问题。也有部分社员存在偷懒和搭便车的做法，依旧不断阻挠合作社的发展。现阶段，虽然国内相关法律规定农民专业合作社社员拥有民主管理合作社事务的权利和义务，多数农民专业合作社都制定了组织规则，详细规定了成员的权利和义务，但是在实际运作中，组织内部的权利和责任并不明确。部分农民专业合作社社员大会监督失效及监事会监督乏力，不能正常发挥监督作用。农民专业合作社地处农村，信息了解机制不发达，信息获取渠道非常有限，社员自身由于受教育程度较低、掌握的农业生产经营知识不足，很多普通社员基于较高的信息搜寻成本而选择放弃参与管理的权利。导致在实际运营中部分核心社员操控合作社，为农民专业合作社的依法运营埋下隐患。

四、营销环节短板显现，导致产品滞销损失

实证分析结果表明，现阶段山东省农民专业合作社产品营销环节依然存在一些问题。第一，缺乏低成本、成熟的营销平台。如今，我们虽然可以选择为数不多的几家电子商务平台购买所需农业类产品，但是在网上平台购买产品存在运费、最低数量、保鲜等现实问题。第二，产品品牌建设可以大幅提高产品的价格，但农民专业合作社社员对品牌建设的意识不足，不能主动建立自己的产品品牌，只有少数合作社社员在一定程度上了解品牌建设的重要性，但由于相关工作经验匮乏，无法避免在产品品牌培养和推广过程中遇到阻碍。一些农民专业合作社可以成功地建立产品品牌，但由于产品的质量标准不高，品牌建设的附加值还没有得到真正的体现。此外，农民专业合作社经理人和社员的农业信息渠道不够畅通，对市场变化反应速度迟缓，无法抓住市场机遇和科技信息，难以依靠高科技产品增强市场竞争力。第三，产品营销缺乏个性化服务，面临众多的消费群体和复杂的消费偏好，难以为不同的消费者需求提供个性化、多样化的服务。

五、新型专业人才匮乏，持续发展难以保证

科学技术是第一生产力，农业现代化进程是一种从粗放型经营向集约化经营转变的过程，同样离不开科学技术的支撑。实现农业现代化发展的每一步都与科技进步和教育的支持密不可分，而完成科研成果尽快提升和增强科学技术转化为生产力的任务与高素质人才密不可分。由此，农民专业合作社人才匮乏的现状不可避免地成为其自身可持续高效发展的阻碍。第一，现有农民专业合作社的社员及管理人员主要由农民构成，信息极其有限，难以捕捉到瞬息万变的市场动态，极易引起运营策略的滞后性；社员文化基础和专业能力普遍较低，缺乏经营管理经验和市场营销经验，最终影响到农民专业合作社与市场的衔接。第二，虽然多数农民专业合作社的制度规范表明每个社员都有义务与权利参与合作社的管理，但是有相当一部分社员对此没有足够的重视；或者是虽然社员对相应的管理条例有初步认知，但是因为文化水平有限，力不从心，不能理解运营过程中的专业知识并提出相应的策略，自然也就不能有效参与农民专业合作社的治理。第三，农民专业合作社主要从事农业生产，工作环境相对艰苦，盈利周期长，能力弱，导致对外来专业人才的吸引能力极其有限。因此，大多数农民专业合作社缺乏技术人员和市场营销人员等专业人才，导致农业现代化进程迟缓，所生产的产品缺乏市场竞争力，从而直接影响收入和资金运转，形成恶性循环。

六、服务内容过于单一，产业链短板需补齐

由于农业生产的前期、中期、后期都涉及多产业、多学科的技术和知识，单个农户很难掌控整个产业链的各个环节。传统的农民专业合作社是农民自愿成立的，代表农民的利益，需要为农民生产经营提供有效的服务，这也是农民专业合作社的成立初衷。然而，多数农民专业合作社服务内容少，水平低下，只能提供信息咨询、农业技术等单一服务，并不能对产业链中所有环节进行专业指导。只有部分农民专业合作社建立了自己的经济实体，进入了市场流通环节，但依旧产业链过短，基本停在产品初加工阶段。大多数合作社的生产过程仍遵循各自的生产方式，在农作物种植过程中没有做到生产标准、生产资料的分配和供应及技术培训的统一实施，加工、包装和运输不能实时监督与服务。由此，造成产品质量参差不齐的现象，无法统一进行产品质量检测和销售，严重影响农民专业合作社在拓展销售渠道并规模销售农产品等方面的优势。少部分农民专业合作社可以进

行高质量、高效率的产品深加工，但是依旧不能为农民提供全方位的综合服务，包括生产规划、市场分析、信贷服务等一系列综合服务。由此，不能提高农业产业化经营水平，从而实现利益的结合，限制了农民专业合作社作用和优势的发挥。

七、成员存在异质性，利益共享未能落实

按劳分配为主是保持合作社本质特征的要求，但是由于不同社员的投入不同，在收益分配过程中就会遇到投入与收益之间的问题。农民专业合作社的利益关联机制松散，社员之间的利益难以协调。从客观因素上讲，社员的同质性与异质性并不只是表现在单一方面，具体有多个方面：一是产品生产的同质性与异质性，二是社员文化特征的同质性与异质性，三是社员之间资源禀赋的同质性与异质性。其中，异质性最主要的体现是在社员资源禀赋的差异上，如图12-5所示。同时由于产权制度不完善，监督机制不健全，在无形之中合作社内部形成了普通社员和核心社员两种分类。普通社员和核心社员在真实收益的获取上存在明显的差异，核心社员在利益分配中起导向作用，这主要体现在获取真实收益的方式和程度上。从获取真实收益的方式看，普通社员的真实收益主要是以合作社提供的基本服务获得的报酬为基础，盈余分配相对较少。而核心社员不仅有为合作社提供服务而获得的报酬，更多的是合作社盈余分配。在农民专业合作社中，核心社员的数量较少，但他们所占的股份比例很高，所以核心社员在利益分配上可以获得更多的收益。从真实收益角度来看，核心社员明显在普通社员之上。在调研中发现，部分农民专业合作社的核心社员控制了合作社的盈余分配。而普通社员的盈余分配方案较少，不知道如何根据股票分红，更不知道如何按量退货，同时也有没有投资或很少投资，并不积极参与合作事务的"搭便车"社员成为潜在社员，导致普通社员的正当收益无法得到保障。

图 12-5　同质性与异质性的三个方面

第四节　提高山东省农民专业合作社运营效率的对策建议

一、构建多元融资渠道，缓解资金运转压力

针对农民专业合作社内部资本不断变动、外部融资渠道狭窄及获得信贷融资困难等融资问题，应采取多模式解决方案，完善风险分散和补偿的机制：①税收减免机制。农民自产自销，在不改变产品形状的前提下，对产品分等、初加工、包装、粘贴品牌商标等情况免收增值税；对于专门从事农机生产、销售、排水、灌溉、防虫、防病、农业保险及相关农业生产技术培训，免征营业税。②健全风险分散路径，实施信贷支持政策。解决合作社应急性资金需求问题的另一个有效方法是从商业金融机构获得贷款。对于合作信贷抵押担保，政府推进创新模式和保护政策。合作社与金融机构在合作中，政府参与金融产品的设计，针对客户群体提供经营监督，同时金融机构发展农业保险，建立资产交易管理平台和建立严格的查询制度，多管齐下共同解决农业向银行贷款高风险问题。此外，支持合作社融资的金融机构将获得奖励，从而形成激励措施，更进一步为农民专业合作社提供良好的信贷环境。③启动过桥资金模式，为资金牵线搭桥。实践证明，过桥资金能够有效缓解农民专业合作社短时间内急需运转资金的难题。④资金回流机制。农村金融系统存在着长期的资金外流现象，对农业资金的供应能力产生了消极影响，由此，保证资金返还至农村金融体系同样是解决资金问题的有效途径。

二、探索集约高效模式，推进适度规模经营

（一）土地使用权流转市场化

土地使用权流转市场化前提是指土地使用权进入交易市场成为商品。土地使用权流转市场化的意义深远，对合作社的适度规模经营有多重影响：①通过土地使用权的交易，增加土地使用权的流转量，推进土地的集中使用，实现土地资源的最佳利用。②土地使用权流转的市场化能够有效提高土地适度规模经营收益，推动农业现代化的发展。③随着二、三产业对农业剩余劳动力的吸收，土地使用权的市场化将助推中国农村城镇化的步伐，是城乡一体化的重要路径。④土地使用权流转的市场化将有助于土地流转机制的完善，能够有效避免农民在土地规模经营进程中受到利益损失。⑤土地使用权流转的市场化有利于乡村金融行业的进

步，为农业集约化生产提供更多的资金来源。

（二）农民专业合作社助推生产集约化

山东省农民专业合作社的成立应遵循适应当地环境，且服务种类多样化、专业化的原则。第一，优先考虑在山东土地资源相对集中的地区建立农民专业合作社，土地投资可以通过适当的规模和机械化来提高土地产出和劳动生产率；对于一些土地资源匮乏的区域，选择发展区域特色农业，以适当利用特色农业资源的区位性优势。第二，有部分土地属于中产田，产量不高，农民专业合作社成立还应当因地制宜，提高中低产田耕地的肥力，强化土地肥力管理和耕地灌溉排水工程建设。第三，由于不同地区的农业机械化水平不同，尤其是针对适宜机械化生产的平原地带，应该以不同地形和不同种类的生产系统的特点为基础，引进并推广新型农业机械，提升农民专业合作社机械化服务能力，提升规模生产效率。第四，研究并实施相关政策，优先批准农民专业合作经济组织的生产经营用地和办公场所等用地，简化申请流程。

三、全面提升监管力度，规范内部运行机制

示范和服务同时健全，基于国情与历史文化，完善现有的农民专业合作社内部运行机制，加强实施力度，增强实施效果。增强农民专业合作社的宣传培训能力，尤其是对新修订后的法规制度进行宣传的同时，还需相关机构针对农民专业合作社明确以下几项管理规范：①明确成员的出资形式。携带资金入社，明确提供机械、技术、生产资料及土地使用权等合作社所需物品同样可以入社，对物品价值进行评估，给予所有人适当的股权。②对年度报告制度予以明确。要求农民专业合作社必须向工商机关提交年度报告，并通过网络等途径进行公示。③我们必须在农民专业合作社的章程中做出规定，对于农民专业合作社相关日常事务，一方面，应当由监事会、董事会共同管理，董事会和监事会履行各自的职责，特别是监事会要充分发挥监督检查的作用；另一方面，作为农民专业合作社的最高权力机构，社员大会必须积极承担起相应的责任，为每位普通社员提供参与管理的途径，推行民主决策管理机制以落实各社员的基本投票权，确保农民专业合作社的正常运营和健康发展。④明确规定社员入社和退社的手续。农民专业合作社有义务制定严格的规章制度来约束成员的行为，同时保护成员的权利。尤其是入社必须经过社员大会或社员代表大会的投票表决批准。农民专业合作社的职业经理人员必须对每位社员负责，为社员服务，确保合作社的运行有效。⑤完善利益分配机制，增大合作社收支的公开力度。一方面，在正确处理龙头企业、理事长、

农户与农民专业合作社之间的关系的基础上，将农民专业合作社的行为置于社员的监督之下；另一方面，由于合作社固定资产价值的不断增高，原有社员在合作社中所拥有股份的价值也随之提升，因此，可以考虑建立以股份为基础的转让程序，这能够为投资回报的实现提供途径，以提高社员继续投资的活力，也是吸纳新社员的方式。

四、进行流通体系创新，增强产品市场竞争力

产品流通体系是经济体系的主要组成部分之一，合作社产品流通体制创新应符合整个经济体系目标与利益，应符合农业产业化发展的要求。合作社产品流通体制创新的目标应该涉及三个方面。第一，流通体系组织框架的核心是合作组织。制定明确的政策，鼓励农村合作经济组织的发展，改善政府的公共服务，特别是为农业市场参与者提供信息服务和法律服务。第二，相关部门利用各种中介组织，对企业和市场交易进行规范化管理，建立市场公平竞争制度。鼓励与规范市场中介组织的成长，大力支持产品产地销售公司与批发商、零售商的发展，使其更好地服务于合作社经营组织，用以提升其市场导向水平。第三，在电商时代潮流的影响下，很多农民专业合作社都加入了电子商务营销行列，越来越多的农村电商出现在互联网上。它利用网络平台销售产品，实现了农民专业合作社与高新技术的融合。

"互联网+"是当下热门的词汇，农民专业合作社运用"互联网+"提升了成员的参与意识，提升了生产经营职能水平，提升了信息传递效率，同时也提升了农民专业合作社的运营管理能力。第一，运用"互联网+"可以提高城乡供需信息传输的效率，降低农民专业合作社的交易成本。第二，运用"互联网+"可以突破时间和空间限制，促进合作社产品流通、加强农业管理、农业技术知识推广、农业政策信息传播等。第三，运用"互联网+"能够迅速、高效、低成本地获取所需市场信息，直接降低农民专业合作社收集市场信息的财务支出，从而降低信息不对称导致的产品滞销的损失。第四，合理运用"互联网+"能够为物联网的发展奠定基础，为实时监控产品动态提供可能。

合理运用"互联网+"必须有完善的基础设施作为支撑。首先，改变物流分销流程，加大对基础设施的投入，完善交通运输基础设施，建设相应的物流中转基地、仓库、配送站等固定设施，完善物流配送体系。只有拥有完善的物流与配送环境，才能吸引更优秀、更成熟的网络营销平台进入山东省区域内的农民专业合作社产品生产基地。其次，深化农产品供给侧结构性改革，注重发展现代农业，加强农产品安全检测，提高产品质量。因地制宜，优化、集成金融投入，提升农

业生产技术水平，提供设备、人力、资金和技术支持。最后，我们需要加强产品宣传，树立自己的品牌，并通过多种网络方式推广自己的品牌，使之成为"网红"品牌，让更多的消费者认识并选择我们的产品。

五、建立人才培养体系，助力可持续化发展

专业人才是推动农民专业合作社科学发展的可靠动力。专业人才的培养对实现农业现代化，保证农业可持续发展有着众多有利因素：①有利于乡村振兴战略的实施，提高农民整体文化水平；②有利于降低农闲时期的农业剩余劳动力数量，解决其就业问题；③有利于农业生产经营结构的优化和调整推动，为农村发展规划、农村环境保护，建立一支专业化农民队伍。

为此，首先，应加快引进专业农民合作社急需的应用型人才和职业经理人，吸引优秀毕业生和领域专家，推进农民专业合作社创新团队的人才建设，吸引国内相关人才积极参与社内的创新研究项目，充分利用多种方式联合增强自主创新的水平与能力。构建农业产业专项技术创新和中国特色农业管理人才培养体系。其次，研究表明，村委成员兼职任农民专业合作社管理人员对于提高农民专业合作社成员收入和村庄发展有带动作用，能起到积极有效的作用。在国内现阶段大部分农民专业合作社面临资金短缺及人力资源短缺问题的情况下，村委会成员作为农村发展的主要带头人，有利于为农民专业合作社在创建初期提供所需要的人力资源，并能带动更多的农民持闲余资金入社，有利于提高农民合作社起步阶段的运营效率。但是，在鼓励村委成员领办农民合作社的同时，也要建立相应的制约机制，坚持公平合作原则，确保每位农民社员的主体地位。最后，要尽快建成农民专业合作社经营管理学习教室，满足合作社社员学习经营理念和农业生产专项技术培训的需求，提升每位社员生产经营能力与管理水平。因为农民受教育程度相对不高、通信基础设施相对匮乏，所以很多农民并不了解现代农业技术和管理措施对"三农"发展的影响，农民专业合作社应提升自身的教育培训能力，为社员提供更多的学习资源，降低农业新技术应用过程中的社员基础知识阻碍。

六、形成综合服务体系，实现产业链条延伸

农民专业合作社应调整农业生产结构，实施农业供给侧结构性改革，以农户为核心，以效益为纽带，以农业产业化经营为基本方式，促进农业的全面发展。第一，以山东省内各地市区域的特色农业产业为优势主导产业，鼓励和支持农民积极探索多种形式的农民专业合作社合作模式，进一步增大农民的市场规模和区

域覆盖面积，完善农民专业合作社的综合服务体系。提倡农民专业合作社联社的成立，探索服务同类产品合作社之间的横向联合模式。第二，农业合作社应当完善生产和营销服务体系，完善组织结构，进一步明确产权。除此之外，还应该在生产过程中为农民提供统一的技术指导，统一的生产标准，生产资料统一采购和分配，实现统一加工、质检、包装和运输，最终实现产品交付后的统一销售。第三，引进专业的人才来管理，如职业经理人、销售岗位人员等，管理者在连接农民、合作社与市场三者之间发挥着极其重要的作用。管理者应该关注农业生产合作社的每个方面，积极接触农业服务群体，建立仓库和专业运输队伍，积极开展产品营销、农业生产的综合服务。特别是，为农民提供的完善服务可分为两方面。一方面，以生产为导向的服务，主要为农业生产提供农业机械和农学资本服务，如土地共享合作社、智能高校、金融机构等，生产服务的提升有利于产品生产成本的缩减；另一方面，销售服务，主要存在于产品销售网络中，这项服务能有效缩减产品销售成本，向生产者提供市场信息反馈，完善销售环节服务，避免产品市场价格的大幅度波动。

七、克服资源禀赋差异，消除分配效益悬殊

农民专业合作社运营过程中应遵循"利益共享、风险共担"的利益分配机制。在农民专业合作社成立之初，农民通过土地入股合作社，每个社员都是合作社的股东，是合作社的所有者之一。克服社员之间的资源禀赋差异及消除分配效益悬殊最好的方法在于处理好交易量返还利润与按股分红的关系。社员平等条例和民主管理制度是农民专业合作社必须遵循的重要原则。普通社员应当积极学习法律法规，充分行使依法参与管理合作社的权利。《中华人民共和国农民专业合作社法》从表决权和解决办法两个方面对农民专业合作社社员如何行使决策权和如何充分有效地保障其决策权的落实做出了具体规定。在农民专业合作社中表决权是指其社员对其在社员大会上做出的决定表示赞同或反对的权利，其中最典型的案例就是在决策中实行一人一票制。此外，农民专业合作社在运营中除了监事会或监事的外部监督外，还应接受相关司法部门依照法律法规对合作社行为的监督，从而防范农民专业合作社的违规行为，保障每位社员的合法权益不受侵害。

第十三章　安徽省农民专业合作社运营机制与成效分析

第一节　砀山县农民专业合作社发展总体状况

一、砀山县农业发展基本情况

安徽省砀山县隶属于宿州市，位于安徽省最北部，地处皖、苏、鲁、豫四省七县交界处，素有"中国梨都"之称，全国水果加工第一大县。但农村经济发展相对缓慢，农业产业化经营水平低。受霜冻、风灾、高温、强降雨等自然灾害影响，2018 年水果总产为 97 万吨左右，比 2017 年减产 73 万吨，但受市场需求影响，2018 年水果价格较高，产值预计为 34 亿元，比上年减收 7 亿元；瓜菜总面积 46 万亩，总产值 29.3 亿元；2018 年粮食总产 39.5 万吨，销售收入 8 亿元。2018 年畜牧业生产受非洲猪瘟及环保整治提升影响，畜禽存栏、出栏数量均有所下降，全县生猪存栏 37 万头，出栏 56 万头；肉羊存栏 65 万只，出栏 78 万只；家禽存栏 360 万羽，出栏 1 300 万羽；肉牛存栏 2.1 万头，出栏 1.5 万头。市场价格平稳增长，规模化生产发展迅速。

二、砀山县农民专业合作社总体情况

截至 2018 年 12 月，砀山县在市场监督管理部门登记注册的农民专业合作社累计达到 3 027 家，分产业注册联合社 9 家，注册资金达到 36.6 亿元，入社农户 15.8 万户，占农业总户数的 75.2%。其中国家级示范社 11 家，省级示范社 27 家，市级示范社 156 家，县级示范社 336 家。2012 年到 2018 年砀山县农民专业合作社数量如图 13-1 所示。

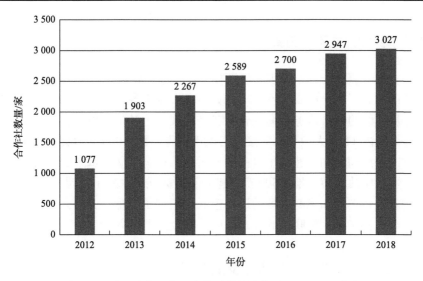

图 13-1　砀山县农民专业合作社数量变化（2012~2018 年）

（一）带动能力显著增强

一是在农民专业合作社的带动下，农业产业结构得到进一步优化，各主导产业特色突出，优质砀山酥梨面积达到 30 万亩，新品种梨面积 20 万亩，培育了一大批一村一品的特色农业示范村。二是产业链条进一步延伸，由最初单一的生产技术服务，向产加销一体化方向发展，增强了农民专业合作社的市场开拓能力和市场竞争力。三是带动农民增收效益显著，农民素质进一步提升，农民专业合作社把从事相同产品的一家一户农民联结起来，形成了小生产大经营的格局，共同应对市场，减少了生产成本，降低了市场风险。

（二）生产经营规模增大

农民专业合作社社员数量不断增加，队伍逐步壮大，生产规模也在逐渐扩大，有超过 200 家农民专业合作社创办了自己的经营实体，壮大了经济实力，150 家农民专业合作社通过土地流转建立了自己的示范基地。例如，利华水果专业合作社流转土地 600 亩，建立了自己的生产基地；玄庙镇双福水果专业合作社建 500吨水果储藏冷库、购置运输车 5 辆，年实现利润 90 多万元；砀山县二分水果专业合作社投资 500 万元，建立了自己的水果批发市场和千吨冷藏保鲜库 2 座，方便了合作社社员和周边农户。

（三）经营方式不断创新

很多农民专业合作社不断创新经营模式，通过开展农超对接、农社对接业务，在大中城市建立了自己的直销网点。例如，鑫泰水果专业合作社、二分水果专业合作社等从单纯的生产服务型向综合服务型发展，为社员提供信息、统一销售，与家乐福等国内 11 家大型超市对接，实现年销售总额 8 000 多万元；利华水果合作社在中国台湾和新加坡建立了自己的直营店，拓宽了砀山水果的销售渠道；红卫果蔬专业合作社流转土地 1 500 亩，建立了高标准的水果示范园，分包给 20 家农户，建立了合作社加家庭农场的运作模式，实现了资金与劳动力的紧密结合；霞光鸭业合作社采取社员联保的方式开展了资金互助业务。

三、砀山县农机专业合作社发展情况

截至 2018 年底，安徽省砀山县在工商部门注册成立的农机专业合作社达到 51 家。农机专业合作社入社社员 468 户，农机固定资产原值 3 636.1 万元，拥有大中型拖拉机 298 台，联合收割机 120 台，配套农机具 611 台，全年共完成各类机械化作业面积 71.64 万余亩，创作业收入 1 763 多万元。农机专业合作社的快速发展，为该县农业增效、农民增收做出了应有的贡献。一是优化了农机装备结构。小型机械多、大中型机械少，动力机械多、配套机械少，粮食作物生产机械多、经济作物生产机械少的"三多三少"现象，在农机专业合作社的发展促动下得到一定程度改善。二是提高了农机社会化服务的组织化程度和机械作业效率。据统计测算，在机械投入相同的情况下，参加合作社的每台机车年作业量比单机独立作业增加 20%左右。三是促进了土地流转和规模化经营。四是农机专业合作社日益成为农业社会化服务和粮食生产中最活跃的力量。据统计，农机户通过农机专业合作社作业比单个成员分散经营增加收入 25%左右，农民节本增收 20%左右。

（一）农机专业合作社发展特点

（1）县委、县政府和县农机部门高度重视。砀山县出台了《关于加快发展农机专业合作社的意见》，制定了农机专业合作社发展规划。

（2）发展形式多样。全县出现了农机大户组织带动型、农机部门示范带动型、村委干部组织带动型、农机经营维修能人组织带动型、股份合作型和农机专业协会等六种类型的农机专业合作社，其中以农机大户组织带动型和村委干部组织带动型居多。

（3）创建规模逐渐扩大。近两年新创建的农机专业合作社场院面积一般占地都在 3 亩以上，机库棚面积、机械数量、入社人员和服务范围进一步扩大，出现了一批建设标准高、规模大、示范带动作用强的农机专业合作社示范典型。

（4）合作社经营理念明显改观。大部分农机专业合作社由原来只注重跨区作业，到开始探索订单作业和参与本地土地流转；由原来习惯于随机性的口头协议，到开始注重签订正规的作业合同。

（二）农机专业合作社典型介绍

砀山县继峰农机专业合作社于 2012 年注册成立，发展迅速，2018 年已有机械 167 台，成为该县最大的农机专业合作社。继峰农机专业合作社的发展具备砀山县农机专业合作社的发展特征。

（1）建站初期发展迅猛，干劲十足，迅速吸纳社员 20 多人，机器也增加了10 多台。但在运行中出现了问题。合作社社长个人臆断，不能民主决策，管理不规范。在县农机局的指导下，该社开始民主议事，主动听取大家意见，让社员成为真正的主人，提高了社员的责任感和积极性。

（2）合作社服务项目由少到多，由品种单一到复合，服务能力很快提高。建社初期该社仅限于承担粮食作物的耕、种、收和简单的植保作业，现已能承担农田水利建设和其他田间管理作业服务，并开展了土地托管。

（3）发展中最大的困难是资金不足。机械添置、办公设施建设、人员培训等需要大量的资金，而农业的积累较慢，发展资金缺口较大。

（4）积极参与政府安排相关服务作业，承担社会责任。特别是在参加县农机协会打捆作业服务队的作业中，虽然利润很低，但还是坚持到重点禁烧区实施打捆作业，为实现全县小麦秸秆禁烧零火点目标做出了贡献。

（5）注重社员学习和培训。合作社联合县农机校设立了砀山县新型农民培训基地，提高了社员的技术水平和作业服务能力。

第二节　砀山县农民专业合作社运营机制分析

在合作组织层面的运营机制是农民专业合作社内部各个要素之间相互关联的总和，在运营过程中借助的系统性体制，主要包含决策机制、约束机制、营销机制和激励机制。农民专业合作社的决策机制主要体现在合作社内、外部协同发展和共同参与决策等方面；约束机制主要体现在政府总控、协会监督、合作社执行的相互制约方面；营销机制体现在合作社的营销形式和运营形式上；激励机制体现在合作社内部各成员之间的利益相关。接下来本书将从四个方面来表述农民专业合作社的运营机制。

一、砀山县农民专业合作社的运营机制

（一）内外的协同发展机制

协同发展机制是农民专业合作社在发展进程中成立决策的主要机制。在农业经济治理理论中，研究者也强调政府、社会、市场、社区、个人不同主体在经济发展过程中的协同决策作用。政府应该在整个经济发展体系中发挥凝心聚力的作用，搭建涵盖政府、企业和农民专业合作社的联合运营机制。由政府统筹社会资源，鼓励社会资源和社会中坚力量参与到农业经济产业发展、教育、医疗和卫生等领域。一方面，是在发展形式上采取多主体协作；另一方面，在发展途径上从政策、组织、资源、信息等方面提出综合性协同共进。

经济组织的市场决策本不应是政府或者合作社任何一方的事情，应该是政府、企业、非政府组织和社员通力合作的事业。随着城市化进入"白热化"的阶段，政府扶持效率呈现边际递减的趋势，政府债务亟待解决及决策力度存在不确定性等一系列问题，政府作为后期决策的"主导力量"将成为一种"失灵力量"。龙头企业、农民专业合作社等农村新型经营主体作为产业发展的关键运营主体，在决策中将综合多方意见，协同决策，共同进步。

（二）政、协、社的良性互动机制

政、协、社之间互动现象的背后是他们为实现自身利益和整体社会利益的思考和博弈及相互作用影响的机制。特别是农民合作组织这个特殊的群体，农民专业合作社的运行在政府的管控和协会的监督下相互影响、相互渗透。农民专业合作社的功能远远不只在于实现合作社共营互惠和提高农户经济利益方面，同时也会对整个经济社会结构产生重大影响，如政府的农村经济职能会转移到合作联社，农业协会也和合作联社展开广泛合作和经济往来，政府与合作联社的关系、协会与合作联社的关系在现代农业经济的宏观经济中属于相互制约的良性互动机制。政府在整个层面掌控大体经济趋势，农业协会对于合作社的角色相当于监管者和协助者，但是也是政府和合作社之间的纽带，政府通过协会来进行上传下达的指令，同时也削弱了任何一方单独的决策权，然而，农民专业合作社在合作经济中扮演执行者和被约束者的角色。总之，政府、农业协会和农民专业合作社之间的互动机制是相互协作、相互监督、相互约束的。

（三）农业社会化的联动营销机制

对于农民专业合作社而言，联动营销机制是以社员期望为核心，调动合作社内部一切必要的资源和环节，联动展开的经营管理手段。建立完整科学的现代农业营销机制，必须树立科学的市场营销观念，即以人为本的全面、协调、可持续发展的市场营销观。农业社会化服务组织大体上可以分为两类：一类是公益性服务组织，以国家设在基层的公益性服务机构为主体；另一类是经营性服务组织，即除公益性服务组织以外的其他各种服务组织。目前，国内理论界已经形成共识，将农民专业合作社界定为经营性服务组织。在农民专业合作社内部建立起以人为本的市场营销机制，是以农民的利益为出发点。国家也正在大力完善新型的农业社会化服务体系，从多方面社会服务给社员的自我提升提供便利。

（四）社员之间的利益联结机制

农民合作社利益联结机制是指农民合作社与其成员之间建立形成利益共同体的关联方式及农民合作社的内部利益分配、调节和保障机制等。为了共同发展和资源共享及降低风险，社员之间自发形成"利益共享、风险共担"利益共同体，农民合作社利益联结机制对提高合作社成员参与积极性、促进合作社持续发展具有重要作用，最有效的运营机制就是利益相关的相关者相互合作、相互影响。

二、砀山县农民专业合作社运营机制中的问题

（一）运营机制单一，导致市场缺少生机

在合作制经济范畴内，运营机制是农民专业合作社实现农业经济增长过程中经营运行和自我调节的机制，单一化的运营机制会造成市场的疲软，影响市场经济的发展。在砀山县农民专业合作社运营机制的研究当中，对当地的合作社理事长进行了简单的市场调研，通过数据和实证分析得出当地的农民专业合作社在组建形式上主要是以龙头企业+农户形成的合作组织形式，在合作形式上是筹资承办合作经济组织。在单调的运营形式下，最容易造成市场主体的机械化工作，阻碍农业产业化道路上所必需的创新开发。

（二）农户文化素质低，内源动力爆发受限

农村经济发展遇到的最大的阻力之一就是人才的稀缺，农村相对于城市来说，

在教育水平上确实落后了很多，学习能力滞后也一直是阻碍农业经济发展的主要因素。经济滞后和观念落后之间相互影响、相互恶化。安徽省是农业大省，总人口的80%居住在农村，直接影响安徽省的农业经济发展，相对于砀山县的农民专业合作社来说，一个很大障碍就是农户狭隘的思维和农业技术跟不上农业产业化的基本要求。这已经严重影响了农业产业结构调整，在农民专业合作社自发形成过程中很重要的机理是抱团发展，可以激发农户的内源式发展，但是当整个的合作社学习能力低下时，这个合作组织就面临着重组的危机。

（三）人才引进困难，核心人力断层

人才一直是每个市场主体比较重要的因素，随着"城市热"的潮流，农村人口大量流入城市，导致现在的农村留守人群大部分为老弱病残、妇女、孩子，造成农村经济发展中缺乏高质量的核心技术人员，而且，进了城的大学生一般不会选择回到家乡工作，最后造成的局面是农村人口的人才断层现象及人才引进的困难。人才的断层严重阻碍了农民专业合作社的发展，阻碍了农业经济现代化的进程。

（四）政府扶持力度不足，合作社发展举步维艰

农民专业合作社是政府的重点扶持对象，而且合作社发展的主要动力来源于政府的扶持和合作社资源的共同推动，虽然政府对合作社的扶持份额算是比较多的，但是扶持的力度匹配不上合作社落后的缺口。资金是一个市场主体能否盘活的主要因子，砀山县政府拨付的扶持津贴主要用于乡村基础设施建设和农机的投入，相对于其他区域的合作社扶持资金来说，砀山县政府对于合作社的扶持都是高成本的运营物资。政府更倾向于投资扶持示范社，但是安徽省砀山县的合作社都属于小中型合作体，难以争取到政府发展资源的支持，不利于农民专业合作社发展作用的充分发挥。

（五）示范体系不完善，品牌口碑未打响

示范社在整个合作经济体系中扮演着领头羊的角色，是少数带动多数的典型市场主体，因此，示范体系对于整个农业体系来说是非常重要的组成部分。砀山县在积极推进发展适度规模经营时，要更加注意推动农民专业合作社制度化和规范化。自从2012年以来，砀山县地方政府一直很重视农民专业合作社的发展，虽然总量达到3 027家，但是县级示范合作社不到10%，约316家。数据上表明砀山县的农民专业合作社示范体系存在短板，影响了当地特色水果产业。砀山县的

水果处于领先水平，如果能通过示范社的引领，创造水果产业的品牌价值是很容易的。但是现在示范体系不完善，品牌体系也很难建立。

（六）运营机制不规范，内部管理落后

砀山县属于农业大县，当地的农民专业合作社在章程和制度上的缺漏很大，虽然大部分合作社都有设置理事会和监事会等各种组织机构，但受限于实践，形同虚设，难以发挥民主管理作用；内部管理不完善，管理是运营中的核心部分，一旦内部管理出现问题，则整个的运营机制就亟待重整。在砀山县的事件调查中发现，当地合作社决策随意性较大，缺乏有效的制度约束；内部组织机构也不健全，内部管理不规范，遇到重大问题决策时，一般只有出资较多的社员关注性较高；没有健全的组织章程和良好的运行机制，社员之间凝聚力、约束力不强，部分成员对合作社的运营状况比较淡漠，处在比较松散的状态。因此，砀山县的合作社运营机制在内部管理上出现了很大的漏洞。

第三节　砀山县农民专业合作社运营成效的实证分析

一、实证模型和指标的选取

（一）模型

主成分分析的原始模型中假设有 n 个变量，而且每个变量有 m 项观测指标，则得到的原始数据矩阵是

$$X_i = x_1, x_2, x_3, \cdots, x_m \qquad (13\text{-}1)$$

其中，$i = 1, 2, \cdots, n$。

经过数据的线性组合后得主成分分析模型：其中 $x = (x_1, x_2, \cdots, x_m)$ 为主成分向量。根据选定的累计贡献率将多个自变量确定为 p 种主成分，然后通过多元线性回归实证分析得到回归模型：

$$Y_j = \beta_0 + \beta_1 X_1 + \beta_2 X_2 + \varepsilon \qquad (13\text{-}2)$$

其中，Y_j 代表农民专业合作社的运营成效量化指标；β_0 为常数项；X_1 代表农民专业合作社机械化设备投入的特征向量；X_2 代表农民专业合作社原材料投入的特征向量。

本书所研究的因变量是农民专业合作社运营成效的分析，该变量由利克特量

表测量而得，可以看成是时间序列的变量。因此，可以采用多元线性回归模型分析影响安徽省砀山县的农民专业合作社运营成效的因素。

（二）指标选取和数据来源

1. 指标选取

研究和梳理以往文献，不难发现影响农民专业合作社运营成效的因素众多，不同投入产出比有所不同，具有一定的差异性。本书综合以往文献研究及安徽省砀山县农民专业合作社的具体调研情况，进行总结提出影响农民专业合作社运营成效的因素分为机械设备投入和生产原料投入。在实证分析中将农民专业合作社的粮食总产出和水果总产出作为合作社参与发展的测度指标，虽然显得实证力度单薄，但是也可以让实证分析过程简单明了，省去冗杂分析中容易出现的误差。

2. 数据来源

因研究地域单元是砀山县整个片区的农民专业合作社的运营成效，相关数据来源于 2007~2017 年《砀山县统计年鉴》。碍于数据指标可得性的限制，为保障统计口径的一致性，故选取 2007 年作为起始年份。我们在查阅参考相关文献和研究成果的基础上，采纳有关专家学者的意见和建议，按照完备性、整体性、代表性、客观性和可操作性的原则，选取衡量砀山县农民专业合作社的投入产出情况的指标，该指标体系包括砀山县农民专业合作社在农业设备上的投入：农业机械总动力、大中型拖拉机数量、小型拖拉机数量、联合收割机数量、农用化肥使用量、农用柴油使用量、有效灌溉面积等投入指标，也包括砀山县农民专业合作社在农业产出方面的产出数据：粮食总产量、水果总产量等。从投入产出的数据分析得到，在众多发展举措中投入的发展基础设备对促进农业经济发展还是有一定成效的。2018 年 5~8 月，课题组对安徽省砀山县的农民专业合作社进行调研，总结农民专业合作社参与发展的成效分析及其运营机制，探寻合作经济组织内部的契约联结机制，以期为民族地区实现全面建成小康社会目标提供借鉴。本次调查采用随机抽样的方式，发放调查问卷 100 份，回收有效问卷 98 份，调查主体涉及 98 家农民专业合作社。

二、实证分析

（一）因子分析

为了便于模型分析和单位的统一，本书将对这些数据进行标准化处理，除年度及粮食总产量和水果总产量这三个指标，把其他的指标放在一起做因子分析（表13-1）。标准化后的因子如表13-2所示。

表13-1　砀山县农民专业合作社的投入产出年度数据

年度	农业机械总动力/万千瓦	大中型拖拉机数量/台	小型拖拉机数量/台	联合收割机数量/台	农用化肥使用量/吨	农用柴油使用量/吨	有效灌溉面积/公顷	粮食总产量/万吨	水果总产量/万吨
2007	90.86	618.0	6 817.0	259.0	34 546.0	12 660.0	50 390.0	24.37	109.10
2008	93.80	715.0	6 487.0	307.0	35 230.0	23 968.0	51 220.0	23.65	73.69
2009	98.20	921.0	6 547.0	517.0	37 191.0	24 484.0	51 960.0	25.58	109.10
2010	100.40	1 222.0	6 527.0	625.0	39 735.0	25 673.0	37 473.0	26.80	125.60
2011	102.80	1 432.0	6 447.0	754.0	41 040.0	24 104.0	51 747.0	27.95	126.80
2012	105.84	2 080.0	6 365.0	823.0	42 156.0	23 158.0	52 640.0	26.33	136.60
2013	108.17	2 399.0	5 650.0	914.0	40 150.0	23 050.0	36 530.0	26.36	130.83
2014	114.96	2 809.0	5 000.0	1 087.0	41 726.0	23 266.0	36 550.0	23.73	138.08
2015	120.25	3 143.0	4 800.0	1 273.0	41 960.0	23 350.0	33 040.0	28.59	139.25
2016	121.50	3 205.0	4 700.0	1 273.0	41 215.0	22 190.0	33 960.0	27.95	142.56
2017	126.80	3 635.0	4 700.0	1 709.0	39 516.0	22 010.0	33 930.0	28.42	148.66

表13-2　因子标准化

年度	农业机械总动力/万千瓦	大中型拖拉机数量/台	小型拖拉机数量/台	联合收割机数量/台	农用化肥使用量/吨	农用柴油使用量/吨	有效灌溉面积/公顷	粮食总产量/万吨	水果总产量/万吨
2007	−1.408	−1.282	1.156	−1.371	−1.846	−2.876	0.892	−1.080	−0.768
2008	−1.161	−1.193	0.773	−1.263	−1.591	0.417	0.988	−1.474	−2.428
2009	−0.791	−1.004	0.843	−0.790	−0.860	0.567	1.073	−0.416	−0.768
2010	−0.605	−0.728	0.819	−0.546	0.089	0.913	−0.602	0.253	0.006
2011	−0.404	−0.536	0.726	−0.256	0.575	0.456	1.049	0.883	0.062
2012	−0.148	0.058	0.631	−0.100	0.991	0.181	1.152	−0.005	0.521
2013	0.048	0.351	−0.200	0.105	0.244	0.149	−0.711	0.011	0.251
2014	0.619	0.727	−0.955	0.495	0.831	0.212	−0.708	−1.430	0.591
2015	1.064	1.033	−1.187	0.914	0.918	0.237	−1.114	1.234	0.591
2016	1.169	1.090	−1.303	0.914	0.641	−0.101	−1.008	0.883	0.801
2017	1.615	1.484	−1.303	1.897	0.007	−0.154	−1.012	1.140	1.087

如表 13-3 所示，在 SPSS 中做因子分析及 KMO 和巴特利特检验的结果表示 0.672 的 KMO 值，表示这个模型是比较适合做因子分析的，显著性为 0，表示这个模型的投入产出指标存在着显著的相关性，非常适合做因子分析。分别设 Z 农业机械总动力（万千瓦）、Z 大中型拖拉机（台）、Z 小型拖拉机（台）、Z 联合收割机（台）、Z 农用化肥使用量（吨）、Z 农用柴油使用量（吨）、Z 有效灌溉面积（公顷）为 x_1、x_2、x_3、x_4、x_5、x_6、x_7。

表 13-3　KMO 和巴特利特检验

KMO 取样失窃性量数		0.672
巴特利特球形度检验	近似卡方	96.837
	自由度	21
	显著性	0.000

由表 13-4 可以看出，在总方差解释里面可以提取到两个公因子，它们的累计方差贡献率已经达到了 89.856%，根据成分得分系数矩阵，可以得出各个自变量在两个因子中的贡献率。

表 13-4　总方差解释

成分	初始特征值			提取载荷平方和			提取载荷平方和		
	总计	方差百分比	累积百分比	总计	方差百分比	累积百分比	总计	方差百分比	累积百分比
1	5.172	73.892%	73.892%	5.172	73.892%	73.892%	4.789	68.410%	68.410%
2	1.127	15.964%	89.856%	1.117	15.964%	89.856%	1.501	21.446%	89.856%
3	0.404	5.766%	95.622%						
4	0.232	3.309%	98.931%						
5	0.063	0.895%	99.826%						
6	0.010	0.144%	99.970%						
7	0.002	0.029%	100.0%						

将两种聚类因子分别进行主成分分析，根据预设的影响因子矢量初始特征值和累计方差贡献率，保留两个主成分因子的总和，在分量矩阵方差被最大化地正交旋转之后，获得旋转分量成分矩阵，详见表 13-5。可以看出，因子 1 中 x_1、x_2、x_3、x_4、x_7 的系数很大，因子 2 中只有 x_6 系数高。为了使因子载荷矩阵中系数更加显著，本书对矩阵进行旋转得到旋转后的成分矩阵（表 13-6）。

表 13-5 成分矩阵

变量	主成分	
	1	2
Zscore［农业机械总动力（万千瓦）］	0.986	−0.081
Zscore［大中型拖拉机（台）］	0.983	−0.116
Zscore［小型拖拉机（台）］	−0.951	0.204
Zscore［联合收割机（台）］	0.968	−0.081
Zscore［农用化肥使用量（吨）］	0.759	0.450
Zscore［农用柴油使用量（吨）］	0.313	0.902
Zscore［有效灌溉面积（公顷）］	−0.848	0.184

表 13-6 旋转后的成分矩阵

变量	主成分	
	1	2
Zscore［农业机械总动力（万千瓦）］	0.963	0.226
Zscore［大中型拖拉机（台）］	0.971	0.192
Zscore［小型拖拉机（台）］	−0.968	−0.098
Zscore［联合收割机（台）］	0.946	0.221
Zscore［农用化肥使用量（吨）］	0.584	0.661
Zscore［农用柴油使用量（吨）］	0.020	0.954
Zscore［有效灌溉面积（公顷）］	−0.863	−0.085

从表 13-6 可以看出，变量 x_1、x_2、x_3、x_4、x_7 跟因子 1 具有强烈的相关性，这些指标以机械居多，可以给因子命名为高效机械化因子；剩下的 x_5、x_6 与因子 2 相关性较高，因子 2 可以命名为传统能源肥料因子。

然后，根据每个因子的方差大小（表 13-7），通过方差贡献率算出每一年的因子综合得分 F。可以看出，根据综合得分 F，每一年的得分呈现上涨的趋势，这说明这两种因素在农业产出中所起的作用越来越大（表 13-8）。

表 13-7 成分得分系数矩阵

变量	主成分	
	1	2
Zscore［农业机械总动力（万千瓦）］	0.204	−0.010
Zscore［大中型拖拉机（台）］	0.213	−0.040

续表

变量	主成分	
	1	2
Zscore［小型拖拉机（台）］	−0.231	0.117
Zscore［联合收割机（台）］	0.200	−0.011
Zscore［农用化肥使用量（吨）］	0.016	0.428
Zscore［农用柴油使用量（吨）］	−0.191	0.786
Zscore［有效灌溉面积（公顷）］	−0.207	0.107

表 13-8　因子综合得分表

年份	主成分 1	主成分 2	综合得分 F
2007	−0.766 75	−2.738 76	−1.12
2008	−1.230 82	−0.082 35	−1.03
2009	−1.071 28	0.349 04	−0.82
2010	−0.625 45	0.829 88	−0.37
2011	−0.709 99	0.830 72	−0.44
2012	−0.440 59	0.763 51	−0.23
2013	0.273 96	0.106 45	0.24
2014	0.719 86	0.293 39	0.64
2015	1.093 99	0.257 61	0.95
2016	1.192 39	−0.132 54	0.96
2017	1.564 69	−0.476 96	1.20

（二）主成分回归分析

主成分分析提取出来的主成分的值是经过标准化后的得分，为了统一及分析的需要，我们对运营成效评价指标（农民专业合作社粮食和水果总产量）进行同样的标准化处理。为了验证及探讨农业产出与这些因素的相关性，本书接下来进行主成分回归分析，分别以粮食总产出和水果总产出为因变量，以因子 1 和因子 2 为自变量，做多元线性回归。以粮食总产量为因变量的回归结果如表 13-9 及表 13-10 所示。

表 13-9 以粮食总产量为因变量的回归结果

R	R^2	调整后 R^2	标准误	更改统计					DW 值
				R^2 变化	F 变化	自由度 1	自由度 2	显著性 F 变化	
0.629	0.395	0.244	0.869 0	0.395	2.616	2	8	0.134	2.063

表 13-10 粮食总产量绩效关于各主成分的回归结果

变量	未标准化系数		标准化系数	t	显著性
	B	标准误	Beta		
（常量）	-4.902×10^{-16}	0.262		0.000	0.000
高效机械化因子	0.547^*	0.275	0.547	1.988	0.082
传统能源肥料因子	0.311	0.275	0.311	1.131	0.291

*表示在 10%的水平上显著

总的看来，模型的拟合度并不好，调整后的 R^2 仅为 0.244，系数一个是 0.082，另一个是 0.291，都不显著，说明模型的拟合效果并不是很好，这些因子对粮食总产出的影响不显著。

以水果总产量为因变量的回归结果如表 13-11 及表 13-12 所示。总的看来，模型调整后的 R^2 为 0.608 拟合效果比较好，因子 1 的显著性是 0.004，比较显著，因子 2 的显著性是 0.293，不显著。

表 13-11 以水果总产量为因变量的回归结果

R	R^2	调整后 R^2	标准误	更改统计					DW 值
				R^2 变化量	F 变化量	自由度 1	自由度 2	显著性 F 变化量	
0.828	0.686	0.608	0.626	0.686	8.747	2	8	0.010	2.026

表 13-12 水果总产量绩效关于各主成分的回归结果

变量	未标准化系数		标准化系数	t	显著性
	B	标准误差	Beta		
（常量）	-1.909×10^{-16}	0.189		0.000	1.000
高效机械化因子	0.798^{***}	0.198	0.798	4.028	0.004
传统能源肥料因子	0.223	0.198	0.223	1.126	0.293

***表示在 1%的水平上显著

通过以上分析可以看出，粮食总产量与高效机械化因子和传统能源肥料因子没有显著的线性相关关系，水果总产量与高效机械化因子有显著的正线性相关关系，且影响很大，而与传统能源肥料因子没有显著线性相关关系。

三、实证检验结论

在本书中的回归模型则为

$$Y = \beta_0 + \beta_1 x_1 + \beta_2 x_2 + \varepsilon$$

其中，β_0、β_1、β_2 为模型中的未知数，分别被称为回归常数和偏回归系数；ε 为随机误差，也是一个随机变量。

根据主成分因子显著性分析，得出模型结果方程式为

$$Y = -1.9091E - 16 + 0.798X_1 + 0.223X_2 + \varepsilon$$

主因子 x_1、x_2、x_3、x_4、x_7（农业机械总动力、大中型拖拉机数量、小型拖拉机数量、联合收割机数量、有效灌溉面积）代表高效机械化因子 X_1，对于农民专业合作社发展（代表测度为合作社粮食水果总产出）有极其显著的影响，而主因子 x_5、x_6（农用化肥使用量、农用柴油使用量）代表的传统能源肥料因子 X_2，对于农民专业合作社发展（代表测度为合作社粮食水果总产出）的影响并不显著。

（一）机械化投入精准

农业现代化最明显的表现就是现代化农机具在农业生产中的广泛应用，近几年来农村的大中型农用机应用越来越多。大部分得益于农民专业合作社的组建。机械化取代人力，解放农民双手，而且能提高效率，是农户的福音，更是合作社提高收益和推动发展的有效手段，在现实生活中，机械化对于提升农业生产能力有相当大的促进作用。根据有效数据实证分析也发现，机械化程度越高，专业化水平越高，农民专业合作社促进农业经济发展获得的成效越明显。砀山县作为以水果为支柱产业的农业县，将机械化、高技术投资于水果生产已经取得了很好的效果，将水果产业发展作为农业的重点已经有成效。并且，逐渐的现代化、绿色化培育与种植也给县经济带来了较高的增长。

（二）运营机制单一

砀山县的农民专业合作社运营机制单一，投入资源单一，合作社成员参与意愿不高。运营机制是否灵活高效，决定砀山县农业发展的生机与活力。目前政府主导、市场运作、共赢发展的机制尚未形成，制约了当地农业经济的全面发展。理想或有效的运营机制应该包括这样几个互动的机制：能够动态瞄准发展对象的识别机制、能够协调穷人目标与政府目标的选择机制、能够集中整合资源配置到

发展对象上的投入机制、能够进行有效决策和组织管理协调互动的工作机制、能够进行监督评测和信息对称的评价机制等。这样的开发机制强调的是互动性、协调性和多功效性，这些特性正是目前运营机制中所不具备或不完善的。因此，在充分肯定现有开发曾经发挥过重要作用的同时，再来对照理想的或完善的机制，反思它的不适应性和不足。

（三）缺乏教育技术投入

农民专业合作社最主要的形式是通过抱团搭建科技传播平台，培养核心技术人员，组建技术团队，开展专业技术人员的专业知识教育及农业生产技能培训，有助于解决"最后一公里"的现实难题，但是在砀山县的合作社发展投入方面大多数凸显为设备的投入，缺乏教育资本和科学技术的软件投入。专业的技术人员数量关系到农民的生产水平和技术能力，这个因素往往和合作社的运营成效成正相关，导致砀山县的农民专业合作社在带领农户做推动当地农业经济工作时的成效并没有其他地区明显。

第四节　提升砀山县农民专业合作社运营成效的对策

一、丰富运营形式，增加市场活力

在农民专业合作社的运营机制方面有很多改善的途径，从合作形式上来看，可以突破"龙头企业"领头的模式，打造多元化核心力量，如以核心农户或者核心社领头的合作联社形式，从单一的主体合作转变为"强强联手"，既可以形成合作社之间的良性竞争，也可以借鉴不同的合作社内部的优势。对于单个的农户来说，平台越大，发展空间越大；对于农民专业合作社本身来说，基数越大，抵抗市场风险的能力越强，最终达到的目的是，创新运营机制，活跃市场氛围，促进农户参与积极性，保持农业市场十足的后劲动力。

二、加大教育投资，提升综合素质

受限于农村教育设备和基础设施，农村人口的教育水平参差不齐，对于农业经济发展的认知也有不同的阶段认识，解决这类问题需要从源头抓起，从娃娃抓起。

（一）完善教育设施和师资力量

吸引地方政府的关注程度和扶持力度，教育设备的更新换代和师资力量的进修与升华都需要政府的扶持和推崇，教育设备就相当于教育界的底层建筑，是提升农户学识水平的源头和基础前提。

（二）培养优秀的合作组织引领者

在综合素质的评定中，核心社员和管理层的领导者对整体的素质起着绝对的风标作用。培养领头羊的管理能力，全方位引进先进团体的农业科学技术和先进的合作社管理思维，由领头羊去间接影响社员的综合素质水平。

三、大力引进高才生，实现合作组织年轻化

大学生回乡造福一直是政府倡导的趋势，但是结果一直不理想，究其原因还是因为回乡吸引力不够大，在这里既要给来自农村的大学生做思想工作，大力灌输家乡经济发展需要优秀的人才，更重要的是应当加大扶持力度，对回乡工作的大学生进行精神上和物质上奖励的升级，如增加安置费和生活费，配套住房，或者给予一定的荣誉体系，如颁发国家级、省级的荣誉证书，更直接的就是配发基本工资并设置科学的提成体系，激发大学生创新爱闯的拼劲。

四、吸引政策支持，形成良性运营

政府应该加大对弱势地区农民专业合作社的财政倾斜，特别是合作社生产资料和基础设施建设的财政投资，在已有的扶持基础上再进一步倾斜。对评选后的示范社承担部分运营成本，一方面，更换扶持方式；另一方面，激励所有的农民专业合作社走向规范化、挑战示范社。在农民专业合作社大力发展的初期，提倡当地政府充当中介组织，与当地小型的农民专业合作社形成发展带动协议；在小型农民专业合作社走上正轨后，提倡当地政府部门及时转换成监管和引导的角色，严格管控扶持合作组织的财政资金，及时地优化发展资源，加大专项发展资金使用的监管；丰富社会保险制度的设计，积极鼓励国家农业社保机构创新农业险种，为农民专业合作社的农产品生产保驾护航。

五、健全认证体系，打造品牌效益

农民专业合作社的品牌建设主要包括农民专业合作社作为整体的组织品牌和其生产的某类产品的品牌，无论根据何种方式建立品牌，质量和标准都是不可回避的问题。产品质量的保证依赖于标准化的建立，而标准化的建立是螺旋式上升，不断完善的过程。农民专业合作社在农副产品生产配置上统一生产、统一销售和统一经营，规模化的运营机制在品牌打造上更具优势。但是基于产品规范化认证体系的落后，农业现代化一直滞后，最难打响的就是农业品牌，因为农副产品涉及的是直接与人体接触，和人民身体健康息息相关的产业。加大对绿色产品及技术的推广，新的时期新的使命要求创新认证服务模式，体现在具体措施要求上，着重拉"质量高线"，进一步完善认证差别化产品的设计，积极推出高端品质认证服务。砀山县的特色农产品是"砀山酥梨"，是唯一一个打响品牌的农产品，但是其他的农副产品还有很大的提升空间，在树立品牌的同时最关键的是树立社员的品牌意识，其次是规范健全品牌认证体系，在技术上给予最大的支持。

六、加强规范化建设，完善合作社管理机制

（一）创新入社机制

完善和创新入社机制，规范运作、科学管理，定期公开财务，确保社员的主体地位，与社员建立更加紧密的利益联结机制。与此同时，通过社员的示范带动，以点带面，吸引农户加入合作社，不断扩大合作社的影响力和辐射面，提高合作社的整体效益。砀山县农民专业合作社基本属于小型合作组织，入社门槛相对较低，为了促进合作社规范化发展，应该从源头抓起，带要求地准入，如技术和股份的参与，提高社员的参与度，从源头上让每个社员把合作社当成自己的事业来经营。

（二）完善管理机制

要平衡农民专业合作社的价值理念与市场竞争之间的矛盾，解决内部管理机制的混乱，需要核心社员及普通社员对农民专业合作社的本质有清晰的认识，而不是核心社员单枪匹马地去应对市场，要明确农民专业合作社的初始目标和应该发挥的作用，从源头上确保农民专业合作社的规范发展。

第十四章 重庆市乡村旅游专业合作社发展研究

乡村旅游专业合作社为农民专业合作社的一种新兴模式。2016 年的中央一号文件中，提出要大力发展休闲农业和乡村旅游，并积极扶持农民发展休闲旅游业合作社。这为新农村建设和农民增收带来了新的机遇，为农民参与经营乡村旅游业指明方向。本章以重庆市石柱土家族自治县当地农户成立的西南地区第一家以经营"乡村旅游"为主的农民专业合作社——"黄水人家"为例，介绍石柱乡村旅游专业合作社的管理体制，实现乡村旅游带动地区经济增长与乡村建设，并促进农民增收。

第一节 石柱土家族自治县乡村旅游及乡村旅游专业合作社发展情况

一、石柱土家族自治县乡村旅游基本情况

（一）石柱土家族自治县基本情况简介

石柱土家族自治县地处重庆市东南部，位于国家三峡库区腹心，是重庆通往湖北的"东大门"。截至 2015 年底，石柱全县辖区面积 3 012.51 平方千米，下辖 3 个街道、16 个镇、14 个乡，全县户籍 17.03 万户，人口 53.92 万人，其中常住人口 43.12 万人（城镇人口 10.63 万人），共有民族 29 个（包括汉族），其中少数民族占总人口的 72.3%。

（二）石柱土家族自治县乡村旅游资源分析

"渝东有佳县，幽居在山谷"是对石柱旅游资源的文艺化形容。石柱全县森林覆盖率为 53.3%，属于典型的山水园林城市，是全国造林绿化百佳县之一。自然风光优美宜人，有"黄水林海""大风堡森林""药用植物园""太阳湖""月亮湖""油草河""毕兹卡绿宫"等自然景观，美不胜收，让人赏心悦目。石柱土家族自治县四季分明，各有千秋。春季百花齐放，五颜六色，一片花的海洋；夏季气候凉爽，是典型的天然避暑胜地；秋季层林尽染，伴随着一片金黄的丰收；冬季银装素裹，呈现出一片北国风光。石柱地区历史文化有着丰厚的底蕴，有全国首批十大历史文化名镇——"西沱古镇"，有中国唯一的巾帼英雄秦良玉，有明朝时代的古刹——"银杏堂""三教寺"。石柱地区少数民族人数占全县总人口的 72.3%，民俗文化十分浓郁，石柱"啰儿调"已申请获评为原生态的国家非物质文化遗产，世界经典民歌《太阳出来喜洋洋》在此地诞生，"天上黄水"大型土家歌舞作为新秀粉墨登场。

石柱乡村旅游资源集自然生态、历史文化、土家风情于一体，可为游客带来深度的乡村旅游体验，总体可表现为"九个之最"：重庆最生态高山湖泊——黄水太阳湖；重庆最美森林——黄水国家森林公园；重庆最美草地——黄水千野草场；重庆海拔最高漂流——黄水油草河峡谷漂流；重庆唯一且海拔最高的雪山温泉——冷水雪源温泉；最富美丽神话传说的土家圣山——万寿山；重庆建筑风貌保护最为完整的全国首批历史文化名镇——西沱古镇云梯街；渝东历史最为悠久的皇家寺院——银杏堂；重庆最新名秀、大型土家歌舞——天上黄水。

（三）石柱土家族自治县乡村旅游开发环境分析

1. 石柱土家族自治县地理区位优势明显，交通便利

石柱土家族自治县是重庆的"东大门"，是四川及重庆地区通往华中和华东的重要通道，石柱交通汇集公路、铁路、水路等现代化交通工具。沪渝及沪渝南线两条高速公路穿过石柱土家族自治县境内，高速公路是去往石柱土家族自治县的主要渠道，沪渝南线的开通使得石柱土家族自治县距离重庆主城区仅有 160 千米，两小时内便可到达，沿沪渝高速东行 12 小时可到达长江出海口上海；2013 年 12 月，中国"四纵四横"八条铁路大动脉之一的"沪汉蓉高速铁路"的一段——"渝利铁路"在石柱土家族自治县境内通车运行，"沪汉蓉高速铁路"西起成都，东至上海，途经重庆市、湖北省、安徽省、江苏省等多个重要省市；中国自古以来的"黄金航道"——长江，流经石柱土家族自治县境西北，石柱西沱地处长江三峡

黄金旅游线上，无论是由重庆顺江东下，还是从湖北宜昌乘船均可以石柱西沱云梯街为起点，深入石柱境内旅游。交通便利，是发展地区旅游产业的首要因素。

2. 石柱土家族自治县旅游各项设施完备

地区旅游产业要想做大做强，配套设施必须完备。石柱土家族自治县由政府进行投资，首先建设了乡村旅游集聚区道路、标志标识、接待设施、停车场、公共厕所、供水供电、应急救援、网络通信等基础设施，确保能为游客提供基础的公共服务；其次，通过招商引资、政策扶持等方式，围绕乡村旅游"游、吃、住、娱、行、购"六大要素，陆续建设游览景点、接待中心、酒店、餐厅、购物中心、茶座休闲、剧场舞台、酒吧、KTV 等配套设施，拉长乡村旅游产业链。完备的配套设施，是发展地区旅游业的必备条件。

3. 石柱土家族自治县招商引资政策优惠

石柱土家族自治县是少数民族自治县，位于重庆三峡库区，同时又在国家西部大开发地区之列，享受三重国家部委部门的扶持。与此同时，石柱土家族自治县地方也大刀阔斧进行改革，实施各项优惠政策，充分调动社会各界参与石柱土家族自治县招商引资的积极性，推动地方经济又好又快发展。2007 年，国家相关法规制度规定，在三峡库区开发旅游项目，优先给予专项资金支持；石柱土家族自治县政府引进投资旅游建设项目，并按照项目实际投入资金总额的 3‰ 奖励给引资者；通过降低门槛、减免税收鼓励社会各界围绕"乡村旅游"创业；对于围绕"三农"方面项目建设的企业及个人，给予投资补助和贷款贴息。2009 年，石柱土家族自治县政府对农业企业免征或减征企业所得税。2015 年，石柱土家族自治县政府在乡村培育扶持孵化园、特色微企村，并分级给予补助及补贴，并进一步减免税收，同时由政府出资进行宣传推广。可以说，各级政府给予的优惠招商引资政策，是旅游产业发展壮大的重要因素。

4. 石柱土家族自治县民俗文化氛围浓厚

石柱土家族自治县属于土家族自治县，民俗文化节目有："石柱土家啰儿调"，是流传于当地的啰儿调山歌，已被列入第一批国家级非物质文化遗产名录；"天上黄水"土家大型歌舞，是以石柱山水文化和土家儿女追求美好生活为主题，并辅以唯美浪漫的现代高科技舞台配合的大型演出；传统土家舞蹈"玩牛"，是一种与农事相关的、用于喜庆场面的民间典型的舞蹈；土家族摆手舞，是土家族流传千古的经典舞蹈。浓厚的民俗文化，推动了乡村旅游的深层次发展。

5. 石柱地区特色餐饮丰富

石柱地区原生态初级农产品优良，如大米、玉米、土豆、黄豆等绿色食品及天然非饲养的鸡、鸭、鱼、牛、羊、猪等，当地流传着"寺院坪的米，野鹤溪的鱼，银杏堂的饭锅巴，岩峰寺的豆张皮，马武坝的酸酢鱼"这样的顺口溜，同时还有众多特色餐饮：三九大补腊蹄子，黑色食品都巴粉，土家家常菜鲊海椒炒腊肉，土家特色饭洋芋饭，土家特色菜莼菜，有菜须有酒石柱咂酒，风味小吃阴米茶。丰富的特色餐饮是发展旅游产业的辅助因素。

（四）石柱土家族自治县乡村旅游发展机遇分析

"十二五"期间，重庆乡村旅游业主要以"食宿、观光"为主向，"十三五"期间，重庆市政府大力发展乡村旅游新业态，乡村旅游将向"休闲、度假"转变，石柱土家族自治县乡村旅游同时也迎来新的机遇。重庆市政府重点打造 100 条精品乡村旅游线路，重点发展乡村旅游新业态，并制订以下工作内容：一是加大基础设施投入，提升公共服务水平。二是出台重庆乡村旅游标准体系，提升服务质量和服务水平。三是强化品牌塑造，推进乡村旅游精品化发展。石柱地方政府抓住机遇，在"十三五"期间进一步大力发展乡村旅游，实现了各项利益最大化。

（五）石柱土家族自治县乡村旅游发展历程

1999 年，石柱土家族自治县地方政府开始重视发展乡村旅游业，逐步开发景区并进行基础设施建设，经过八年时间的开发经营，2007 年，石柱土家族自治县乡村旅游产业进入加速发展阶段，尤其是 2009 年沪渝高速公路通车后，石柱土家族自治县乡村旅游产业有了跨越式的突破，社会各界投入累计 50 亿元的资金，开发重点旅游项目 30 多个。全县建成两家二星级宾馆、两家三星级宾馆、四家四星级宾馆，各类商务酒店和家庭式宾馆 400 多家，旅游接待床位达到 2 万张，当年开放的景区有：药用植物园景区、大风堡景区、毕兹卡绿宫景区、西沱古镇景区、月亮湖景区、太阳湖景区、千里草场景区等。2013 年，石柱土家族自治县地方政府围绕旅游名镇黄水开展"一改五化"工程建设，打造"大黄水"生态旅游片区。2014 年，石柱土家族自治县政府完成两个"大手笔"招商引资，当年 8 月，石柱和润旅游开发有限公司与地方政府签订《莲花溶洞乡村旅游开发项目协议》，投资 2 000 万元，该项目针对莲花溶洞景区，开发园林花卉种植景观，建设餐饮、住宿、娱乐等设施。12 月，重庆懒人山谷旅游开发有限公司投资 15 亿元，对黄水镇和枫木乡进行综合开发，主要建设观光旅游、文化体验、户外体验、体验农庄、交通配套、旅游配套等相关设施，打造高规格、高档次的中国黄水·懒人山谷旅游景区。2015 年，石柱土家族自治县政府继续对地方乡村旅游"添砖加瓦"，首先签约两个人文古迹旅游项目，弥补这方面的空白；其次，继续完善各项基础设施的建设；最后，加大招商引资力度，全面建设宾馆、酒店、茶店、购物中心、娱乐场所等配套设施。2016 年，石柱土家族自治县县委、县政府、县旅游局、县农委、县财政局等多家单位共同召开乡村旅游专题会议，确定当年石柱乡村旅游将围绕以下几个方面开展工作：一是对旅游服务质量提档升级，二是抓住重点项目建设，三是各单位要通力配合，四是积极投资，五是加强宣传营销，六是营造良好的旅游氛围。

（六）石柱土家族自治县乡村旅游所获荣誉

经过数十年的发展，石柱乡村旅游取得了显著的成绩，得到社会各界的一致好评，获得了以下荣誉：2012 年获评"最美重庆·年度最受欢迎旅游区县"；2012 年荣获"重庆非去不可十大旅游名片"；2012 年荣获"最美休闲旅游区县"。

黄水旅游景区也获得以下荣誉：2011 年荣获"重庆市五大避暑胜地"称号；2012 年荣获"最美休闲旅游景区"和"乡村旅游扶贫市级示范区"称号；2014 年获评重庆市"首批十大市级旅游度假区"；2014 年被中国旅游产业发展年会组委会评为"美丽中国"十佳旅游度假区；市级中心镇、全国重点镇、重庆市小城镇风貌建设样板镇、重庆市十大宜居小城镇、市级卫生镇、市级文明镇、市级市容整洁镇、中国特色旅游新干线试点镇。

二、石柱土家族自治县乡村旅游专业合作社基本情况

本书选择石柱土家族自治县乡村旅游专业合作社——"黄水人家"开展研究。

（一）石柱"黄水人家"成立背景

"黄水人家"作为石柱乃至整个重庆地区第一家乡村旅游专业合作社，它的成立主要有以下几个方面的原因。

1. 黄水具有得天独厚的旅游优势

黄水作为石柱地区乡村旅游的核心，主要有以下几个方面的优势：一是黄水交通便捷，作为一个乡镇，有高速公路出入口，距离石柱土家族自治县县城 40

千米，石柱土家族自治县县城与黄水景区每天有几十次旅游大巴对向发车。二是黄水气候适中，黄水地区平均海拔 1 400 多米，盛夏平均气温 21 摄氏度，是避暑休闲的胜地。三是黄水生态优良，黄水地区森林草场繁华茂盛，河流湖泊众多，高山地势明显，森林覆盖率常年保持在 80% 以上，空气新鲜，犹如"天然氧吧"。四是黄水物产丰富，黄水有着"中国黄连之乡"的美誉，黄连种植面积常年保持在三万亩左右，另外，黄水分布着众多的山珍，如野生菌、莼菜、蕨菜、辣椒等，其中一些品类为重庆所独有。五是黄水文化浓厚，黄水地区沉淀着"啰儿调"、摆手舞、民歌《太阳出来喜洋洋》等民俗文化，同时还有流传千古的巴盐古道和秦良玉历史文化。

2. 人力资源和物力资源丰富

2009 年，为了解决地方用水问题和便于农田灌溉，黄水镇大兴土木，一面以万胜坝地区为中心修建水库，一面在黄水镇中心修建移民小区，将水库周边地区的 305 户 1 050 人搬迁安置到此，同时，全镇其他 15 个旅游项目的开发也涉及农户搬迁，于是该移民小区再度吸纳 56 户 182 人。在移民小区内，农民虽然住上了舒适的四层小洋房，但又面临另一个问题，他们都已经失去原本最重要的生产要素——土地资源，大量的劳动力离开农业生产而闲置下来，同时，家家户户的住房都有两层或三层无人居住的空房，大量的房屋资源也没有得到"用武之地"。

3. 地方政府大胆尝试突破

基于以上情况，黄水镇党委班子看到了本地区的一个尖锐现象，那就是广大农民住着宽敞的楼房却没有谋生手段，同时近年来由于黄水地区原有宾馆的数量有限，新修宾馆的速度也赶不上游客增长的速度，无法满足众多游客的住宿需求。于是，黄水镇党委班子高瞻远瞩，大胆提出一个想法："传统的种植业、养殖业都有专业合作社，能否考虑成立一个乡村旅游专业合作社呢，由政府给予资金和政策支持，移民小区的农户以房屋和人力资源入股。"在此背景下，"黄水人家"正式诞生。

（二）石柱"黄水人家"发展历程

2010 年 12 月，黄水镇政府与移民小区内的 89 户农民开始筹建乡村旅游专业合作社，并命名为"黄水人家"。2011 年 2 月召开成立大会，通过了专业合作社章程，选举产生了理事会和监事会。2011 年 6 月，"黄水人家"乡村旅游专业合作社作为重庆市统筹城乡改革的试点，被重庆市工商局纳入登记范围，接着"黄水人家"以 150 万元的注册资金完成工商注册登记。2011 年 7 月,"黄水人家"乡村旅游专业合作社正式挂牌营业,2012 年底,共有入社社员 132 户,经营场地三万多平方米,接待床位达 1 340 个,可同时容纳 1 500 人就餐。到了 2015 年,"黄水人家"乡村旅游专业合作社共有 1 528 个房间、2 704 个床位,社员资产总规模超过 4 500 万元。

(三)石柱"黄水人家"组织机构

"黄水人家"乡村旅游专业合作社所有入社农户会员组成成员大会,每 10 名成员选举产生一名成员代表,组成成员代表大会。成员代表大会再选举出监事会和理事会,监事会由 5 名成员组成,其中设 1 名监事长,理事会也由 5 名成员组成,分别设 2 名副理事长和 1 名理事长,理事长担任专业合作社的法定代表人。专业合作社下设办公室、财务部、接待部、协调部、浆洗部,分别聘请职业经理、财务会计人员和其他专业技术人员担任相关职务(图 14-1)。

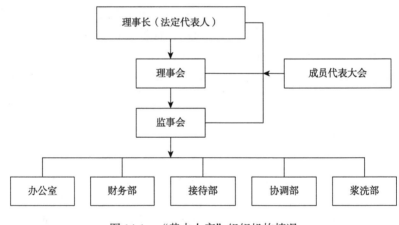

图 14-1 "黄水人家"组织机构情况

(四)石柱"黄水人家"成立意义

"黄水人家"作为西南地区第一家乡村旅游专业合作社,它的成立有着重大意义。一是突破了农民专业合作社的经营规范局限,《中华人民共和国农民专业合作社法》没有明确规定可以经营乡村旅游,重庆工商局大胆突破,允许其注册登记并开展营业活动。二是专业合作社统一办理各项证件,工商局、公安局、税务局、卫生局、旅游局、供销社等部门委托"黄水人家"统一代管所有社员,对社员入社进行把关评估,监督社员的经营活动。这种模式,既减轻了农户入社的各项成本,社员省去了办理各项证件的人力、时间、资金等成本,又减轻了各个执法部门的行政成本，将原本要对百家农户进行监督管理的行政行为，简化为对一个专业合作社的监督管理。

第二节　石柱土家族自治县乡村旅游专业合作社管理体制及发展成效

一、石柱乡村旅游专业合作社管理体制

目前阶段，"黄水人家"乡村旅游专业合作社主要按照"微企孵化、政府主导、统一管理、分散经营"的模式进行管理。"微企孵化"就是以万胜坝水库移民及重点项目安置户为主要业主，主要经营家庭宾馆、农家乐、旅游附加商品等业务。"政府主导"就是"黄水人家"在政府的领导、组织、发动和直接指导下进行组建、运行和监管。"统一管理"就是政府和专业合作社对所有社员实行八个方面的统一管理，分别是统一规划布局，统一形象标识，统一接待用品，统一宣传营销，统一服务标准，统一管理培训，统一评分定级，统一提取收益。"分散经营"就是各个社员独立经营、自主经营、自负盈亏。

（一）微企孵化

1. 规划布局

石柱土家族自治县及黄水镇两级政府共同主导成立"黄水人家乡村旅游"微型企业孵化园，业务单位为石柱土家族自治县黄水人家乡村旅游专业合作社，孵化园选址在石柱土家族自治县黄水镇移民小区，占地面积 3 000 000 平方米，可入驻 500 户企业，以家庭宾馆、农家乐、旅游相关服务和产品等为主要孵化企业。

2. 宣传发动

在筹备"黄水人家"微型企业孵化园前期，政府抽调各个部门相关人员组建孵化园筹备工作组，深入移民小区进行调查研究，鼓励移民将多余空房改建为家庭宾馆，将多余门面改建为餐馆，化解移民创办企业的难题，宣传微型企业相关优惠政策，动员并受理有条件的企业积极申报微型企业。

3. 靠前服务

石柱地方政府各个部门采取多项措施，加快乡村旅游微企孵化进度。一是一

次性告知。通过上门走访、动员大会等方式，将申办微型企业的申办条件、申办流程、前置许可等手续一次性告知入园企业。二是集中办理。积极衔接工商、卫生、公安等职能部门，到黄水镇对入园企业进行集中办理前置许可，极大地节约了微企申办成本，提高了微企申办效率。三是限时办结。对入园企业申办的各种手续统一规定办结时限，给企业一个圆满的答复。

4. 政策扶持

石柱地方政府对凡入驻"黄水人家乡村旅游"微型企业孵化园的微型企业，在评审给予财政扶持资金时提高百分之二十。黄水镇政府设立乡镇微企后续帮扶资金，每年预算 20 万元，用于微型企业孵化园建设及亮点微型企业后续扶持等，并通过减税免税等方式减轻微型企业发展初期的负担。

（二）政府主导

1. 财政扶持

重庆市发展和改革委员会提供 300 万元项目资金支持黄水镇"以旅游业为突破，走城乡统筹路径"的想法，同时石柱土家族自治县县乡两级政府也投入 70 万元作为"黄水人家"乡村旅游专业合作社的专项财政资金，首先按房屋改造比例对专业合作社成员发放补助，并建立"黄水人家"游客接待中心。接着为所有入社成员采购安装消防器材、消防标志 716 件，部署 4 套住宿登记信息管理系统。其次，制作了 89 块统一店牌、500 套土家民族服饰、1 200 个灯笼、1 万套统一标识的客房用品免费分发给各个社员，用于店面装修和服务员着装。最后，印制 500 套专业合作社图册、2 000 幅反映黄水风土人情的摄影照片用于宣传推广。通过财政扶持，有效减轻了农民社员起步阶段的负担，调动了农户入社的积极性。

2. 业务指导

"黄水人家"大部分社员之前一直从事农业生产或外出打工，不懂得如何经营家庭式宾馆，更不懂得如何管理专业合作社，因此政府指派专人对"黄水人家"的经营管理进行指导。指导工作做到由上而下、全面覆盖，对专业合作社的管理层进行专业培训，帮助他们厘清发展思路，制定发展规划，完善各项制度，使管理层人员不断学习积累管理及经营经验，引导专业合作社走向自我发展、自我管理、自我创新的良性轨道。

3. 管理监督

专业合作社联合政府各个部门共同组建"黄水人家"管理监督工作组，协调处理社员之间、社员与游客之间、社员与政府之间的各类矛盾纠纷，监督所有成员遵守专业合作社章程，做到文明诚信经商。监督理事会正确运用社员赋予的权力，全心全意为广大社员的利益和专业合作社的发展壮大而服务。

（三）统一管理

1. 统一规划布局

社员统一规划在黄水镇移民小区 0.3 平方千米范围内，统一编制店号，统一接待前厅设置，统一指导店面及内部装修，外聘专业的星级宾馆人员亲临实地，设计出标准的客房样板间，让所有社员学习。

2. 统一形象标识

专业合作社统一设计"黄水人家"的标识图案、LOGO、文字等，以此为基础模板，制作出统一标识的店牌、接待大厅形象墙、宾馆外挂灯笼、服务员民族着装等。打造统一的品牌形象。

3. 统一接待用品

所有社员的洗漱用品、毛巾、纸巾、拖鞋及手提袋等接待用品均由专业合作社统一定做配送，所有用品都印刷有"黄水人家"形象标识。批量化的定做既节约成本，又能保证质量。

4. 统一宣传营销

专业合作社通过各类平面和网络媒体对"黄水人家"进行统一宣传推介，制作"黄水人家"画册，并结合时代背景，开发创建"黄水人家"官方网站，线下与旅行社合作，线上实行互联网推广，全方位拓展客源市场。

5. 统一服务标准

由专业合作社制定统一的服务标准，并与社员签订服务承诺书，对服务着装、服务态度、服务规范、文明礼仪、安全卫生和房间最高限价进行统一规范，并上墙公示，接受游客监督，实现透明化的诚信经营。

6. 统一管理培训

专业合作社统一购买并部署安装公安住宿登记系统，游客入住后，由社员到接待中心进行住宿登记。建立日常监督机制，督促社员遵守专业合作社规定，文明诚信经营。组织所有社员开展餐饮宾馆管理服务及文明礼仪的专业培训，全方位提升服务质量。

7. 统一评定分级

专业合作社对所有社员制定了评定分级的标准，主要围绕硬件设施、服务态度、合作精神、违纪情况等 30 多个方面，并组建了以群众代表、社员代表、理事会为主的评定工作组。入社社员都需要经过工作组的评定分级，一方面，依照评分结果确定各项服务的价格；另一方面这也是社员入社或清退的主要依据，具体的做法是：对新申请入社的会员，综合打分必须要在 70 分以上才能准予入社，对评分结果不满 60 分的老社员责令限期整改，在规定的时间内整改不到位的社员将被清退出专业合作社。

8. 统一提取收益

专业合作社为社员每录入登记上传一个客人的信息后，提取 2 元的收益。另外，专业合作社还通过经营接待中心、浆洗部、休闲茶座、土特产超市等渠道提取收益。所提取的收益在保证专业合作社的管理运行支出后，剩下部分用于社员分红或完善设施。

（四）分散经营

分散经营即专业合作社采取分权制，把整个专业合作社以单个农户为单位划分为若干个相对独立的经营主体。"黄水人家"乡村旅游专业合作社成员根据自家经济状况、经营场所面积、人力资源、专业所长等综合因素的评估，分别成立餐馆、宾馆、土特产超市等经营主体，各自进行分散决策、独立核算、自主经营、自负盈亏。这种模式既可保证专业合作社的共同利益，又能够充分提高农户的积极性。

二、石柱乡村旅游专业合作社成效分析

（一）优化了地区产业结构

石柱土家族自治县自开发乡村旅游以来，尤其在"黄水人家"旅游专业合作社成立以后，地方产业结构得到较大的优化，具体表现为三次产业结构的调整和三次产业的经济组成。根本原因是随着乡村旅游专业合作社的成立，农民可以批量化地转型为第三产业从业人员；同时政府投资及招商引资的介入，必然推动第二产业的发展，包括景区开发、宾馆酒店修建、修桥铺路、开办工厂等，此类工

程的火热开工，将吸引以前外出务工的农民大量返乡。

下面通过两组数据说明开发乡村旅游对石柱土家族自治县带来的产业结构转变。

1. 三次产业从业人员结构转变

2009 年，石柱土家族自治县从业人员结构，第一产业为 12.80 万人，第二产业为 6.79 万人，第三产业为 5.70 万人，总体上非农产业从业人员占比为 49.4%。到 2010 年，从业人员结构变为，第一产业 10.78 万人，较上年减少 2.02 万人，第二、第三产业分别为 7.50 万人、5.91 万人，较上年分别增加 0.71 万人、0.21 万人，而总体上非农产业从业人员占比达到 55.4%，较上年提升 6.0 个百分点。2011 年，从业人员结构进一步调整为，第一产业 10.14 万人，第二产业 7.81 万人，第三产业 6.08 万人，总体上非农产业从业人员比重进一步提高到 57.8%，相比上年提升 2.4 个百分点（表 14-1）。

表 14-1　2009~2011 年石柱土家族自治县三次产业从业人员情况

年份	从业人员/万人			非农人员	
	第一产业	第二产业	第三产业	非农比重	同比提升
2009	12.80	6.79	5.70	49.4%	1.9%
2010	10.78	7.50	5.91	55.4%	6.0%
2011	10.14	7.81	6.08	57.8%	2.4%

2. 三次产业结构转变

2009 年，石柱土家族自治县地区生产总值为 551 830 万元。其中，第一产业增加值 117 761 万元，第二产业增加值 222 063 万元，第三产业增加值 212 006 万元，三次产业结构比例为 21.3∶40.3∶38.4，三次产业对县域经济增长贡献率依次为 6.9%、55.8%和 37.3%。随后数年，在当地政府支持下，乡村旅游专业合作社发展迅速，并带动当地第二、第三产业加快发展。其中，表现最为抢眼的是第二产业，2011~2014 年接连跨过 30 亿元、40 亿元、50 亿元和 60 亿元 4 个台阶，分别达到 345 468 万元、424 062 万元、524 592 万元、600 266 万元；第二产业增加值占比和其对县域经济增长贡献率分别保持在 40%和 55%以上，且其上升趋势逐渐加快，其中，第二产业增加值占比 2009~2014 年分别达到 40.3%、40.7%、43.1%、45.5%、48.8%、50.0%，而第二产业对县域经济增长贡献率 2009~2014 年分别达到 55.8%、56.8%、58.9%、67.2%、75.8%、62.2%。与第二产业表现正向抢眼相比，第一产业增加值占比下降趋势明显，由 2009 年占比 21.3%下降到 2014 年占比为 17.5%，6 年时间内下降了 3.8 个百分点。与此同时，第三产业增加值 2009~2014 年保持较为快速增长，由 2009 年的 212 006 万元增加到 2014 年的 388 316 万元，6 年间增加了 83.16%，然而由于第二产业增加值年度增速更快一些，第一产业增加值年度下降速度稍慢一些，从产业结构年度占比情况来看，第三产业占比呈现下降的趋势，由 2009 年的 38.4% 下降到 2014 年的 32.4%，6 年间下降了 6.0 个百分点（表 14-2）。

表 14-2　2009~2014 年石柱土家族自治县三次产业经济结构情况

年份	产业增加值/万元			经济增长贡献率			产业结构比例		
	第一产业	第二产业	第三产业	第一产业	第二产业	第三产业	第一产业	第二产业	第三产业
2009	117 761	222 063	212 006	6.9%	55.8%	37.3%	21.3%	40.3%	38.4%
2010	133 065	263 532	251 521	8.3%	56.8%	34.9%	20.5%	40.7%	38.8%
2011	164 312	345 468	291 740	6.2%	58.9%	34.9%	20.5%	43.1%	36.4%
2012	181 850	424 062	32 5121	7.0%	67.2%	25.8%	19.5%	45.5%	35.0%
2013	198 145	524 592	351 562	6.9%	75.8%	17.3%	18.4%	48.8%	32.8%
2014	210 935	600 266	388 316	8.3%	62.2%	29.5%	17.5%	50.0%	32.4%

（二）加快了当地经济增长

2009 年，石柱土家族自治县政府正式确立了以旅游带动地方经济发展的方针，旅游业是一个为游客提供交通、游览、餐饮、住宿、购物、文娱等六个环节的服务的综合性行业，地方上的众多大小企业及个体户能够享受到旅游带来的"红利"，而"黄水人家"乡村旅游专业合作社是石柱土家族自治县乡村旅游发展资源集约化的结果，从而更能直接或间接地促进国民经济有关部门的发展，加快地区经济增长。

数据显示，乡村旅游专业合作社的成立有力地促进了石柱土家族自治县经济增长。2009 年，该县旅游产业带来的综合收入为 2.1 亿元，较上年增长 75.0%；2010 年旅游产业带来的综合收入高达 12.5 亿元，相比上年猛增约 5 倍；2011 年旅游产业带来的综合收入为 15.25 亿元，增长 22.0%；2012 年旅游产业带来的综合收入为 20.00 亿元，增长 31.1%；2013 年旅游产业带来的综合收入为 23.50 亿元，增长 17.5%；2014 年旅游产业带来的综合收入为 26.11 亿元，增长 11.1%。2009~2014 年，石柱土家族自治县年度旅游综合收入均保持在两位数的增长率，其中，2010 年较 2009 年更是增长了 495.2%（表 14-3）。

表 14-3　2009~2014 年石柱土家族自治县旅游综合收入情况

年份	旅游综合收入/亿元	增长率
2009	2.1	75.0%
2010	12.5	495.2%
2011	15.25	22.0%
2012	20.00	31.1%
2013	23.50	17.5%
2014	26.11	11.1%

（三）提升了旅游接待水平

石柱乡村旅游专业合作社对于当地接待水平的提升主要体现在两个方面：一是提升了接待能力。据统计，"黄水人家"成立前黄水各类宾馆总计床位约 4 600 个，然而在旅游旺季前来黄水的游客有上万人次，致使不少游客只能选择在周边乡镇住宿，部分游客甚至"远道而来"后，因当天无法入住而无奈选择"打道回府"，严重影响了黄水旅游形象。"黄水人家" 2011 年新增床位 1 340 个，2012 年达到 2 000 个以上，此后几年稳步增加，这极大地提升了黄水旅游整体接待能力，缓解了接待压力。二是提升了接待档次。近年来，随着黄水旅游的高速发展，各种档次宾馆如雨后春笋般冒了出来，部分宾馆档次低、服务差，由于强大的需求形成卖方市场，游客只能无奈接受。"黄水人家"设置了较高的准入门槛，对入社宾馆进行统一设施标准，统一服务管理，有效地提升了接待档次。

黄水镇作为石柱旅游的核心，"黄水人家"乡村旅游专业合作社对于提升石柱地区的旅游接待水平起到了中流砥柱的作用，可以通过统计数据说明：2009 年全县共接待游客 70.0 万人次，同比增长 55.6%，提升 43.1 个百分点；2010 年全县共接待游客 250.0 万人次，同比增长 257.1%，是同期的 3.6 倍；2011 年全县共接待游客 305.11 万人次，同比增长 22.0%；2012 年全县共接待游客 400.06 万人次，同比增长 31.1%；2013 年全县共接待游客 470 万人次，同比增长 17.5%；2014 年全县共接待游客 522 万人次，同比增长 11.1%（表 14-4）。

表 14-4　2009~2014 年石柱土家族自治县接待游客情况

年份	全年接待游客/万人次	增长率
2009	70.0	55.6%
2010	250.0	257.1%
2011	305.11	22.0%

续表

年份	全年接待游客/万人次	增长率
2012	400.06	31.1%
2013	470	17.5%
2014	522	11.1%

（四）拓宽了农户增收渠道

众所周知，旅游集观光、饮食、住宿、购物于一体。随着外地游客的纷至沓来，当地的农副产品得到极大的消化，农民足不出户，就能将种植、养殖、畜牧、手工业等产品转变为利益；同时旅游产业刺激第二产业的发展也需要大量的劳动力。占据多种资源的农民甚至可以兼职三种产业，如利用土地、房屋及农产品等资源从事第三产业，旅游淡季可以去田间劳作或者工地务工，既多了谋生手段又增加了收入。

"黄水人家"社员大多是万胜坝村村民，之前基本以务农作为主要的经济来源，2010 年户均增收为 1.9 万元左右。自从成立乡村旅游专业合作社后，他们依托自家的房产资源，省去了经营场地的租赁费用，自家的农副产品也找到了销售渠道，同时家庭式餐饮、住宿、商店的成立也安置了大量的农村剩余劳动力。2011年，户均增收 7.7 万元，解决就业人员 422 人。2012 年，户均增收 8.9 万元。2013年，户均增收 11.5 万元。2014 年，户均增收 15.9 万元（表 14-5）。

表 14-5　"黄水人家"户均增收情况

年份	户均增收/万元	增长率
2010	1.9	—
2011	7.7	305.3%
2012	8.9	15.6%
2013	11.5	29.2%
2014	15.9	38.3%

我们走访了当地两个代表性的社员：马良和陈翼。马良发家致富的道路已被多家媒体报道，搬迁到移民小区之前，马良一家完全依靠种植黄连维持生计，在成为"黄水人家"乡村旅游专业合作社成员后，他将自家住房改装成家庭式宾馆，第一年的营业额就达到 12 万元，实现盈利，随后，他又租用邻居家的住房扩大经营规模和提高宾馆档次，如今，他已成为奔小康的个体户。陈翼夫妇加入专业合作社前主要以外出打工谋生，回乡创业后，以政府补偿的 17 万元安置资金为启动金，建

设家庭式宾馆，并被专业合作社评定为 3A 级（"黄水人家"内部最高级别），面对我们的调查采访，他们夫妇略带保守地笑着说道"每年挣六七万元很轻松"。

（五）探索了城乡统筹模式

一是初步探索并建立起农村移民和户籍制度改革转户进城居民的长效增收和就业机制。"黄水人家"乡村旅游专业合作社入社成员 132 户全部是万胜坝水库移民，有 342 人通过农民工户籍制度改革，从农村居民身份转变为城镇居民，由从事第一产业转向了从事第三产业。二是为"两翼"地区旅游乡镇的农民分享旅游发展成果开辟了一条成功的路子，实现了农民与城市资本共享生态旅游开发成果。目前乡村旅游开发，很多是由一家投资商专门承包一块土地开发旅游，旅游获取的收益与当地农民关联性小。而乡村旅游专业合作社的组成模式与传统的"公司+农户"有着根本性的区别，"公司+农户"型是相当于农民不定期雇用人员给旅游公司打工，收益较小，乡村旅游专业合作社是以入社的农户成员为主体，他们以土地、房屋、农产品等多种形式入股，作为经营者与投资者按比例进行利益分配，从而实现城乡居民共同富裕的目标。而"黄水人家"乡村旅游专业合作社的企业孵化制度将进一步解放农民的生产力，从而培养出一批农民企业家。

（六）保护了乡村生态环境

随着乡村旅游业的蓬勃发展，石柱地方政府必然更加重视地区生态环境，同时为了保护旅游收益也必须保护乡村旅游资源，而保护乡村旅游资源也就直接或间接地保护了生态环境，因此自石柱开发乡村旅游业后，每年投入的环保经费居高不下，森林覆盖率逐年上升。同时乡村旅游专业合作社的成立使得农民成为乡村旅游的直接获益者，他们必然以主人翁的心态全心全意保护乡村生态环境，形成一种政府高度重视、农民热情参与的积极氛围。

如表 14-6 所示，2009 年全县环境保护投入资金共计 10 247 万元，增长 25.8%，全县森林覆盖率 46.5%；2010 年全县环境保护投入资金 17 500 万元，同比净增 7 253 万元，全县森林覆盖率 47.1%；2011 年全县环境保护投入资金 12 589 万元，全县森林覆盖率 49.3%；2012 年全县森林覆盖率 52.8%；2013 年全县森林覆盖率 53.3%；2014 年全县森林覆盖率 54.0%。

表 14-6　2009~2014 年石柱土家族自治县环境保护情况

年份	环境保护投入资金/万元	森林覆盖率
2009	10 247	46.5%
2010	17 500	47.1%

续表

年份	环境保护投入资金/万元	森林覆盖率
2011	12 589	49.3%
2012	—	52.8%
2013	—	53.3%
2014	—	54.0%

（七）发扬了乡村民俗文化

石柱乡村旅游业包含着浓厚的乡村民俗文化，如"土家摆手舞"、"石柱土家啰儿调"、"天上黄水"和"玩牛"等。以前，当地农民为了生计，终年在田野里劳动或者外出打工，使得这些经典的民俗文化渐渐不被重视，无法较好地传承与发扬，而乡村旅游专业合作社成立后，乡村民俗文化成了一项重要的服务项目，农民必然认真学习各种表演，延续这种地区经典文化。同时伴随着乡村旅游业的蓬勃发展及外地游客源源不断地到来，原本只是土生土长的传统乡村民俗文化必将被发扬光大，为外界所广泛知晓。

自石柱开发乡村旅游业后，当地民俗文化也在文艺界取得了一系列成就：①2010 年石柱全县共开展 18 场次"玉带河之夜"系列文化演出，土家舞蹈《摆呀摆》参加全国儿童艺术展演暨魅力校园晚会，并荣获金奖；②2011 年全县举办7 场"黄水林海消夏旅游节暨土家摆手舞决赛开幕式"比赛、100 余场篝火晚会、多场唱响"啰儿调"土家歌王大赛；③2012 年石柱地方代表队参加"重庆市第五届乡村文艺会演"，荣获 2 个二等奖、1 个三等奖及组织工作奖；④2014 年石柱地方代表队参加重庆市乡村文艺会演，获表演类一等奖及音乐类二等奖；参加首届重庆市美丽乡村原创歌曲大赛，获十佳歌曲奖及表演银奖。传统舞蹈"土家玩牛"成功入选第四批国家级非物质文化遗产代表性项目名录，成为石柱土家族自治县第三个国家级非物质文化遗产保护项目。完成黄水林海消夏旅游季民族民才表演21 场，开展"玉带河之夜"文艺专题演出活动 20 场次。

（八）促进了乡村文化建设

乡村旅游业还给当地带来了一项隐形"福利"，就是无形中提高了当地农民的综合素质。乡村旅游涉及经济学、管理学、地理学、生态环境学、旅游学、社会学、人类学、民族学等多个领域，当地农民在旅游产业的开发经营过程中会在耳濡目染中学习到以上众多学科方面的知识，外地游客的到来也能让当地农民更多地了解外面的世界。"黄水人家"乡村旅游专业合作社的成立运营，让石柱地方政府看到了农民综合素质的提高对发展乡村旅游的重要性，于是大力开展乡村文化建设，由乡镇到村全方位对农民进行各种文化传播，提高他们的综合素质，已取得以下建设成果：①2009 年石柱土家族自治县共有乡镇综合文化站 23个，其中当年建成 10 个，完成 21 个村文化室建设；②2010 年石柱土家族自治县共有乡镇综合文化站 27 个，建成文化信息资源共享工程县级副中心 1 个，乡镇基层服务点 11 个，村文化室 173 个；③2011 年石柱土家族自治县共有 31 个乡镇综合文化站，建成 21 个乡镇 173 个文化工程共享服务点，完成 241 个村文化室建设；④2012 年石柱土家族自治县共有 31 个乡镇综合文化站，241 个行政村建起文化室（表 14-7）。截至 2016 年底，该县共有 480 多户成为文化中心户及 135 支乡村文艺队伍。

表 14-7　石柱土家族自治县 2009~2012 年乡村文化建设情况

年份	乡镇综合文化站	村文化室
2009	23	21
2010	27	173
2011	31	241
2012	31	241

（九）树立了行业内部典范

由于"黄水人家"乡村旅游专业合作社取得的成效有目共睹，石柱土家族自治县地方政府及农民积极筹备下一个乡村旅游专业合作社"枫木人家"，并计划在石柱多个乡镇全面推广复制这种模式。同时，外地纷纷派出代表团亲临实地考察学习，借鉴石柱乡村旅游专业合作社经验：①2013 年 5 月，湖北省利川市委常委田孟清率考察团赴重庆市石柱土家族自治县黄水镇考察旅游地产开发、城镇建设等工作。②2014 年 8 月，重庆市荣昌县党政代表团参观考察石柱旅游地产项目。③2014 年 9 月，贵州省道真仡佬族苗族自治县派出以县委书记肖发君、县长向承强、县政协主席周世晓带队的考察团队前往石柱自治县，考察旅游产业发展情况。④2015 年 7 月，以市政协副主席、威宁县县长陈波带领的贵州省毕节考察团到石柱土家族自治县考察旅游发展工作，学习乡村旅游发展模式。⑤2015 年 8 月，贵州省习水县派出以县委常委、宣传部部长杨松为首的 43 人团队前往石柱自治县，考察学习乡村旅游发展经验。⑥2015 年 10 月，重庆市奉节县青龙镇党委书记刘光华带领当地镇村两级干部考察学习石柱乡村旅游专业合作社。

第三节 石柱土家族自治县乡村旅游及乡村旅游专业合作社发展存在的困难和问题

一、旅游项目优势不明显，面临同质化竞争

目前，石柱土家族自治县旅游项目主要围绕森林公园、草地林海、植物园、山水风景、古镇风情、民俗文化等进行开发，但从市场竞争角度看，诸如此类旅游项目正面临严重的同质化竞争问题。例如，从石柱周边地区看，存在同质化竞争的项目包括：①湖北利川腾龙洞景区、齐岳山高原草场景区、福宝山水库景区等；②湖北恩施大峡谷景区、梭布垭石林景区等；③湖北巴东神农溪景区；④重庆酉阳桃花源龙潭古镇景区、酉水河景区等；⑤重庆秀山凤凰山森林公园景区、川河盖草场景区、轿子顶林场景区等；⑥重庆黔江区小南海景区、濯水古镇景区、灰千梁子景区等；⑦重庆奉节天坑地缝景区、夔门景区、天鹅湖景区等（表14-8）。

表 14-8　石柱土家族自治县周边地区旅游景区情况

地区	景区	旅游项目
湖北利川	腾龙洞、齐岳山、福宝山	自然风光、民俗文化
湖北恩施	大峡谷、梭布垭	自然风光、民俗文化
湖北巴东	神农溪	漂流
重庆酉阳	龙潭古镇、酉水河	古镇风情、山水风景
重庆秀山	凤凰山森林公园、川河盖草场、轿子顶林场	森林风景、自然风光
重庆黔江	小南海、濯水古镇、灰千梁子	山水风景、古镇风情、自然风光
重庆奉节	天坑地缝、夔门、天鹅湖	山水风景、自然风光

以上石柱周边地区的景点均已有一定的成熟度，且经营规模较大，如湖北恩施大峡谷、利川腾龙洞、巴东神农溪均是国家级 5A 景区。相比之下，石柱乡村旅游业优势不明显，竞争发展难度较大。

二、缺乏旅游品牌，影响力较小

一个地区的旅游业如果要产生强大的影响力，则必须具备旅游品牌效应，并

且从市场经济角度分析，当下旅游业竞争主要是品牌的竞争。从全国范围看，当下较为知名的乡村旅游品牌主要包括：①安徽宏村：主打"小桥流水人家"品牌，并成为全国美术专业学生写生基地；②江西婺源：主打"油菜风景"品牌；③湖南凤凰：主打"湘西文化"品牌；④四川阆中：主打"张飞牛肉"品牌；⑤贵州千江：主打"千户苗寨"品牌；⑥重庆丰都：主打"鬼城文化"品牌（表14-9）。

表14-9　全国部分地区旅游品牌情况

景区	主打品牌
安徽宏村	小桥流水人家
江西婺源	油菜风景
湖南凤凰	湘西文化
四川阆中	张飞牛肉
贵州千江	千户苗寨
重庆丰都	鬼城文化

以上各旅游景区在唱响旅游品牌基础上，迅速成为全国知名景区，声名远扬，前来观光的游客络绎不绝，已经占据旅游业中的显要地位。与此相比，石柱乡村旅游业发展就要逊色很多，虽然经过近年发展取得了较为可观的效益，但时至今日仍然没有凸显出其强有力的品牌效应。石柱乡村旅游专业合作社发展应高度重视这个问题。

三、传统的宣传推广方法，转化率低

目前，石柱乡村旅游产业宣传推广主要采取户外广告、电视广告、报刊及宣传册等传统方法，尽管传统宣传推广方法投入了大量的人力、物力和财力，但效果有限（表14-10）。从营销学的角度来看，任何形式的宣传推广都应从消费者角度出发，而当今传统宣传推广方法并不能对消费者产生足够的吸引力，所以导致旅游产业的投入转化率并不高。因此，石柱乡村旅游专业合作社在宣传推广方面一定要推陈出新，结合自身特点和时代背景，找到切实有效的宣传推广方法，达成事半功倍的成效。

表14-10　传统宣传方式的弊端

传统宣传方法	弊端
户外广告	成本高；快节奏时代，消费者无心留意；局限于周边地区
电视广告	成本高；千篇一律，消费者印象不深

传统宣传方法	弊端
报刊、宣传册	在互联网时代大背景下，年轻一代消费者不关注

四、经营面临政策壁垒，内部监管存在隐患

乡村旅游业专业合作社属于非企业法人实体，难以取得特种行业经营许可证，不能获得政府相关方面的扶持。以石柱"黄水人家"乡村旅游专业合作社为例，家庭式宾馆是黄水人家微型企业孵化园内多家社员的主营项目，但由于多数社员将自住房改建为家庭式宾馆，在房屋建设标准上难以通过针对宾馆行业的消防验收，因此无法取得特种行业经营许可证而被拒绝在申办微企的大门外，目前多数社员尚未取得特种行业许可证，不能获得政府相关支持。所以旅游专业合作社发展壮大首先面临着政策壁垒。其次，"黄水人家"乡村旅游专业合作社社员多为万胜坝村农户，地方宗族势力根深蒂固，加上受中国数千年人情社会的影响，在未来经营管理过程中，能否一直坚持按原则办事，始终遵守市场游戏规则，存在较大的不确定性。因此，乡村旅游专业合作社内部监管存在一定隐患。这些隐患包括：一是准入准出门槛。在准入方面，所有入社社员均需通过合作社评估后，才能报当地工商部门注册登记，但如果出现个别社员利用人脉关系注册登记，必将导致合作社服务质量的下降。准出方面也存在同样的问题。二是评定分级。评定分级是"黄水人家"内部所有社员服务定价的主要依据，然而，合作社在对社员进行评定时能否做到公平公正，存在着一定的不确定性。三是利益分配。合作社在每年组织分红时，能否对所有社员做到公开、公平、公正，可以说也存在某些不确定因素。四是奖惩制度。合作社在进行奖励或者惩罚时，能否坚持做得好就奖励、做得差就惩罚的原则，不考虑人情关系，仅对事不对人，做到"一碗水端平"，同样存在不确定性。

五、行业竞争压力大，发展基础较为薄弱

随着石柱乡村旅游业的蓬勃发展，本地乡村旅游专业合作社将面临来自招商引资企业和本地新崛起企业之间激烈的市场竞争，竞争领域包括所提供的宾馆、餐厅、购物超市、休闲娱乐中心等多项服务。尤其是那些较为成熟企业，其凭借雄厚的资本、宽广的人脉、丰富的经验、充足的人才等优势，必然会抢占相当大的市场份额，而对于在人力、物力、财力及自身素质等方面相对薄弱的乡村旅游专业合作社而言，面对强大的竞争对手未必能在当地旅游市场经营中处于相对有

利的地位。而一旦失去了市场竞争力，乡村旅游专业合作社就将面临巨大的市场经营风险，哪怕是维持经营现状都会十分困难。

六、旅游专业人才缺乏，社员之间缺乏信任

各行各业的竞争，归根结底是人才的竞争，旅游产业同样如此。当下，石柱乡村旅游专业合作社专业人才缺乏的问题较为严重。根据实地调查，"黄水人家"乡村旅游专业合作社社员文化水平普遍不高，具备高中以上文化程度的社员寥寥无几，并且多数社员原本从事务农或外出打工等体力劳动，严重缺乏旅游从业经验。近年来，虽然政府及合作社组织开展了旅游相关专业培训，但受基础差、底子薄等影响，目前旅游从业人员难以在短期内实现经营管理和服务能力的明显改善。同时，乡村旅游专业合作社成立的初衷之一就是避免农户之间哄抬物价等无序竞争现象，但现实环境中，尤其是在利益驱使下，难保个别社员不会做出损害其他社员利益的事情，如出现假公济私、与竞争对手暗中低价竞争、损害其他社员利益等情况。一旦社员之间失去信任，社员自然就不会积极参与到合作社的建设中，从而给乡村旅游专业合作社的可持续发展带来极大的不确定性。

第四节　促进石柱土家族自治县乡村旅游专业合作社发展的对策建议

一、强化政策支持

近 10 年来，石柱土家族自治县当地对于乡村旅游产业的发展虽然给予了极大的优惠政策，但是还有一些细节没有兼顾到，而这些细节对于专业合作社社员往往是非常头疼棘手的，如家庭式宾馆申办微型企业问题。由于人力、财力的限制，"黄水人家"乡村旅游专业合作社社员不可能在短期内建设经营高规格宾馆，在相当长的一段时间内，商住一体的家庭式宾馆将依然是专业合作社宾馆的主流模式，要解决这一问题，只能是由政府部门、专业合作社、农民三方合作，放宽政策，灵活应变，建议组织相关部门召开研讨会，并向市级主管部门沟通衔接，在守住消防安全底线的前提下，探索出一条能让经营家庭式宾馆的社员成功申办微型企业的试点之路，从而打破政策壁垒，结合"黄水人家"乡村旅游专业合作社自身的实际情况进行优化经营。

二、确定主打品牌

应结合石柱土家族自治县的自然资源、风土人情等因素，深度开发主打品牌。笔者实地走访调研后，初步认为石柱乡村旅游在确定主打品牌上有以下几个选择（表 14-11）。

表 14-11　石柱土家族自治县乡村旅游主打品牌选择分析

品牌选择	优势所在	案例仿效
野生食用菌	野生菌资源丰富+地方口味	湖北潜江油焖大虾
高校实习基地	黄连之乡	安徽宏村、江西婺源
会议基地	海拔较高，气候凉爽	嘉兴乌镇
野外项目拓展	森林、草场、林海、湖泊	湖北神农架

（1）打造"野生食用菌"或其他品牌。石柱黄水镇野生菌资源丰富，配合重庆地区的饮食文化，开发旅游地区饮食品牌。案例借鉴："湖北潜江油焖大虾"，每到大虾繁殖季节，许多游客慕名来潜江，只为在饮食技术原始输出地品尝正宗口味，而且重复消费率极高，为潜江地区带来了极大的经济效益。

（2）打造"高校实习基地"品牌。黄水有着"中国黄连之乡"的美誉，可以借此资源与高校药学类专业开展合作。案例借鉴："安徽宏村""江西婺源"，当地美景在一批又一批美术学子的描绘下，形成了旅游品牌，迅速成为行业类的标杆。

（3）打造"会议基地"品牌。黄水区域最高海拔 1 934 米，多数地区集中在 1 300~1 500 米，气候宜人，夏季平均气温 21℃，是天然的避暑胜地。可以与有关单位合作，在当地举办各种工作会议。案例借鉴："嘉兴乌镇"，乌镇原本只是一个普通的江南水乡景区，近几年连续举办"全国互联网大会"后名声大噪。

（4）打造"野外项目拓展"品牌。石柱地区森林繁华茂盛，草场广袤无垠，河流湖泊众多。可以尝试打造"野外项目拓展"，如探险、野外自行车、漂流、攀岩等，而且做到深度开发，如定期举办相关民间赛事，并邀请媒体报道，不断做大做强。案例借鉴：湖北神农架森林探险、滑雪项目。

以上思路仅局限于笔者个人的实地走访总结，可以打造的旅游品牌还有许多选择，当地政府部门和乡村旅游专业合作社还可集思广益，精心打造出一个响当当的旅游品牌。

三、加大宣传力度

市场行为的宣传推广一定要做到深入人心，引人入胜，才能提高旅游转化率，在此提出以下高效宣传推广方式（表14-12）。

表14-12　石柱土家族自治县乡村旅游宣传方式选择分析

宣传推广	方式	成功案例	优势
口碑相传	高校学子信息扩散	安徽宏村、江西婺源	低成本，辐射人群广
羊群效应	会议基地	嘉兴乌镇、江西庐山	低成本，扩大影响力
媒体炒作	嵌入影视作品	山西乔家大院	无须广告，但效果好
名人代言	文学艺术作品	湖南凤凰	潜移默化引导消费者
互联网营销	网络社区、自媒体		低成本，贴合时代

（1）口碑相传。前文提到过的与高校展开合作，既可以打造旅游品牌，同时也是一种高效的宣传推广方式。因为高校学子正处于青年时代，对旅游十分热爱，在感受到当地的旅游乐趣后，口碑在他们那里将得到极大的宣传，在当今互联网社会，高校学子是最具有传播扩散效率的群体。

（2）羊群效应。前文提到的打造黄水"会议基地"，能够形成很好的羊群效应，羊群效应在营销领域可以说是一个不错的技巧，亦称从众成交法。石柱乡村旅游合作社可以巧妙地利用客户的从众心理，促使客户消除疑虑，进而快速决策。这种方法一旦成功运用后，众多企业将纷纷前往石柱举办各种会议。

（3）媒体炒作。前文中提到"野外项目拓展"民间赛事，另外还可考虑成为影视行业的取景基地，借助媒体行业扩大影响，这类广告方式，避免了传统广告的硬伤，不是以旅游本身的正面宣传推广，而是通过媒体的侧面传播方式引起游客的心驰神往，这将成为极具影响力的传播手段。例如，山西"乔家大院"景区，在相关影视剧热播以后，乔家大院景区的火爆程度超乎想象。

（4）名人代言。这里的名人代言并非人们司空见惯的名人代言某种产品的方式，而是结合石柱的自然风光、风土人情，邀请著名文学家或艺术家对石柱旅游加工润色。例如，湖南凤凰，在名家沈从文作品《边城》的影响下，实现了现如今地区旅游的繁荣昌盛。

（5）互联网营销。当今的社会是"互联网"社会，石柱乡村旅游专业合作社必须紧跟时代步伐，做好互联网营销。例如，运用自媒体、建立"驴友"社区、软文推送等，充分发挥互联网营销的优势。

四、构建长效机制

目前，石柱乡村旅游专业合作社已确立了较为良好的监督管理机制，但要做到长效实施，主要有以下几个方面需要注意：一是专业合作社管理层应当提高认识，高度重视此项工作，不搞形式主义，不走过场，"对上不应付，对下不敷衍"，要深入调查研究，不坐而论道，监事会的工作要做到全面细致。二是从速处理、及时公开，对于相关事件的处理，既要做到公平合理，又要及时公开信息，提高监督管理工作的效率，树立监督管理领导在社员心中的权威。三是监督管理层应注意吸收各方力量，不搞"一言堂"，如政府相关部门、社员代表、游客代表，按照一定的人数比例组成监管工作组，各方都有代表人物，避免出现"既是运动员，又是裁判员"的不合理现象。四是集思广益、勇于创新，随着专业合作社的发展壮大及时代的变迁，监督管理制度应当吸纳多方意见，因势利导做出相应的调整。五是加强监督管理层人员的建设，从源头上构建长效机制。

五、寻求外部合作

寻求外部合作主要围绕以下两点：一是联合周边景区，推出旅游线路组合套餐；二是专业合作社与当地其他旅游企业合作。

石柱周边有"巫山小三峡""奉节白帝城""云阳张飞庙""丰都鬼城"等景区，可由石柱当地政府牵头，与以上景区合作打造旅游线路，将他们的客流量为己所用，这种方式可以做到"一箭三雕"。首先，有效地削弱了竞争；其次，增强了消费者的旅游体验；最后，拉长了旅游产业链。

当专业合作社与本地区其他旅游企业发生竞争又处于劣势时，专业合作社应当灵活应变，不一定非要争个非此即彼，可以本着"合作共赢"的想法开展合作，尊重他人的既得利益，同时对后续利益进行友好的再分配。可以形成地区旅游企业互惠互利的良好氛围。例如，专业合作社社员可以长久为外部企业提供农业原材料；在超出自身接待标准时，可以互相介绍客源等，还可以根据实际情况开展更为深度的合作。

六、维护内部团结

"家和万事兴"，对于一个专业合作社亦如此，团结互助、信任帮扶是一个团队稳定发展的基石。石柱乡村旅游专业合作社可以从以下几个方面开展工作：一是定期举行民主生活大会，所有社员友好合理提出意见，社员之间如有矛盾纠纷，应当本着合作共赢的心态友好商议解决，切不可互相攻击、损害他人利益。二是成立专业合作社满意度调查小组，小组成员不定期走访所有社员，对社员进行满意度调查，了解民意，排除潜在的隐患。三是可通过一些轻松愉快的团队活动提升社员之间的友谊。

七、提高人员素质

乡村旅游专业合作社的发展壮大，必须要提高从业人员的综合素质。根据农业部2016年的统计数据，乡村旅游的从业人员中，农民所占人员比例高达90%以上。石柱土家族自治县政府已多次对乡村旅游专业合作社从业人员进行培训，但还需要加强，对各项业务展开专题培训，开通旅游经营热线电话及服务中心，随时对农民的咨询学习提供及时的指导帮助。乡村旅游专业合作社的经营发展不是一代人的事情，同时要注重当地的基础教育，提高乡村学校的教育设施，增强乡村学校的师资力量，培养出土生土长的各方面人才，实现源头活水，带动地区旅游业的发展。

乡村旅游专业合作社还要招贤纳士，引进各方人才。例如，聘请行业内资深的职业经理人，与高校合作，给旅游专业学子提供实习机会，吸纳优秀的旅游专业人才，特别是优秀旅游管理和金牌导游人才。制定人才引进的优惠政策，吸引并留住他们，使他们长期在此服务，为乡村旅游专业合作社的发展壮大储备强大的人才资源，从而保证乡村旅游的持续发展，并不断壮大。

第十五章 农民专业合作社典型模式国际比较及借鉴

第一节 国外农业合作社①的兴起及联合

一、首个消费合作社的兴起

早期的合作社思想起源于西欧，是随着资本主义市场经济的发展而兴起的。最初的合作社思想属于空想社会主义，产生于工业革命时期，工人运动的爆发也侧面推动了这一思想的产生。合作社思想流派种类繁多，主要代表性思想有：欧洲的基督教社会主义学派、国家社会主义学派；北美的加利福尼亚学派、竞争尺度学派等。

从历史上看，有文字记录的第一个农民营销合作社于 1810 年出现在美国。1844 年 12 月，罗虚代尔先锋社的创始人查尔斯·豪沃斯（Charles Howarth）与其他 28 名纺织工人共同发起，建立了一个比较规范的消费合作社——罗虚代尔平等先锋社（The Rochdale Equitable Pioneers Society），并制定了一套运行和管理规则。其主要内容是：①成员资格开放与入社自愿；②一人一票和民主管理；③资本报酬有限；④盈余按交易额分配；⑤保证货物的质量和分量；⑥按市价进行交易；⑦只接受现金；⑧保持政治和宗教中立；⑨重视社员教育；等等。此后合作社先后经历了四个阶段，到如今合作社在各国经济生活中已经占有十分重要的地位，农村合作社的发展趋势从分散走向联合，并且逐步发展到国际之间的合作。国际合作联盟明确指出："为了更好地为社员及社区的利益服务，所有合作社应以各种切实可行的方式与地方性的、全国性的以及国际性的合作社组织加强合作。"可以说，合作社之间的合作是合作社的基本原则。

---

① 国外农业合作社，在我国被称为农民专业合作社。

到了 20 世纪 40 年代，伴随着合作社思想的发展，欧洲各国处于弱势地位的小生产者、失业工人等为提高自身地位、提高竞争实力而组建起了不同类型的互助组织，包括以农业生产销售为主的农业合作社，以金融业务为主的金融合作社等。伴随着合作社数量和种类的增多，对合作社进行的理论研究也正式拉开帷幕。

综上所述，国外的合作社理论主要分为两个阶段，20 世纪 80 年代之前以新古典理论研究为主，主要研究合作社价格产出与市场效率之间的相关问题。而 80 年代之后，欧美国家的合作社出现持续的合并浪潮及显著的内部制度变迁，大量新理论，如产权理论、交易成本理论、博弈论等，被引入合作社研究之中。国外对合作社的研究内容重心也发生了改变，最初是对合作社存在的外部效应进行研究，研究合作社在市场经济中所起的作用，随后研究合作社存在的合理性及运作中的缺陷，近些年来对合作社的研究主要集中于其内部结构、组织形式、管理方式、激励措施等。国外合作社理论无论在研究主题还是研究工具上都取得了举世瞩目的成果。

农民专业合作社在我国的出现，最早可以追溯到民国时期，20 世纪 20 年代，乡村合作运动在中国发展起来，民间力量进行的合作实验推动了我国农村事业的发展。1949 年中华人民共和国成立之后，国内的农民专业合作社随着经济的发展经历了不同的发展阶段。国内学术界对农民专业合作社的理论研究大致可以分为两个阶段，第一阶段是 20 世纪 80 年代，随着农业市场化的发展，农民专业合作社在农业发展中的重要性日益突出，这一阶段理论主要倾向于对合作社发展重要性的论述，是对国外合作社理论的引进阶段；第二阶段是在 20 世纪 90 年代之后，这一时期合作社无论是质量还是数量都有了突飞猛进的增长，这一阶段主要研究怎样组建合作社，对合作社运行制度、管理制度及利益分配进行研究。

国内的合作社理论研究经过多年发展有了一定的成果，研究重点随着时代的进步也在不断变化，从最初对国外经验借鉴论证合作社存在的合理性到对合作社产权制度、社员满意度这一类具体问题进行研究。对农民专业合作社的研究在结合国情的前提下，紧跟国家大政方针，加强对合作社理论的完善，对于促进合作社发展很关键。因此，在接下来的理论研究中，一方面，要积极关注西方合作社理论的最新进展；另一方面，以史为鉴，应坚持理论联系实际，分析合作社运行中的具体问题，用理论做指导创新合作社发展模式。

二、国外合作联社类型和特点

国外合作社的联合大多采用的是"自下而上"的模式，在世界上合作社运动发达的国家（如美国、德国、法国、英国、丹麦等）合作社联社或联盟是屡见不鲜的。目前国外合作社主要分为三种类型。一是以德国、法国为代表的专业合作社；二是以美国、加拿大为代表的跨区域合作社；三是以澳大利亚为代表的畜牧合作社。

虽然国外农村合作社的发展途径和形式各有不同，但也有一些共同的特征。一是授权于农。合作社除了坚持"民办、民管、民受益"的原则，还坚持服务社员、自主经营、自由进退社的原则。合作社是否能发展壮大跟农民的合作意识和参与程度有千丝万缕的关系。在促进合作社发展的过程中，尊重农民的意愿和选择，农民入社退社自由，不强迫农民选择，实施民主管理，以农民为主要服务对象。二是有法可依。无规矩不成方圆，合作联社的发展同样需要法律的制约。通过制定相关的法律法规，确立合作社的合法地位，可以保障农民专业合作社的联合发展，保障社员的合法利益。三是政府的扶持。从国外的做法来看，大部分国家对合作社的发展采取不主导、不领导、不干预，而是给予扶持，主要是在财政、信贷、税收等方面对合作社采取了优惠政策。四是走向联合。各国的合作社发展到一定的基础后逐步走向联合，并通过联合，纵向深入开展经济模式，扩大经营范围。随着世界经济一体化进程的加快，国际农产品市场竞争日趋激烈，各个国家农业合作社之间更是以国内外市场为导向，加快了联合的步伐。

三、国外合作社发展

（一）美国合作社发展

美国农业合作社迄今已有 100 多年的历史，是在完全市场经济条件下，由农民自发组织形成和发展的。美国农业合作社，就其法律形式而言，可分为法人合作社和非法人合作社。法人合作社，又可分为股份合作社和非股份合作社。股份合作社，是指发行股票的合作社；非股份合作社，是指不发行股票、通过发给社员的证书以证明其在合作社中的权利的合作社。非法人合作社，是指由若干成员组成的联合体，它不经注册，只要有名称、章程、管理成员及明确的职责即可成立。美国农业合作社，既可以依据专门的合作社立法成立，也可以依据普通的公司法成立，不论依据哪种法成立的合作社，都有一个共同的特点，即不以营利为目的，旨在帮助农民降低生产成本和解决农产品销售问题，提高农民收入。美国农业合作社在管理上采取"民主管理原则"，其基本表现形式是"社员多数决"。"社员多数决"已成为合作社广泛接受的基本原则，与商事公司的"资本多数决"原则相区别。当然，"资本多数决"也有例外，如有些州的合作社法规定，一个普通股票的持股者不准多于一票。

美国农业合作社组织机构由社员大会和董事会组成。社员大会由全体社员组成，社员大会每年召开一次，并可以随时召开特别会议。合作社的重大事项由社员投票表决，如果会议的主持人压制多数人意见，他将被罢免。董事会成员由社员大会选举产生，董事会成员通常也要来自社员，但并非所有社员都有当选机会，凡是存在同本合作社竞争的任何公司及其子公司的人都没有资格成为本合作社的董事。董事会享有除社员享有之外的合作社的其他权利，负有督促和指导合作社活动的职责。董事的义务与职责与普通公司法中规定的董事的义务与责任具有一致性，如董事对合作社也负有忠实义务和注意义务。董事必须严格遵守法律、章程及细则的规定，不能滥用职权，也不能有任何欺骗和不诚实行为，否则，合作社社员有权追回其从非法交易中获得的利益，也有权要求董事赔偿因其行为给合作社造成的损失。董事会有权聘任经理，经理根据董事会的授权，在董事会的监督下，负责经营本合作社的日常事务，包括采购、销售和处理由合作社处理的所有农产品和供应品；根据董事会的要求编写年度报告和其他报告；雇用、监督和解雇合作社的任何一个雇员。

（二）德国合作社发展

在 1972 年，德国就形成了三个层面的合作社组织机构，即初级合作社、地区级合作社联社和国家级合作社联盟。地区级合作社联社由本地区、本行业的基层合作社构成；国家级合作社联盟主要由本行业的地区级合作社联社及少量具有较大影响和较强经济实力的基层合作社构成，专业性较强。

德国是合作社组织的发源地，而今，农业合作社遍布德国农村地区，不仅提高了农业生产和销售的组织化和产业化程度，推进了农业结构调整，而且在促进德国农村地区发展，提高农民收入，缩小城乡差别和地区差别等方面发挥了不可替代的作用。在德国，几乎所有的农户都是农业合作社成员，其中不少农户同时参加几个合作社。农户为了寻求更大的收益，自动组建农业专业合作联社。德国赖夫艾森合作社国家联盟是德国合作社最高级别的合作社，其法定职责是促进和发展德国合作社事业和对合作社实施审计监督。联盟还注重对外交流与合作，与世界各地的众多合作社组织保持着良好的合作关系，在国外积极开展合作社的有关研究、咨询和服务工作，有效地推动了德国合作社在全球的进一步发展。

（三）澳大利亚合作社发展

总体来看，澳大利亚的合作社类型多样，规模有大有小。从新南威尔士的 850 家农业合作社来看，小型合作社发展迅速且领域集中在生产和生活服务上。合作社可以分为两种形式，一种是与传统劳动相结合的劳动型农业合作社，坚持国际合作社联盟公认的门户开放、入退社自由，一人一票，股份红利限制，惠顾者返还，成员教育等原则。另一种是以劳动和费金结合的股份型农业合作社，与传统劳动型合作社的区别在于一人一票加持股多少的表决原则等,是公司型合作社。例如,澳大利亚最大的乳制品加工商 Murray Goulburn 合作社的运营与商业公司相似,由部分农场主控股拥有。合作社生产牛奶、乳酪、黄油等奶制品,供应商按照供应方式的不同和交易数量的多少等获得盈利,并按照股份分红。合作社创造出自己的品牌,自己制定合作社的发展规划,并与澳大利亚第二大连锁超市伍尔沃斯 Woolworths 签订为期 10 年的"农超对接"协议,合作社通过与养老基金合作等方式帮助农场主购买农场和提供可持续劳动力。截至 2013 年 6 月底,澳大利亚农户土地面积总量为 1 000 万公顷。农业合作社共有 197 个谷物收购点、4 个港口、6 个面粉加工厂,其中 Eastern Pearl Flour Mill 是全球第四大磨粉厂。并且合作社拥有 2 000 万吨的储存能力,每年装载量 1 000 万吨,600 万吨市场销售量主要用于出口中国、印度尼西亚、日本、欧洲等。

第二节　国外合作社发展模式比较

一、美国的规范高效全产业链联合型合作社发展模式

美国的新一代农业合作社是从 20 世纪 80 年代开始兴起的自发性经济组织。农业合作社在粮食生产、农产品加工和贸易等方面发挥着重要作用。据统计,2006 年,美国农业合作社数量为 2 675 个、社员达 260 万人。农业合作社加工的农产品占农产品加工总量的 80%,出口的农产品占农产品出口总量的 70%。当年主营业务量达 1 105 亿美元,净利润达 32 亿美元。美国属于典型的规范高效全产业链联合型合作社发展模式。

(一)法律体系完备,保障规范发展

自 19 世纪中期农业合作社建立以来,美国政府不断出台法律措施促进其更好发展。1865 年,美国密歇根州通过认可农业合作社购销方式的法案。1914 年,联邦政府颁布《斯密-利佛法案》,积极推动合作社发展。1916 年,美国国会通过"联邦农场信贷法",有效缓解合作社资金压力。1922 年,联邦议会通过《卡帕-沃尔斯台德法案》,明确合作社成员资格、性质及经营原则。除此之外,美国先后出台《农业合作社销售法案》《农业公平竞争法案》《税法》等。通过建立一整套完备的法律体系,推行税收优惠、农业补贴、信贷支持、反垄断豁免等支持措施,为社员和合作社维护自身利益提供强有力的法律武器,为美国农业合作社的规范发展提供了优越的外部环境。

（二）管理机制健全，高效灵活运作

美国农业合作社组织机构健全，由董事会和社员大会组成。其中，董事会是合作社的核心权力部门，社员大会选举产生董事会成员和投票决定重大事务，而合作社的日常事务由理事会负责管理。农业合作社在管理过程中推行民主自治原则，始终以服务农民和维护农民的利益为宗旨。在重大事项的决策中，坚持一人一票制，不论其拥有的股票多少，每个社员都只拥有一票表决权。农业合作社为农民提供系统化的增值服务，不仅为农民提供实用技术咨询、市场信息分享、产品销售指导等方面的服务，而且还与农民进行农产品深加工领域的合作，使农民获得更多的增值利润。此外，合作社的经营性收入也会以红利的形式再次分配给社员。作为农民自身的合作组织，合理的利益联结机制确保合作社持续高效发展。

（三）跨区域合作，全产业链联合发展

美国以家庭农场作为基本的农业生产单位，以大农场为代表，在大农业基础上采取跨区域合作社模式成为美国农业合作社运作的基本模式。近年来，为获取更高的效率水平，农业合作社之间不断进行重组和并购，一方面，为了降低生产成本、扩大生产规模，经营同类型产品或服务的合作社之间加速横向联合；另一方面，在同一种产品或服务产业链上不同生产阶段合作企业之间进行纵向联合。截至 2011 年底，美国农业合作社之间的横向联合占 66.1%，而纵向联合占 20.3%。随着现代农业发展，为了迎合消费者需求，保持稳定渠道及获得更多农产品附加值，在不同生产阶段和不同产品之间的纵向联合将会变得更加频繁。

二、德国的信贷支撑联合互助型合作社发展模式

从 19 世纪中叶赖夫艾森开办"面包协会"标志着德国农业合作社诞生开始，德国的农业合作社先后经历了初始发展阶段、普遍发展阶段、战后恢复阶段及现代发展阶段。合作社的组织制度形式和思想文化在德国扎根生长。截至 2006 年，德国有各类农业合作社超过 3 000 个，收入总计 383 亿欧元，员工总数 220 万人，德国农业合作社在横纵联合一体化的趋势下，合作社数量在减少，但经营领域在不断拓宽，经营规模也越来越大，形成了信贷支撑联合互助型合作社发展模式。

（一）金融体系健全，信贷补给充足

德国的农业合作社在发展过程中，其健全的金融体系发挥了至关重要的作用。1876 年，赖夫艾森建立了第一家"农业中央信贷银行"，主要目的是保持农业合作社的资金平衡。如今，德国大众银行及赖夫艾森银行联合会和 1 255 家合作银行、2 家合作社中心银行及 13 765 家分支机构共同组成了德国合作社中规模庞大的银行网络。这些金融机构在德国农村经济中占有举足轻重的地位，解决了农业合作社在发展过程中面临的资本实力较弱和经营集约程度较低等方面的问题，也强化了农民在信贷中的地位，同时信贷合作社较低的利息缓解了债息过高带来的市场风险。与此同时，德国政府对农业企业实施特殊的信贷管理政策，自 1954 年开始，德国政府就对农村信贷实行了贷款利息补贴。

（二）横向扩大规模，纵向联合农工商

德国农业合作社为了提高各自的市场竞争能力，通过自发合并、联合等方式进行同类型农业合作社之间的"横向一体化"，这就是近年来合作社数量减少，但社均成员数目反而增加的主要原因。而有些合作社的经营模式单一，导致农业效率低下、商品率较低，所以德国出现了综合经营的农业"纵向一体化"，趋向联合农工商。首先，农工商的联合可以贯穿从生产到销售的整个产业链；其次，额外增加了农产品的附加值，为社员争取更多的利润；最后，不同产业的联合增加了很多工序，解决了很多农户的工作岗位问题，实现了生计多样性发展。

（三）社员入社自愿，参与形式合作互助

在德国，农户在完全自愿的基础上参与由农户自我管理的农业合作社，加入者一般要缴纳入社资金，资金份额由拥有的土地面积决定，款项用于建厂房、购买农用机械等方面。农产品收获季节，合作社派专人到农家收集农产品，然后由合作社的销售人员按合同将农产品送到各大批发市场和超市。有条件的合作社还会将部分产品速冻或者加工成罐头，以便在淡季出售。农闲季节，合作社有关人员会去各大超市、批发市场了解市场行情，并帮助农民制订第二年的种植计划。此外，合作社还对购买种子、播种、管理、销售制订详细计划，避免盲目性。合作社人员的工资、管理费、电费和其他支出均由社员分摊，同时，农产品加工、运输、销售各环节的利润也由入社农户共享，极大地提高了社员的积极性。

三、澳大利亚畜牧业与农牧业可持续型合作社发展模式

澳大利亚是一个人少地多的国家，畜牧业发达。以养牛、养羊为主，绵羊数量居世界之首位。全澳大利亚有农牧场 17.8 万个，其中农牧结合的 2.7 万个，纯牧业 8.4 万个，全国耕地 4 680.6 万公顷，草地 4 250.6 公顷。农业产值占 GDP 的 7%，占出口的 45%。澳大利亚农牧业的私人经营性质和生产的商品化，要求不断地提高产品的竞争能力，并在生产过程中不断提高劳动生产率，以降低生产成本，实现利益最大化。因此，对采用先进科学技术措施，实行科学管理极为重视。在畜牧业生产方面，基本上实现了草场围栏化、饲养专业化、牧畜良种化和操作机械化。

（一）普遍采用围栏轮牧，合理利用草场和减少人工放牧

基本的方法就是依据草场地势条件和饲养牧畜品种的不同需要，因地制宜，普遍实行划区围栏和分群轮收。其好处，一是节省劳动力；二是可控制载畜量，合理使用草场；三是可减少牧畜疫病传播。在划区围栏内有供水设备，按牧畜品种、草场情况，根据情况放进一定数量的牧畜，自食自饮，不需要人跟放牧，到一定时间，再换栏轮牧。牧畜常年放在围栏里，只用很少的人便可方便管理。

（二）改良牧草，建设人工草场

改良牧草的主要方法就是到世界各地去搜集各类牧草种子，选育培育好的草质，培养出适宜于在本地生长的牧草。再经过试种，及时地对草场实行更新和补播改良。澳大利亚四亿亩人工草场，补播面积约占 2/3 以上。多半是以禾本科草为主，并根据土壤肥沃程度和饲养牧畜品种不同，播种豆料草类。为了更好地改良草场，还实行了牧草种子质量标准化，经营专业化。为了保持四季放牧，还建设一定比例的基本草场，主要就是播种冬性草。此外还制作补助饲料。一是普遍采用饲草粉碎混合饲料，二是为补充草质中的蛋白，制作含鱼骨粉的精饲料，用于喂养产仔母畜，或肉牛催膘、过冬。

（三）实行专业饲养管理，充分运用先进科学技术，不断提高品种质量

在澳大利亚 1.3 亿只绵羊中，75% 以上是美利奴种优质细毛羊。这种羊是在殖民地时代，从西班牙引进的，经过 100 多年的历史，从适应到改良，成为澳大利亚的优势产品，并相应地形成了一套传统的专业饲养管理技术。种羊场全都是单

独经营的，各牧场都有自己独家经营的不同特征的良种品系，每个良种畜都有父系、母本的明显标志记载，可随时进行比较、签订配种协议，以便运用遗传优生学研究成果，不断提纯复壮，选育优良品种，更新换代，在竞争中发展。

四、英国的形式多样联盟企业型合作社发展模式

英国是工业革命的源头。伴随着珍妮纺纱机的发明，瓦特蒸汽机的改进和发明，科技进步、生产力得到极大解放，人类文明史上第一个合作社是1769年在苏格兰额尔郡成立的"便士资本家"合作社。截至2011年底，英国的合作社总数达到5 933家，社员有1 350万人，年营业额达358.6亿英镑，涉及11大行业。英国合作社发展的特点是综合性强、涉及面广，多表现为集团企业型合作社。

（一）形式多样灵活，高度适应市场

1844年曼彻斯特北部罗虚代尔镇的"罗虚代尔公平先锋社"是英国合作社走向繁荣昌盛的里程碑，它最初只由28名法兰绒工人组建，一直奉行"一切以用户为中心"的经营理念，历经170多年经久不衰，在不断探索中建立了高度适应本国市场经济发展的组织体系，顺应世界经济发展的潮流，推动生产力进步。目前，英国有农业合作社、消费合作社、金融合作社等众多合作社，多已发展成以综合业务为主的合作社集团，服务领域广阔、形式多样。这些都归功于英国合作社曾经历的专业化、集团化合并过程，它使英国的合作社具有更强的综合服务能力。

（二）联盟专业管理，监督保护并行

英国合作社的组织结构主要是通过自下而上的形式逐步构成的。英国合作社联盟（Co-operative Union，CU）是英国合作社的最高组织机构。最初成立于1870年的英国合作社中央委员会（Co-operative Central Board）是合作社联盟的前身。联盟最初的成员主要是消费合作社，后来逐渐发展到其他类型的合作社。合作社联盟在行业管理和服务方面发挥着重要作用，同时与政府和议会保持良好关系，通过与各个层面保持联系，提高对合作社的集体保护能力。

（三）"农民企业"联合，高效合作共赢

英国的农业合作社主要由农民和农业工人组成，从事领域主要是物资采购、农产品加工和销售等环节，以及昂贵的大中型农机和农资设备的合作使用。这种

合作社在英国比较普遍，通常被称作"农民企业"。这些"农民企业"的生产者通常联合到一起，扩大企业规模，争取在产品销售和农资购买等环节中得到优惠，实现合作共赢。截至 2008 年，英国的农业合作社数量达到 435 家，总营业额达 46 亿英镑，社员超过 15 万人。

五、丹麦民主自治下的专业型产供销一体化合作社发展模式

丹麦作为北欧小国，国土总面积只有 44 000 平方千米，人口约 550 万，但农业却非常发达，是世界上最重要的农产品国之一。如今，丹麦 97% 的农民都是自耕农，出租土地只占 3%。但丹麦农产品的 2/3 出口到世界 150 多个国家和地区。仅 2008 年，丹麦农产品的出口额达 644 亿丹麦克朗，占丹麦出口总额的 11%。丹麦的合作社具有民主自治、专业单一、产供销一体化的特点，这是该国农业辉煌发展的主要原因。

（一）一人一票民主决策，利润共享按劳分配

在丹麦，社员一旦加入农业合作社就必须无条件将自己的农产品提交给合作社，同时收购价格固定，农户不能讨价还价。而合作社必须在确保销售的前提下尽可能以高的价格收购并进行利润分红。丹麦的合作社与社员的利益联系非常紧密，为了合作社更好地运行也为了保证自己的收入，丹麦农业合作社实行民主自治制度，运行中的决策由社员一人一票决定；合作社实行的是自主入社、自由退社的机制；在合作社中，禁止或者限制社员按股分红；营业所得利润按照社员参与业务交易量来进行二次分配。

（二）经营项目专业单一，市场份额占有量大

丹麦的农业合作社都是单一项目的合作，单一的前提导致合作社在该领域具有绝对的专业性，产品在后期加工和销售领域市场占有额都非常大。丹麦一百多年来农业合作社的发展历程显示，农业合作社在不断合并，尽管这导致合作社数量和社员人数急剧缩水，但是合作社规模却在不断壮大。为了实现商业利益，合作社经营的项目通常都比较专业单一，但经营产品在市场上的占有份额巨大。

（三）产供销一体化管理，组织化程度极高

对农业实行产供销一体化管理是丹麦农业合作社成功的主要经验。对于合作社来说，最主要的职责是满足社员的商业需求，如提供农产品的生产资料或者协

助加工、收购、出售农产品等。社员通过建立联合商贸企业借贷所需要的资金，购买农机等生产资料及出售各种农产品。丹麦全国农业生产资料采购主要以合作社采购为主，占总量的 50%左右，出口的农产品约占全部出口的 3/4。合作社的规模大，企业的实力强，也推动了农业技术进步和农产品贸易的集中，而由于农民的组织化程度极高，也切实地保护了农民自身的利益，收入也就得到了保障。

第三节　国外合作联社治理特点

国外农业合作社的发展已有 160 多年的历史，进入 20 世纪 80 年代，发达国家合作社的组织结构和运作模式发生了重大变化，多层合作社、合作集团、跨国合作社等广泛出现，现代化的管理手段也得到高效运用，竞争力明显增强。因各国国情不同，形成了不同的发展模式，大体分为三种，即日本模式、欧洲模式和美国模式。

一、国外农业合作社的创新趋势明显

进入 21 世纪以来，国外农民合作社正朝着组织体系网络化、经营一体化、规模集中化、国际化的趋势发展，有一定数量的合作社已成为跨国集团。这些特点体现了美国大农场主参与全球竞争、控制国际市场的意志。由于美国农业发展的国际化特征，其合作社往往把追求利润最大化作为主要目标，能够根据自身需要和市场的动态求新求变，组织管理创新的能力也很强，20 世纪 90 年代出现的"新一代合作社"就体现了这一点。这种合作社突破了传统合作社的范畴，用发展效率优势原则代替了非营利、一人一票的公平原则，提高了社员入社门槛，成员退社受到限制，一般不能退股，股份只能转让，允许非社员持股，实行一人多票的差额表决权机制，聘请职业经理人负责经营管理，重视农产品增值业务，使合作社的运作更为稳定，极大地增加了农场主的收入，在美国获得了成功，也引发了人们对传统的合作社价值取向和发展方向的思考。

二、国外农业合作社健全的合作金融体系

在德国农业合作社的发展过程中，合作金融发挥了至关重要的作用。1876 年，赖夫艾森建立的农业中央信贷银行为信贷合作社奠定了自助而无须国家扶持的基础。国外的合作银行可以分为三级：地方基层银行由社员组成，每个人都可申请

加入合作银行，但银行要视其情况决定是否批准；第二级为三个地区中心银行，每个中心银行下有几个地区信贷银行，中心银行可以提供有价证券，扶持基层银行。国家级的则是德意志合作银行，它是合作银行的首脑机构，主要负责为所有的合作银行平衡债务，提供咨询服务，与国际金融界联系及扶持一些大型交易所。这个银行体系既向成员也向一般客户提供高水平、全方位的银行服务。100多年来，尽管经济体制和银行体制发生了巨大变化，但合作银行仍然坚持合作制的组织结构和为社员服务的宗旨。

三、国外农牧合作社的资源合理管理运用

在国外农牧合作社的发展过程中，资源合理管理运用起着绝对性的作用。农牧业是澳大利亚起家的基础产业，畜牧业对国际市场的依存度比较高。澳大利亚地广人稀，其中人工草场有 2 580 万公顷。合理利用草场，选育最佳牧草品种，科学的培育能使草场的全年产草量比较均衡，且人工草场播种一次便可以使用多年。草场的基础设施完善后，便因地制宜地发展畜牧业和农牧业。根据降水量、温度和土壤等条件，实行高密度放牧、围栏轮牧和科学轮牧等方法，在保护天然草场的同时科学放牧，合理地运用地表水和地下水资源，培育出优良的牲畜品种。

国外农牧合作社所体现的活力和长盛不衰的原因在于它实质上是一个经济联合体，一切都立足于市场。要根据产供销一条龙服务，全面地为所有社员提供服务性帮助。农牧合作社本身的资金积累和发展是靠其精明的经营和政府的优惠政策、靠批量购进和零售之间的差价、靠收取服务费和社员会费（所占比例很小，社员受益远超过其所交纳的会费）。

第四节 国外合作联社发展经验及启示

一、国外合作联社发展经验

（一）充分认识中国农业组织化的现状，构建适宜的农业组织化体系

德国农业合作社的成功经验提示我们：在推进我国农业组织化进程中，要充分认识本国的农业组织化的具体国情。第一，我国农业组织化具有区域差异显著，发展阶段各异及产业领域广泛的国情特点。所以在借鉴国外农业合作社发展经验

时，切不可盲目照搬国外农业组织化经验，不盲目推广国内某地农业组织化经验，更不能下指标，操之过急。第二，我国农业组织化应坚持以农民为核心、以合作制为基础、以市场为导向、以利益机制为纽带、以产业化经营为基本形式。我国农业合作社的创办应该充分尊重农民和基层的自主性和创造性，减少政府干预。第三，我国农业组织化应基于"大农业"的观念。应该围绕各地有区域比较优势的主导产业发展，着力构建"农户+专业合作社+专业加工企业+专业行业协会"的以专业合作为主线的"四位一体"农业组织化体系。除此以外，德国农业合作社的成功经验表明，建构以农民专业合作社为基础的合作经济体系有利于推动农业的组织化。针对复杂多样的农业农村发展情况，我国应鼓励和支持农民和基层探索形式多样的合作社形式。同时，应鼓励合作社跨区域发展，扩大组织规模和覆盖面；鼓励开展合作社之间的合作和联合，探索组建区域性合作社联社、联合会或联盟；鼓励探索农民信用合作组织等新合作形式。合理构建具有中国特色的以农民专业合作社为基础的合作经济体系，是推进我国农业合作社发展的最终趋势。

（二）健全农民专业合作社内部管理机制，办真正属于农民自己的合作社

从国外农民专业合作社的发展看，合作社的运行机制不是一成不变的，要随着社会经济发展而不断创新，以及适应社会发展的需要。目前中国农村地区农业专业合作社大部分是实行入社自由和退社自愿的原则，而且强调资本报酬的有限原则。这使得合作社对外部资金缺乏吸引力，资金只能由社员入股资金组成，由于社员人数有限，合作社资金实力非常弱小，难以有效开展各种经营活动。国外新一代合作社的运行机制值得中国借鉴。建什么样的合作社一定要根据农民的意愿，要从真正服务农民的角度出发，合作社的建设也一定要有科学的论证和合理的步骤，要有农民的积极参与，获得农民的承诺和信任。

国外的农民专业合作社在运行中坚持民主自治的原则，以为农民服务为宗旨，维护农民的利益。这个目标能否得到充分体现，关键在于合作社是否以服务入社农民、满足其经济和社会需要为宗旨，注重产品服务的体系化。合作社的服务，不仅仅是提供技术、信息和产品销售服务，更重要的是要开展深加工领域的合作，让农民的产品获得增值，让农民充分享受产后环节带来的巨大利润，这种合作应渗透到消费者餐桌，实现一体化服务。合作社的发展形势应灵活多样，如今发展农民合作社的社会经济环境发生了巨大的变化，国际合作社运动出现了新的趋势，因此，我国的农民专业合作社要切实服务农民，满足农民的需要，维护农民的利益，成为实实在在的群众性服务组织。

我国的农民专业合作社应该借鉴国外合作社现代企业的组织管理方法，实行

社员大会、理事会和监事会分权制的组织管理经验，逐步完善我国农民专业合作社的内部管理和运行机制。在坚持为社员服务的宗旨下，完善民主管理和利益分配机制，以实现公平和效率的完美结合。可以参考美国在坚持传统的合作经济原则的同时，不同程度地对传统原则进行创新。在遵循按交易额分配的同时，适当增加按股分配的比例，并严格限制红利的年率不得超过 8%。国外"新一代合作社"的模式对我国农民专业合作社的发展很有借鉴意义。

要把握好提高管理水平和加强融资能力两个关键点，促进合作社的壮大和发展。在合作社的成长过程中，一定要由懂经营、会管理的人来管理，要积极引进专门管理人才。同时，要有顺畅的资金注入渠道，支持合作社业务的正常运行和发展。

（三）大力培育和发展龙头企业，与农民专业合作社相互扶持发展

随着国际贸易体系的变化和激烈的市场竞争，区域性的合作社面临着地域、政策的多方面合作限制，因此需要各地的合作社逐步打破其地域限制和成员身份限制。同时各地政府应培育一大批规模大、实力强、科技含量高、辐射面广、带动力强的龙头企业来共同促进农村合作经济组织的发展。对于地区性农业产业龙头企业可关注其几方面的发展。首先，要打破地域、行业、所有制的界限，催生、扶持龙头企业，以效益、规模、辐射力和带动力为标准确立龙头企业，给其以政策优惠，使其充分利用本地资源优势，围绕主导产业进行项目建设，带动合作经济的发展；其次，对有一定规模和基础、资本实力较强、知名度较大的企业，可通过增资、改造、改制等方法促进其进一步发展；充分发挥龙头企业在技术、信息、资金和管理等方面的优势来为农民服务，使龙头企业与农户、生产基地、合作组织之间形成紧密联系的一体化格局；提倡本地的民营企业与合作经济组织结合，采取"1+1"或"1 带 1"的帮助办法，引导农民接受现代管理经验，提高市场准入水平，促进农业市场化、产业化、现代化的发展。

（四）加强法规制度建设，逐步完善《中华人民共和国农民专业合作社法》及配套法规制度

德国农业合作社发展的成功经验表明，良好的法律制度环境是农业合作社得以较快发展的重要因素，尤其是法律、金融和财政制度。首先，明确的法律基础是农业合作社健康发展的重要条件和保障。如果不能从立法上对农业合作社做出明确的界定，那么合作社的法律地位就不能得到确认，国家对合作社的各种政策就不能得到真正落实，我国农村合作化事业就不可能有一个健康的发展。合作社

的实际工作中必然会遇到棘手的问题，缺少合作社法必然导致无章可循，无法可依的现象。2007 年 7 月 1 日，《中华人民共和国农民专业合作社法》在全国施行。《中华人民共和国农民专业合作社法》的内容主要包括合作社的设立和登记，成员，组织机构，财务管理，盈余返还，合作社的合并、分立、解散与清算，扶持政策，法律责任等。该法开篇便明确了立法宗旨是支持、引导合作社的发展，规范合作社的组织和行为。但是，与德国的合作社法相比，我国的合作社法仍需要就以下几个重点问题进行进一步完善：应明确农民专业合作社的概念和性质；新的合作社定义中应强调农民联合所有，同时也要强调民主控制，即社员通过民主程序对合作社实施控制，不同于过去的民主管理，其实质是农民掌握控制权；进一步明确合作社建立的程序；应进一步明确政府与合作社的关系，包括政府对合作社支持的方式及优惠政策。除立法以外，我国在农民专业合作社产业支持、税收优惠、信贷支持等方面，仍然缺乏配套的法规制度来扶持农业合作社的发展。我国在制定和完善农民合作社法及相关制度时，省级人民政府应考虑各地情况的差异，从而加快地方立法的进程，紧密结合各地实际情况，抓紧研究制定出台《合作社法实施细则》，将一些行之有效的扶持政策法规化。

（五）开展教育培训，大力提高社员的专业素质和水平

新制度经济学认为，影响一个组织运营的因素不仅包括正式制度的安排，还包括非正式制度的安排，非正式制度中最重要的便是意识形态。因为通过开展意识形态建设，组织可以减少制度推行过程中的摩擦及实施成本。所以对于农业合作社而言，开展合作社人才与理念的教育、培训工作，可以有效提高合作社成员的素质，增进合作社管理人员、社员对于合作社事业与目标的理解；可以减少农业合作社组建和谈判的成本；可以提高农业合作社的运营绩效，从而从很大程度上促进农业合作社事业的发展。德国农业合作社发展的成功经验进一步证实了：对合作社领导人及其成员进行培训是必须长期重视的工作。

德国合作社对成员教育培训的重视是其管理上的一大亮点。1844 年，罗虚代尔先锋社在成立之初就重视对社员的教育；在 19 世纪末，地区性的农业合作社为那些志愿者和临时管理人员开设了记账和会计课程。在记账课程中，黑森州开设了记账、付款平衡单、商业管理、合作社法律和合作社金融等课程。而在哈斯首创的多层次的教育培训系统中，教育和培训的目标是不同的，多层次的。在地方性合作社中，教育和培训的目标是对合作社成员进行生产知识教育，区域性协会的教育和培训的目标是着重进行继续教育，同时还对会计人员及董事会成员、监事会成员进行培训和教育。1904 年，哈斯在德国创立了第一个合作社培训中心——德国合作社学院。德国其他合作社运动的发起者为了使其合作社成员和受

雇人员受到基本的教育和继续教育，也同样开拓了宽广的教育领域。1957年和1970年有两所学校应运而生——"舒-德研究所促进协会""联邦合作社促进协会"。它们的出现促进了非农业和农村高级培训组织中心的建立。1970年德国出现了合作社基础培训和高级培训的高峰。德国合作社通过组织培训教育，一方面，提高了合作社领导者的个体素质和领导能力；另一方面，提高了广大社员对合作社的认同感、使命感，极大地增强了合作意识。

德国重视对合作社教育功能的经验很值得我国借鉴。要在高等院校和科研机构中设立合作社教育、培训和研究机构，加大对合作社人才的培养力度；农业行政主管部门可借助目前农业广播学校等机构，培训合作社领导人和骨干社员；由于对农民的培训属于WTO绿箱范围，因而应该是免费的。

（六）全面改善农村金融服务，加大对农业合作社发展的扶持力度

健全的合作金融体系是德国农业合作社得以成功发展的重要原因之一。德国早期合作经济学者奥托·拉伯（Otto Rabe）曾指出：信贷合作社会的建立，对于农业来说，更重要的是从农村筹集到的资金还保留在农村，用于农村的发展，这是不可估量的进步。由此可见，农业合作社的发展离不开金融的扶持，该扶持主要体现在金融对农业合作社融资问题的解决方面。

但是，我国农村仍然存在着金融服务的缺位制约农业合作社发展的普遍现象。《中华人民共和国农民专业合作社法》也没有涉及农民金融合作的内容，所以实施以来，农民合作社融资难的问题始终未能得到解决。庆幸的是，十七届三中全会提出了"允许有条件的农民专业合作社开展信用合作"。该政策的提出无疑为合作社内部成员开展金融合作拓宽了道路。所以今后可以倡导通过社员内部融资、资金互助等信用合作的方式，在一定程度上解决合作社发展和社员生产中的资金难题。但由于我国的农村金融体系尚未建立，所以合作金融的探索才刚刚起步。目前，山东、浙江等地已经开始"探索"成立农信担保公司，以专门为农民专业合作社贷款提供担保。不过值得肯定的是，真正的合作应该是生产合作、销售合作、信用合作的结合，因为这样才能切切实实为农民带来合作经济的利益。对于合作社的农户，可以采取单户信贷模式。积极推广农户小额信用贷款，帮助合作社的农户成员向金融机构申请到贷款。另外，值得一提的是，建立健全社会保险机制对于解决农业合作社的融资难问题非常重要。农村专业合作社经营的大多是特色农业，投入的成本高、规模大，抗风险能力弱。但目前，我国的保险业还没有涉及特色农业和畜牧业生产的具体保险理赔项目，所以，特色农业和畜牧业生产的风险没有办法分散。为此，尽快建立、健全保护农业合作社的长效保险机制，提供社会保障，对于解决农村专业合作社融资难的问题意义深远，是农业合作社

得以健康有序持续发展的必要条件。

二、国外合作联社发展对中国的启示

（一）促进纵横联合，实现产销一体化

由于中国区域差异显著，农民专业合作社发展不能照搬国外农业合作社做法，可以考虑坚持以农民为核心、以合作制为基础、以市场为导向、以利益为纽带、以产业化经营为基本形式，有计划有步骤地推进农民专业合作社一体化发展。各地应围绕各自区域富有优势的主导产业，组建"专业种植管理+专业加工运输+专业销售"产供销"三位一体"的农民专业合作社联合社，鼓励和支持农民积极探索形式多样的合作社形式，促进农民专业合作社向高一级合作联社转型升级。同时，为进一步扩大农民专业合作经济组织的市场规模和地区覆盖面，还可以鼓励开展合作社之间的跨区域横向联合，探索不同区域间组建农民专业合作社联合社的可能性。

（二）推行社员自治，提高参与积极性

农民专业合作社说到底是一种市场工具，而农民无论何时都是不容忽视的主体。若能够充分调动社员参与的积极性，将在整个合作社运行中起到事半功倍的作用。可成立代表合作社最高权力机构的社员代表大会，根据规定，社员代表大会可以决定合作社的大小事务，社员可直接选举代表大会的代表，且实行一人一票制。代表大会通过提供信息、会议、授课的形式与社员们保持沟通联系，使整个合作社充满生机，也推动合作社朝着社员们期待的方向发展。而最终扣除必要金额后的利润将会按照社员与合作社的农产品交易额来进行分配，在一年中向合作社交易产品越多，社员最终得到的分红也越多，多劳多得、集思广益促进社员与合作社之间的融合，提高社员参与的积极性。

（三）完善法律制度，增强政策有效性

中国作为最大的发展中国家，农业人口数量多，家庭经营规模小，农民专业合作社无疑是联系千家万户与市场的最好形式。但是，《中华人民共和国农民专业合作社法》实施时间不长，农民专业合作社发展还处于起步阶段，相关的法律制度仍不健全。以美国为代表的一些西方发达国家适时出台并尽快完善农业合作社相关法规制度体系，对农业合作社发展给予全方位政策支持。我国应借鉴国外农业合作社的管理经验，及早建立符合我国国情和历史传统，适应未

来农村经济发展的农民专业合作社管理法律制度，加大政策支持力度，增强政策实施的有效性。相关的支持手段主要包括政策支持，如农业补助、价格补偿等；信贷支持，如国家级信贷系统和私人信贷系统；税收扶持，对某些合作社实行免税制度等。

第十六章　农民专业合作联社持续健康发展对策研究

第一节　加强合作联社内部治理

一、增强合作联社成员之间的黏性

合作联社是分散合作社的高级模式，并不是合作社的简单叠加，通过利益一致性的驱动，合作社联合成为合作层次更高、监督管理难度更大的组合体，面对社员的异质性，合作联社所受到的影响更大。实践中很多合作联社会进行校招和社招，但是这种方式一是引进的人才在技术诉求上契合度低，二是合作联社办公地点一般在偏僻的农村，引进人才难度大。可以采取"送出去、请进来"的人才引进办法，支持合作联社将业务骨干和管培生送到高等院校或培训机构开展专业培训，利用政府扶持高薪聘请专业高才生担任职业经理人，为合作联社引入先进的生产技术和现代农业企业管理方式，提高合作联社的经营管理能力，有效弱化成员之间的差异。

从表面上看来这是农民专业合作联社治理结构的规范问题，但实质是因为合作化进程中各种利益主体的资源禀赋、利益结构的对比和连接方式所产生的问题。真正扮演重要角色的是中央政府提出的新农村建设战略及其相关投资如何进行调整，才能扭转各利益主体的资源禀赋和利益结构而内生的合作社组织变异的实际逻辑。

二、加强组织建设，提高竞争实力

合作社有义务制定严格的规章制度约束社员行为，同时也对社员权利加以保障。现阶段，西部地区农民专业合作社大多都制定了组织章程，并规定了社员的权利和义务，但在实际的操作中组织内的权责并不明确。例如，合作社中的监事会成为摆设，起不到监督作用，一些合作社没有独立的财务，账务不公开，导致社员对合作社认同度低、合作社意识不强等问题。对于这种情况，我们必须对农村合作社的组织章程加以规范，合作社的相关事务，应由监事会、理事会及社员大会共同管理，另外作为农业合作社的最高权力机构，社员大会需要积极地履行相应职责，从而让加入的农户真正当家做主。理事会和监事会应各司其职，尤其是监事会应发挥好监督检查的作用，保证合作社的正常运营和健康发展。只有合作社组织机构健全，且组织中的每一个成员都尽职尽责、积极协作，农民专业合作社才能实现可持续发展。

为促进合作社发展的集团化及规模化，并实现合作社做强做大的目标，可以对现有的资源加以整合，促进合作社之间进行联合，组建合作社联合社，整合资源。此外，还可以对合作社中参股的龙头企业进行鼓励，加强合作社同龙头企业间平等合作关系的构建，并对农业贸易加工环节的利益进行分享。利用合作社与农业生产的密切性，使农业加工经销中的龙头企业与合作社形成利益共同体。

三、建立规范运行机制，提升运营效率

随着市场和农业主体变化的不断磨合，合作组织普遍存在的问题也开始凸显，即农民专业合作社的主体规模仍然较小，管理机制仍然比较松散，虽然具有了一定的市场地位，但是与其他市场主体相比仍然处于弱势地位。为了解决农民专业合作社"小""散""弱"等问题，需要抱团组合成农民专业合作联社。合作联社是合作社的高级形态，相对于合作社来说，拥有相当规模的主体，在为农民提供生产经营的经验和生产时，更具科学性和实用性，不是科研院校的纯学术，同时也不失普遍性。合作联社是农业经营体系的发展新趋势，它传承了合作社的义务和职责，继续服务于农户，但是联合后的合作联社具备了更雄厚的资金、更先进的技术和更强大的生存力。在市场的导向和政策的支持下，我国众多省份的农民专业合作社纷纷走向联合，用更大的市场主体规模去抢占农副产品市场，提升了议价能力，通过扩大生产经营规模，提高生产效率，从而降低成员社的交易成本，解决成员社自身无法解决的现实问题，如做到整个农产品产业链的资源共享和信息互通，并且可以通过完善纵向经营模式，进一步延长产业链，向农产品深加工领域延伸。

四、加强经营管理人才队伍建设

（一）加强对人才工作的领导

要重视对人才的引导；要利用公务员招录、人才市场招聘、组织部门推荐选拔等平台，招引、输送各类贤才能人，充实到供销系统领导班子和队伍中来。再者就是要营造良好的用人环境。一方面，各级党委、政府要采取优惠政策倾斜，形成人才磁场，从而达到人才集聚的目的，改变过去的大学生、部门干部不愿到供销社任职或挂职的现象。另一方面，市（区）供销总社和财政、组织等部门要给予强力支撑，对引进的优秀人才、企业家要承诺给平台、给扶持、给薪水，解决好他们的后顾之忧。

（二）创新人才工作方法和手段

人才难得而易失，供销社要实现人才"引得来、留得住、用得好"，重点要在人才工作方法改进上下功夫。一是，跳出选人用人"唯"字当先的现象。不能用老眼光、老套路选"新"人、选企业管理人才，要营造"重能力、重责任、重奉献"百花齐放、百家争鸣、优胜劣汰的用人环境。二是，跳出"内循环"选人用人思维。并不是全盘否定供销社人干供销社的工作这种"内循环"，应该承认内循环有优势也有不足。但是否可以构建一套选人用人新体制，先易后难，即先从打破单位内循环、系统内循环开始，再积累经验，逐步打通内外。三是，跳出"能上不能下、能进不能出"用人惯例。供销合作社属涉农单位、经济部门，灵活用人方是制胜法宝。要想改变目前现状，建议组织、人事等相关部门在"能上能下、能进也能出、异地交流"上谋求突破，这才是行之有效的措施和出路。

（三）用制度开创人才工作新局面

没有规矩不成方圆，人才队伍建设，制度是保障。一是改革用人制度。拓宽基层社负责人选任渠道，鼓励村"两委"负责人、大学生村干部、农村能人等入社参选，引导服务期满的大学生村干部到基层社创业就业。按照"分开、分类、放权、搞活"的路子，制定新型人事制度，实行分类管理，克服用人制度上"老、旧、残、缺"现象。二是改革分配制度。为稳定系统下属基层社、公司企业干部队伍，调动其工作积极性，可将基层社主任工资、养老保险金等纳入乡镇财政预算，或参照"村两委"干部实行职业化管理。三是改革奖励制度。建议区、镇两级政府对照"三农"服务工作、电子商务、供销 e 家等相关中心工作目标考核，加大资金扶助和工作实绩奖励力度，完善和健全物质奖励和精神奖励相统一的制度，实行多元奖励，以促进和推动供销工作再上新水平、再登新台阶、再创新业绩、再铸新辉煌。

第二节　优化合作联社外部环境

农民合作联社的发展离不开外部环境的改善，这就要求相关部门尽快落实与农民合作经济组织相关的法规和政策规定，确立其市场主体地位，确保与之相关的管理制度能够得到贯彻执行；还要组织专家对农民合作联社进行指导，鼓励他们引入更优秀的人才进行审计等日常工作，提升组织运作效率，切实维护好农民合作联社在质量管理、市场调研、行业自律等方面的重心作用，将原来应该由政府农业部门承担的职能向农民合作联社进行转移；政府部门还要尽可能多的组织社员及管理层人员参加培训活动，提升其科学文化素质，树立竞争理念和质量意识，不断提升农业发展水平。

一、建立健全法律制度，保持联合大方向稳健发展

首先，合作联社的法律地位需要有法可依，有章可循。这一点其实是已经具备的，修订的《农民专业合作社登记管理条例》明确肯定合作联社的法人地位，如明确合作联社的组织构成、职能，合作联社与专业合作社的关系，政府相关部门与合作联社的关系等。各地区之间做好地方法律法规及政策制定的协调统一工作，尽力减少因地域问题阻碍合作联社发展的情况。同时完善合作联社支撑框架体系，明确每个成员的责任和义务，保障成员的利益，规范成员的权利。其次，政府扶持农业的政策需要向合作联社倾斜，在工业反哺农业政策方针前提下，合作联社更需要产业政策的扶持及财政性支农资金逐渐到位。

二、建立按市场规则公平竞争的环境

构建合作社统一市场体系，促进合作社要素自由流动。充分发挥市场配置资源的决定性作用，清理和废除影响农民合作社统一市场和公平竞争的各种规定和做法，实行统一的市场准入制度，建立公平开放透明的市场规则。坚持市场定价原则，逐步建立农产品目标价格制度。建立农民合作社统一的建设用地市场。全面完成农村土地承包经营权确权登记颁证工作，加快建立农村产权流转和交易市

场。在符合规划和用途管制前提下，鼓励农村集体经营性建设用地出让、租赁、入股，实行与国有土地同等入市、同权同价，逐步形成统一开放、竞争有序、规范运行的建设用地市场体系。完善和规范土地租赁、转让、抵押二级市场。发展农村普惠金融，深化农村信用社改革，加大对新型农业经营主体的金融支持，积极推进农房、农村土地承包经营权抵质押融资试点。完善农业保险、保费的补贴政策，提高农业保险覆盖面和风险保障水平，探索试点家庭农场保证保险、小额信贷保证保险等新型险种，探索巨灾风险分散机制。

三、推行土地适度规模化，增强产业链服务匹配

针对土地资源较集中的地区，在成立合作社的过程中，可以通过土地入股的方式，使土地适度的规模化、机械化来提升土地产出，提高劳动生产率。但对于某些缺乏土地资源的地区，应选择走发展特色农业组建特色农业合作社的发展道路。另外，合作社还应在发展中加快改造中低产田，以"稳产高产、旱涝保收"为指导标准开展农田的规范化建设，并以"集中投入，分工协作，统筹规划"为思想，在建设过程中提高对耕地质量的重视，同时积极对具有保护性的耕作技术进行推广，加强土地的改良治理及农田的排灌建设。合作社的成立使土地适度规模化，要针对不同地区、不同粮食作物、耕作制度等的特点，通过新型农业机械的引入，加速农业机械化在农村合作社的推广。

农业生产的"产前、产中、产后"是农业产业化经营所需要涉及的，因此对于个体农户，他们没有能力对整个产业系统进行很好的掌控，然而农业专业合作社代表着农户利益，所以其需要为农户生产提供对应的产业链匹配服务，这是农业合作社应具备的能力及义务。农业合作社还应该对产销服务体系进行完善，对组织机构加以健全，并且对产权进一步明晰。此外，还需对产前生产资料的统一采购及供应进行积极推进，并在"产中"过程中，统一对农户开展技术指导及培训，同时建立一致的生产标准，最后在产后针对产品进行统一包装、统一销售及统一品牌。

第三节　加大政府对合作联社发展的支持

一、完善现有扶持政策

农民合作社形式多样，既包括合作社再联合形成的合作联社，也包括各个行

业不同类别的合作社，国家应采取多项措施支持合作社发展。例如，对农民专业合作社示范社的建设进行强化，并对合作社发展农产品加工流通和直供直销提供有力支持，鼓励和引导以休闲旅游为主业的乡村旅游专业合作社发展，以促进农村经济发展的同时带动农村基础设施建设。《中华人民共和国农民专业合作社法》专门规定了针对农民专业合作社扶持的具体政策。例如，国家可以委托农民专业合作社实施国家支持的农村建设项目，政府对农民专业合作社的技术培训及生产建设提供服务，各级政府每年均应投入资金。为了对林果业、畜牧及粮食合作社的发展提供支持，中央财政在 2015 年调拨了 20 亿元资金；对于涉及农业流通、加工及生产等领域经济活动的合作社，可享税收优惠等政策。

特别是在我国西部地区，由于类别较多、规模较小的特点，合作社发展更加需要政府制定有针对性的政策加以扶持。除了有专项扶持政策对农机农业合作社提供支持外，现有的扶持政策往往缺乏针对性，农业基础设施建设、土地流转等领域缺少相关的支持政策。为了加大对市场化农业生产服务组织的支持，政府可以考虑开展财政扶持相关政策的系统设计，利用直接补贴与物化补贴相结合的方式对合作社进行支持，鼓励西部金融机构给合作社发放贷款，可以平等地享受到类似于东部地区合作社的待遇。

二、发展对合作社有效的融资方式

农民专业合作社在融资方面的困难已成为制约其发展的主要因素，虽然国家早在 2009 年就已经发布了相关意见，希望相关金融机构对于农业合作社的融资问题进行积极解决。但由于贷款的风险大，成本较高，金融机构鲜有愿意主动将资金投入农村，特别是针对农民专业合作社的政策性金融服务十分缺乏。针对合作社的融资，可以学习国外的先进经验，如美国，其农村合作金融体系由联邦土地银行、联邦中信银行及合作银行三大银行组成，该体系是在美国政府的出资及领导下建立起来的。其特点在于由政府出面建立，给予资金扶持，面向农业合作社服务，或只向合作社发放贷款，或直接面向合作社社员，或主要针对合作社添置设备、补充资金而贷款，三家银行各不相同但都帮助合作社解决融资难题。

促进我国农民专业合作社融资机制的完善主要包括以下两方面内容，一方面，基于中国国情，在我国的金融机构中仍然处于主体地位的是国有商业金融机构。需要对诸如中国农业银行这一类的国有银行进行正确引导，促使其承担起农村信贷责任，从而使其为农民合作社的运行提供重要资金支持。另一方面，解决合作社融资问题的重要方式是从商业性金融机构取得贷款。针对合作社信贷抵押担保，政府应该积极大力推动其模式创新，从而在农民专业合作社发放贷款领域稳步提升商业金融机构的信心，如可以借助合作社联保贷款方式，建立以财政出资为主的合作社贷款担保基金，从而降低商业金融机构在合作社贷款方面的风险。最后，还需要对农村地区的银行业及金融机构的准入条件进行及时调整及适当放宽，为了鼓励村镇银行及社区性质的信用合作组织在农村地区的建设，甚至还可以成立新型的农村金融机构。

三、在加快农业供给侧结构性改革中推进合作社创新

2016 年中央一号文件提出了"推进农业供给侧结构性改革"的战略部署，在"十三五"时期，这是一个一直贯穿其中的重大任务，对于农民合作社的中长期发展，这也是一个重大机遇。使农民生产的产品，包括数量及质量，实现消费地与产地的无缝对接，并符合消费者的需求，这些均是农业供给侧结构性改革的核心要求。合作社在新型的经营主体中处于核心的位置。而这也决定了在供给侧结构性改革中合作社处于中心重要位置，同时借助这一契机，通过把握好、利用好这个机遇，在"十三五"期间使农村合作社的发展再上一个新台阶。

虽然我国中产阶级人口数量已经达到 3 亿，且对优质的农产品存在旺盛需求，但西部地区的部分农民专业合作社却存在产品价格低、销售不出去的困境，而合作社产品质量低是造成该现状的主要原因。政府为了解决这一情况，可以通过适当的手段对合作社转变农业生产结构进行合理引导，不仅可以为市场提供适销对路的优质农产品，还可以为社员谋取更大的利益。西部地区农民专业合作社大多致力于第一产业，但西部地区天然的自然资源造就了优质的旅游资源，当地政府可以鼓励合作社将第三产业纳入发展计划之中，合作社的发展应该越来越多元化，如发展乡村旅馆及乡村旅游等。最后等合适的时机到来后，提高农产品质量，改善供给结构，积极推动合作社之间的联系与合作。

第四节　协调合作联社关联机构关系

一、处理好政府、行业协会与联合社之间的关系

农民专业合作社联合社作为一类新型的农民合作组织，它的发展离不开政府支持，同时也不能忽视行业协会的作用，因此农民专业合作社联合社的发展需要处理好政府、行业协会与联合社之间的关系。政府、行业协会与联合社在共同发展中，通过相互的联系和作用，形成了良性互动的三重螺旋关系。政府的作用在

于引导和规范，根据宏观调控的经济社会发展的需要，引导和规范在农村经济转型过程中出现的这类新型的农民合作组织，因此政府的支持包括制定关于农民合作社联合社的发展方针、思路、方向等；行业协会的作用在于指导和服务，根据政府制定的联合社的发展方向对其进行指导，并提供咨询、技术、经营管理等服务。农民专业合作社联合社的发展应得益于政府的引导及行业协会的指导，两者共同促进了联合社的发展，只是在联合社发展的不同阶段，两者的重要性不同。鉴于联合社在我国的发展尚处在初级阶段，此时应该以政府的引导为主，但也不能忽视行业协会的作用。可以借鉴国外的做法，在全国由中央和地方分别成立不同层级的农民专业合作社联合社，下一级联合社接受上一级联合社的指导。等到联合社的发展日趋成熟时，可以强化行业协会的指导和服务，相对弱化政府的引导作用，这样会有利于联合社的发展。

二、优化部门协同促进规范化发展

政府通过统一部署协同各级部门共同制订计划，一同创造有利于农民合作社运营的环境。农业部需要进一步加快标准化建设的脚步，促进合作社间的协同发展。落实市级示范合作社与模范合作社的选拔，鼓励并监督运营绩效较好的合作社申请省级模范社。同时加大对合作社学习组织管理运营及治理方面的培训力度。此外和当地财政局合作，能够维系合作社运营资本审计与监管环境的良好发展。引导农民专业合作社提高对树立品牌意识的重视程度与品牌价值，帮助他们简化注册产品合格商标的流程，为申请商标和产品质量认证的合作社提供简化程序，并为拥有驰名商标的合作社奖励适当的津贴。为了尽可能地发挥土地效益，积极带领当地农户设立"土地专业合作社"，进一步增加合作社绩效。为了进一步提高农产品的价值及合作社的运营绩效，农技研发部应该提高农业科学技术转换成现实产品的速度，并在有效时间内，将该成果广泛地应用到合作社生产等相应的环节。各级工商局要领导合作社扩展销售渠道，积极组织相关产品的营销活动，让农民与商户形成对接，如湖北省的"农超对接""菜篮子工程"等。除此之外，各级商务部门应当帮助湖北省优秀合作社进军外省市场。财政部需要根据合作社的实际需求，让合作社在金融业务和信用贷款业务上得到多方面的服务。契合商业实践标准的农户和专业合作社应受到同等的对待，同时应根据实际情况，降低信用贷款方面的相关条件，支持促进农民合作社提高产品生产规模。宣传部门应引导各大新闻媒体，积极并且及时传播有关合作社的政策及法规，宣扬典型模范合作社的实例，使农民对加入农民合作社的积极性稳步提高。

三、组织环境协同促进多方合作共赢

合作社共营模式下的组织环境协同实现多方协调。合作社共营模式相对传统合作社而言，其优势不仅仅是土地股份合作社的创新，更多的是代表着农户的根本利益，它具有这样的终结属性，既要同不同领域部门开展沟通，又要对不同性质的组织展开联合。通过共营，能更有效地在合作社、农业职业经理人、农业服务超市等经营主体之间沟通信息，增强生产的计划性和协调性。合作社共营模式下，对外，可以协同政府、金融组织、销售企业等一切可以加以合作的产业部门。组织间的合作带来的是多方信息的共享，组成的是多方的利益共同体，比如政府的加入可以对农户产生积极的辐射带动效应，而综合性服务超市中的金融组织可以提供充足的资金支持，销售组织解决了商品的产后营销，互利共赢作为整个产业链的核心，十分关键。合作社成立之初所制定的目标之一是降低单个农户的交易成本，一般来说，交易成本与管理成本和组织规模都成反比，但组织规模与管理成本之间成正比。在合作社中，合作社主动扩大经营规模，加强与其他农业经济主体之间的合作交流，都有降低交易成本的诉求，交易环境的协同带来资源聚拢，是降低交易成本的有效途径之一。

参 考 文 献

柏振忠，贾文娟，吴成杰. 2018. 武陵山片区农民专业合作联社发展分析[J]. 黑龙江农业科学，
（3）：143-147.

柏振忠，彭丽，王红玲. 2016a. 农民专业合作联社发展金融支持政策研究[J]. 武汉金融，（4）：
55-57.

柏振忠，宋玉娥. 2017a. 农民专业合作社的特质分析[J]. 黑龙江农业科学，（2）：117-121.

柏振忠，宋玉娥. 2017b. 农民专业合作社科技扶贫理论逻辑与实践研究[J]. 科技进步与对策，
34（18）：21-25.

柏振忠，宋玉娥. 2020. 农民专业合作联社共营绩效的影响因素[J]. 中南民族大学学报（人文社
会科学版），40（2）：99-102.

柏振忠，魏薇，李亮. 2016b. 西部地区农业经营方式的现代化转变——以四川省崇州市为例
的分析[J]. 中南民族大学学报（人文社会科学版），36（2）：96-99.

柏振忠，向慧. 2019a. 过桥资金破解农民专业合作社发展困境——基于湖北恩施州的实证分析[J].
中南民族大学学报（人文社会科学版），39（1）：133-136.

柏振忠，向慧. 2019b. 农民专业合作联社协同创新研究[J]. 湖北大学学报（哲学社会科学版），
46（2）：127-132.

柏振忠，叶蓝谦，宋玉娥，等. 2017. 农民专业合作联社农业共营成效分析——以湖北省三个典
型农民专业合作联社为例[J]. 湖北农业科学，56（21）：4203-4207.

蔡金华，靡林，温小林. 2014. 建立农业生产专业合作社 扩大基层农业科技服务效果[J]. 农村
经济与科技，（4）：32-33，64.

陈江华，李道和，康小兰，等. 2015. 农民专业合作社经营效率及其影响因素[J]. 华南农业大学
学报（社会科学版），14（4）：37-47.

陈俊梁. 2010. 创新农民专业合作社治理结构的思考[J]. 南方农村，26（2）：64-67.

陈锡文. 2012. 把握农村经济结构、农业经营形式和农村社会形态变迁的脉搏[J]. 开放时代，
（3）：112-115.

陈晓华. 2012. 现代农业发展与农业经营体制机制创新[J]. 农业经济问题，（11）：4-6.

成田拓未，宋晓凯，李中华. 2009. 日本农协的发展经验对中国农民专业合作社的启示[J]. 青岛
农业大学学报（社会科学版），32（1）：17-21.

崔宝玉. 2011. 农民专业合作社中的委托代理关系及其治理[J]. 财经问题研究，（2）：102-107.

崔宝玉. 2015. 农民专业合作社的治理逻辑[J]. 华南农业大学学报（社会科学版），14（2）：9-19.

崔宝玉，简鹏，王纯慧. 2016. 农民专业合作社：绩效测度与影响因素——兼析我国农民专业合作社的发展路径[J]. 中国农业大学学报（社会科学版），33（4）：106-115.

储成兵. 2011. 农民专业合作社联合社的内部治理结构研究[J]. 现代农业，（12）：108-109.

邓瑶. 2010. 农业公共服务的三螺旋模型——政府、产业与农民合作社互动关系分析[J]. 农村经济，（4）：86-89.

董晓波. 2010. 农民专业合作社高管团队集体创新与经营绩效关系的实证研究[J]. 农业技术经济，（8）：117-122.

杜吟棠，潘劲. 2000. 我国新型农民合作社的雏形——京郊专业合作组织案例调查及理论探讨[J]. 管理世界，（1）：161-168.

段利民，霍学喜. 2012. 我国农民专业合作社国内研究文献综述[J]. 技术经济与管理研究，（3）：91-95.

范远江，杨贵中. 2011a. 农民专业合作社绩效评价研究范式解析[J]. 经济纵横，（10）：58-61.

范远江，杨贵中. 2011b. 农民专业合作社绩效评价研究综述[J]. 经济研究导刊，（7）：67-68.

冯静生. 2010. 农民专业合作社：金融支持的国际经验与借鉴[J]. 中国发展观察，（6）：48-50.

高光照. 2013. 农民专业合作社联合社发展对策研究——以浙江省温州市为例[J]. 经济导刊，（3）：48-49.

耿红莉. 2007. 国内外农民专业合作社发展概况[J]. 北京农业职业学院学报，（6）：39-43.

哈肯 H. 2005. 协同学——大自然构成的奥妙[M]. 凌复华译. 上海：上海译文出版社.

韩元钦. 1987. 合作经济是劳动者约定共营制经济[J]. 经济研究，（1）：62-63.

胡冉迪. 2012. 当前我国农民专业合作社创新发展问题与对策研究[J]. 农业经济问题，33（11）：44-48.

胡胜德，初志红. 2007. 对农民合作经济组织运营效率的分析[J]. 经济论坛，（19）：121-124.

胡卓红. 2009. 借鉴国外经验政府支持农民专业合作社发展之策[J]. 现代财经-天津财经大学学报，29（7）：75-80.

黄斌，张琛，孔祥智. 2019. 产业链整合视角下合作社再联合作用机制研究——基于三省三家联合社的案例分析[J]. 农村经济，（11）：128-136.

黄季焜，邓衡山，徐志刚. 2010. 中国农民专业合作经济组织的服务功能及其影响因素[J]. 管理世界，（5）：75-81.

黄珺，顾海英，朱国玮. 2005. 农民专业合作社与促进农民增收问题思考[J]. 经济纵横，5（4）：15-17.

黄胜忠，徐旭初. 2008. 成员异质性与农民专业合作社的组织结构分析[J]. 南京农业大学学报（社会科学版），8（3）：1-7.

黄宗智，彭玉生. 2007. 三大历史性变迁的交汇与中国小规模农业的前景[J]. 中国社会科学，（4）：74-88.

黄祖辉，扶玉枝. 2012. 创新与合作社效率[J]. 农业技术经济，（9）：117-127.

黄祖辉，扶玉枝，徐旭初. 2011. 农民专业合作社的效率及其影响因素分析[J]. 中国农村经济，（7）：4-13，62.

黄祖辉，高钰玲. 2012. 农民专业合作社服务功能的实现程度及其影响因素[J]. 中国农村经济，（7）：4-16.

黄祖辉, 俞宁. 2010. 新型农业经营主体: 现状、约束与发展思路——以浙江省为例的分析[J]. 中国农村经济, (10): 16-26, 56.

霍俊敏. 2011. 杭锦后旗农民专业合作社发展情况调研报告[J]. 内蒙古统战理论研究, (2): 38-40.

姜绍静, 罗泮. 2010. 以农民专业合作社为核心的农业科技服务体系构建研究[J]. 中国科技论坛, (6): 126-131.

金正庆, 何东卿. 2007. 我国农民专业合作社运行机制探讨[J]. 安徽农学通报, (6): 7-8.

孔祥智. 2013. 新型农业经营主体中合作社的角色定位[J]. 中国农民合作社, (11): 29.

孔祥智. 2019. 合作社何以联合——山东省临朐县志合奶牛专业合作社联合社调查手记[J]. 中国农民合作社, (11): 37-38.

孔祥智, 陈丹梅. 2007. 政府支持与农民专业合作社的发展[J]. 教学与研究, (1): 17-20.

赖罗. 1983. 公元2000年的合作社[M]. 台湾储蓄互助协会.

李建中, 方明. 2006. 我国当前农业经营方式的缺陷与改革模式[J]. 农业经济问题, (12): 43-45.

李金珊, 袁波, 沈楠. 2016. 农民专业合作社的内外协同创新——来自浙江省23家农民专业合作社的证据[J]. 浙江大学学报 (人文社会科学版), 46 (2): 110-125.

李亮, 柏振忠. 2017. 国外农业合作社典型模式比较及中国借鉴[J]. 理论月刊, (4): 178-182.

李森. 2015-07-24. 农业共营制: 转变农业发展方式的崇州实践[N]. 四川日报.

李圣军, 孙晓明. 2010. 农民专业合作社的运行机制及创新[J]. 中国农民合作社, (9): 42-44.

李延荣, 高建中. 2011. 农民专业合作社功能发展现状实证研究[J]. 安徽农业科学, 39 (26): 16360-16362, 16365.

李玉文. 2011. 农民专业合作社联合组织形式的比较与选择[J]. 社会科学家, (9): 110-113.

梁红卫. 2009. 基于农民专业合作社的农业科技创新及转化[J]. 社会科学家, (2): 69-72.

梁红卫. 2010. 基于农民专业合作社的农地规模经营模式探讨[J]. 经济纵横, (4): 83-86.

林坚, 王宁. 2002. 公平与效率: 合作社组织的思想宗旨及其制度安排[J]. 农业经济问题, (9): 46-49.

刘滨, 历汝, 康小兰. 2016. 农民专业合作联社行为实证分析[J]. 农机技术经济, (3): 113-120.

刘冬梅, 石践. 2005. 对我国农村科技扶贫组织形式转变的思考[J]. 中国科技论坛, (1): 116-120.

刘婧, 王征兵. 2012. 农民专业合作社规模经济和范围经济的实证研究——基于山西省合作社调查数据[J]. 经济经纬, (4): 32-35.

刘婧, 王征兵, 倪细云. 2011. 农民专业合作社规模经济与适宜社员规模研究——以山西省为例[J]. 财贸研究, (6): 27-30.

刘同山, 周振, 孔祥智. 2014. 实证分析农民合作社联合社成立动因、发展类型及问题[J]. 农村经济, (4): 7-12.

刘小童, 李录堂, 张然, 等. 2013 农民专业合作社能人治理与合作社经营绩效关系研究——以杨凌示范区为例[J]. 贵州社会科学, (12): 59-65.

刘洋. 2017 农村金融改革: 成效、困境与路径选择[J]. 财会通讯, (11): 127-128.

刘音纶. 2014. 我国农村金融现状及发展对策研究[D]. 中南林业科技大学硕士学位论文.

刘颖娴. 2015. 农民专业合作社纵向一体化研究[D]. 浙江大学博士学位论文.

罗必良. 2004. 农业经济组织的效率决定——个理论模型及其实证研究[J]. 学术研究, (8):

49-57.

罗必良，吴晨，刘成香.2007. 两种不同农业产业化经营组织形式的选择逻辑——基于交易费用的视角[J]. 新疆农垦经济，（3）：33-37.

罗颖玲，李晓，杜兴端.2014. 农民专业合作社综合绩效评价体系设计[J]. 农村经济，（2）：117-120.

马彦丽.2013. 论中国农民专业合作社的识别和判定[J]. 中国农村观察，（3）：65-71，92.

马彦丽，董进才.2006. 我国农民专业合作社研究的回顾与评价[J]. 河北经贸大学学报，（2）：89-93.

马彦丽，孟彩英.2008. 我国农民专业合作社的双重委托-代理关系——兼论存在的问题及改进思路[J]. 农业经济问题，（5）：55-60，111.

马义玲.2016. 农业规模化经营模式创新：案例剖析[J]. 西部金融，（8）：93-96.

聂华林，周建鹏，张华.2012. 西北地区农业公共服务的网络化供给模式研究——以新疆、甘肃、宁夏、青海部分县乡为例[J]. 农村经济，（1）：89-93.

牛立腾，周振.2014. 农民专业合作社联合社的运行机制与实践效果——以武汉市荆地养蜂专业合作社联合社为例[J]. 人民论坛，（17）：235-237.

牛若峰，夏英.2000. 农村合作经济组织发展概论[M]. 北京：中国农业科技出版社：18-19.

农业部农村合作经济经营管理总站课题组.2016. 新常态下促进农民合作社健康发展研究报告（一）[J]. 中国农民合作社，（11）：44-45.

农业部农村经济体制与经营管理司等.2011. 中国农民专业合作社发展报告（2006-2010）[M]. 北京：中国农业出版社.

潘劲.2011. 中国农民专业合作社：数据背后的解读[J]. 中国农村观察，（6）：2-11，94.

潘伟光，徐晖，郑靖吉.2013. 韩国农业现代化进程中农业经营主体的发展及启示[J]. 世界农业，（9）：44-49.

青木昌彦.2001. 比较制度分析[M]. 周黎安译. 上海：远东出版社：28.

沈小峰.1982. 耗散结构理论中的哲学问题[J]. 哲学研究，（1）：34-42.

石萍.2008. 加拿大农业合作社发展经验及对中国的启示[J]. 农村经济，（10）：126-129.

孙桂柏.2012. 联合社为农民架起致富金桥——记江苏省盐城市苏响农产品专业合作联社[J]. 中国农民合作社，（4）：20-21.

孙海法，王凯，徐福林.2016. 政府人才政策与企业人才需求契合关系研究[J]. 吉林大学社会科学学报，（3）：91-100.

孙浩杰.2008. 农民专业合作经济组织生成与运行机制研究[D]. 西北农林科技大学硕士学位论文.

孙宏艳.2014. 市场视角下的合作社发展存在的问题及原因分析[J]. 中国农业资源与区划，35（3）：140-144.

孙亚范.2004. 我国农民专业合作经济组织创新的成本约束及化解[J]. 经济问题探索，（2）：29-33.

谭智心，孔祥智.2011. 不完全契约、非对称信息与合作社经营者激励——农民专业合作社"委托—代理"理论模型的构建及其应用[J]. 中国人民大学学报，（5）：34-42.

汤鹏主，范云峰.2014. 我国农民专业合作社的模式及其发展路径[J]. 技术经济与管理研究，

（5）：119-123.

唐宗焜. 2007. 合作社功能和社会主义市场经济[J]. 经济研究，（12）：11-23.

田文勇，赵圣文，张会幡. 2014. 合作社农产品品牌建设行为影响因素实证分析——基于贵州、四川部分农民专业合作社的调查[J]. 开发研究，（5）：30-33.

王浩军. 2011. 当前我国农民专业合作社绩效优势及异化现象分析[J]. 湖北农业科学，50（8）：1701-1704.

王红玲，柏振忠，魏薇. 2016. 农机农艺整合发展研究[J]. 农业机械，（9）：73-76，78.

王红玲，柏振忠，吴昭雄. 2015. 农机专业合作社规模经济效益产生机理[J]. 农业工程，5（3）：145-147，102.

王克强，梁智慧. 2010. 对我国发展农民专业合作社的思考[J]. 农业经济，（11）：42-43.

王立民，刘维忠. 2016. 新疆农民专业合作社发展现状、制约因素及对策分析[J]. 探讨与研究，（5）：13-16.

王艺华，王树恩. 2011. 论农民专业合作社的联合发展[J]. 山东社会科学，（3）：109-111.

王勇. 2012. 农民专业合作社面临新境况分析[J]. 中国农村观察，（5）：41-46，53，95.

王震江. 2003. 美国新一代农民专业合作社透视[J]. 中国农村经济，（11）：72-78.

魏薇. 2017. 西部地区农民专业合作社共营模式创新及机理研究[D]. 中南民族大学硕士学位论文.

文华成，杨新元. 2013. 新型农业经营体系构建：框架、机制与路径[J]. 农村经济，（10）：28-32.

伍梅. 2005. 对农民专业合作经济组织利益机制的探讨[J]. 中国科技信息，（9）：67.

夏春萍，何嘉欣. 2012. 我国农民专业合作社治理结构优化分析[J]. 东南学术，（4）：29-35.

解学梅，吴永慧，赵杨. 2015. 协同创新影响因素与协同模式对创新绩效的影响——基于长三角316家中小企业的实证研究[J]. 管理评论，27（8）：77-89.

辛岭. 2011. 小农户科技园：现代农业技术推广模式探索——基于内蒙古和林格尔县的案例分析[J]. 农业经济问题，（5）：33-38.

徐更生. 1986. 试论我国农业合作经济体制的改革——从同国外农业合作经济的比较谈起[J]. 经济研究，（11）：20-24.

徐旭初，吴彬. 2010. 治理机制对农民专业合作社绩效的影响——基于浙江省526家农民专业合作社的实证分析[J]. 中国农村经济，（5）：43-55.

许学锋，张广武. 2011. 农民专业合作社发展情况的调查与思考[J]. 华北金融，（6）：72-74.

杨丹丹. 2017-03-03. 安顺开发区发展农村合作社助推新农村发展[EB/OL]. http://www.gz.xinhuanet.com/2017/03/03/c_1120565866.htm.

杨莉. 2011. 从低碳视角看合作社联合社的发展[J]. 价值工程，（6）：247-248.

杨群义. 2012. 关于发展农民专业合作社联合社的探讨[J]. 中国农民合作社，（4）：55-56.

伊藤顺一，包宗顺，苏群. 2011. 农民专业合作社的经济效果分析——以南京市西瓜合作社为例[J]. 中国农村观察，（5）：2-13，95.

余红. 2017-01-09. 创新发展农民专业合作社易门探索全产业链发展新途径[N]. 云南日报.

余丽燕. 2008. 农民专业合作社融资问题研究[D]. 西北农林科技大学硕士学位论文.

余丽燕，郑少锋. 2007. 试论美国农业合作社资金短缺的解决途径和借鉴[J]. 农场经济管理，（2）：18-20.

余丽燕, 郑少锋. 2011. 农民专业合作社融资问题与寻求破解的探索——以福建省为例[J]. 农村经济, (3): 52-56.

苑鹏. 2001. 中国农村市场化进程中的农民合作组织研究[J]. 中国社会科学, (6): 63-73, 205-206.

苑鹏. 2008. 农民专业合作社联合社发展的探析——以北京市密云县奶牛合作联社为例[J]. 中国农村经济, (8): 44-51.

苑鹏. 2010. 合作社民主管理制度的意义和面临的挑战[J]. 中国农民合作社, 13 (6): 16-17.

苑鹏. 2011. 农民专业合作组织与农业社会化服务体系建设[J]. 农村经济, (1): 3-5.

苑鹏. 2013. 引导农民合作社的合作与联合 完善新型农业生产经营组织体系建设[J]. 中国农民合作社, (3): 20-21.

翟同宪, 郎玉丽. 2014. 构建新型农业经营体系的紧迫性和路径选择[J]. 山东农业工程学院学报, 31 (2): 12-13, 17.

张俊, 章胜勇. 2015. 合作社营运绩效评价及验证——基于专家、管理者和社员三方视角的对比分析[J]. 经济学家, (9): 96-104.

张开华, 张清林. 2007. 农民专业合作社成长的困惑与思考[J]. 农业经济问题, (5): 62-66.

张凯. 2011. 农民专业合作社发展现状、问题及解决的对策[J]. 学术交流, (11): 101-106.

张满林. 2010. 农民专业合作社治理机制问题研究[J]. 渤海大学学报(哲学社会科学版), 32(3): 110-119.

张五常. 2001. 经济解释[M]. 北京: 商务印书馆: 407-408.

张晓山. 2004. 促进以农产品生产专业户为主体的合作社的发展——以浙江省农民专业合作社的发展为例[J]. 中国农村经济, (11): 11-14.

张晓山. 2009. 农民专业合作社的发展趋势探析[J]. 管理世界, (5): 89-96.

张晓山. 2011. 农民专业合作社发展需要关注的一些问题[J]. 农村经营管理, (1): 18-23.

张晓山. 2012. 中国农民专业合作社的发展及面临的挑战[J]. 中国合作经济, (6): 20-21.

张晓山, 苑鹏. 1991. 合作经济理论与实践——中外比较研究[M]. 北京: 中国城市出版社.

张秀萍. 2016. 中宁县枸杞产业规模化发展调研报告[J]. 宁夏林业, (2): 42-44.

张艳玲. 2017-02-20. 三问三答解码崇州农业"共营制"[N]. 农民日报.

赵彩云, 王征兵, 邹润玲. 2013. 农民专业合作社利益机制及其绩效实证分析——以陕西省为例[J]. 经济经纬, (10): 121-125.

赵桂玲. 2011. 有效破解农民专业合作社的发展难题[J]. 农民致富之友, (9): 75.

赵建欣. 2011. 中国农民专业合作社存在的问题及对策分析——基于合作社快速发展的背景[J]. 中国农学通报, 27 (29): 187-192.

赵晓峰, 邢成举. 2016. 农民专业合作社与精准扶贫协同发展机制构建: 理论逻辑与实践路径[J]. 农业经济问题, (4): 23-29, 110.

赵兴泉, 童日辉, 顾建明, 等. 2011. 推进浙江省农民专业合作社经营机制创新研究报告(上)[J]. 中国农民合作社, (5): 43.

郑丹. 2009. 国外农业合作社在农业科技推广中的作用及启示[J]. 农业科技管理, 28(2): 55-59.

郑丹, 王伟. 2011. 我国农民专业合作社发展现状、问题及政策建议[J]. 中国科技论坛, (2): 138-142.

郑风田，焦万慧. 2013. 前提设定、农民权益与中国新型农业经营体系的"新四化"[J]. 改革，（3）：103-113.

周立群，曹利群. 2001. 农村经济组织形态的演变与创新——山东省莱阳市农业产业化调查报告[J]. 经济研究，（1）：69-75，83.

Alchian A A，Demsetz H. 1972. Production，information costs，and economic organization[J]. American Economic Review，（12）：77-95.

Areas N，Ruiz S. 2003. Marketing and performance of fruit and vegetable cooperatives[J]. Journal of Co-operative Studies，36（1）：22-44.

Ariyaratne C B，Featherstone A M，Langemeier M R，et al. 1997. An analysis of efficiency of midwestern agricultural cooperatives[D]. Paper Submitted for Consideration as a WAEA Selected Paper.

Ariyaratne C B，Featherstone A M，Langemeier M R，et al. 2000. Measuring X-efficiency and scale efficiency for a sample of agricultural cooperatives[J]. Agricultural Resource Economics Review，29（2）：198-207.

Banker R D，Charnes A，Cooper W W. 1984. Some models for estimating technical and scale inefficiencies in data envelopment analysis[J]. Management Science，30（9）：1078-1092.

Beverland M B. 2007. Can cooperatives brand? Exploring the interplay between cooperative structure and sustained brand marketing success[J]. Food Policy，（32）：480-495.

Boyle G E. 2004. The economic efficiency of Irish dairy marketing cooperatives[J]. Agribusiness，20（2）：143-153.

Charnes A，Cooper W W，Rhodes E. 1978. Measuring the efficiency of decision making units[J]. European Journal of Operation Research，2（6）：429-444.

Clegg J. 2006. Rural cooperatives in China：policy and practice[J]. Journal of Small Business and Enterprise Development，（2）：219-234.

Cook M L. 1995. The future of US. agriculture cooperatives：a neo-institutional approach[J]. American Journal of Agricultural Economics，77（5）：1153-1159.

Cremer J. 2009. Risk sharing，CEO incentives and quality differentiation in agricultural cooperatives：discussion[D]. American Journal of Agricultural Economics，91（5）：1233-1234.

Eilers C，Hanf C H. 1999. Contracts Between Farmers and Farmers' Processing Co-operatives：A Principal-Agent Approach for the Potato Starch Industry[M]. Heidelberg：Physica-Verlag HD.

Enke S. 1945. Consumer cooperatives and economic efficiency[J]. American Economic Review，（35）：148-155.

Farrell M J. 1957. The measurement of productive efficiency[J]. Journal of the Royal Statistical Society，Series A：General，120：253-281.

Fulton M. 1995. The future of Canadian agricultural cooperatives：a property rights approach[J]. American Journal of Agricultural Economics，77（5）：1144-1152.

Galdeano-Gomez E. 2008. Productivity effects of environmental performance，evidence from TFP analysis on marketing cooperatives[J]. Applied Economics，40（14）：1873-1888.

Galdeano-Gomez E，Cespedes-Lorente J，Rodriguez-Rodriguez M. 2006. Productivity and environmental performance in marketing cooperatives; an analysis of the Spanish horticultural sector[J]. Journal of Agricultural Economics, 57（3）：479-500.

Guzman I, Arcas N. 2008. The usefulness of accounting information in the measurement of technical efficiency in agricultural cooperatives[J]. Annals of Public and Cooperative Economics, 1（79）：107-131.

Hailu G, Goddard E W, Jeffrey S R. 2005. Measuring efficiency in fruit and vegetable marketing cooperatives with heterogeneous technologies in Canada, Rhode Island[J]. American Agricultural Economics Association Annual Meeting, （7）：211-224.

Hailu G, Jeffrey S R, Goddard E W. 2007. Efficiency, economic performance and financial leverage of agribusiness marketing cooperatives in Canada, cooperative firms in global markets, incidence, viability and economic performance[J]. Advances in the Economic Analysis of Participatory and Labor-Managed Firms, （10）：47-103.

Hall R E, Jones C I. 1999. Why do some countries reduce so much output per worker than others[J]. Quarterly Journal of Economics, （11）：83-116.

Hueth B, Marcoul P. 2009. Incentive pay for CEOs in cooperative Finns[J]. American Journal of Agricultural Economics, 91（5）：1218-1223.

Josiah M N, Bani R J, Mahama A A. 2008. Availability of energy and agricultural mechanization in Ghana[J]. Journal of Food Agricultural & Environment, 6（2）：170-172.

Kebede E, Schreiner D F. 1996. Economies of scale in dairy marketing cooperatives in Kenya[J]. Agribusiness, 12（4）：395-402.

Koguashvili P. 2016. Support for agricultural cooperatives is an urgent necessity[J]. Annals of Agrarian Science, （14）：323-325.

Krasachat W, Chimkul K. 2009. Performance measurement of agricultural cooperatives in Thailand: an accounting-based data envelopment analysis[C]. Lee J D, Heshmati A. Productivity, Efficiency, and Economic Growth in the Asia-Pacific Region. Berlin Heidelberg: Springer-Verlag: 255-265.

Lerman Z, Parliament C. 1991. Size and industry effects in the performance of agricultural cooperatives[J]. Agricultural Economics, （6）：15-29.

Mauget R, Declkerck F. 1998. Structures, strategies, and performance of E. C agricultural cooperatives[J]. Agribusiness, 12（3）：265-275.

Nilsson J. 1997. New generation farmer cooperatives[J]. Review of International Cooperation, （11）：32-38.

Salazar I, Górriz C G. 2011. Determinants of the differences in the downstream vertical integration and efficiency implications in agricultural cooperatives[J]. The B. E. Journal of Economic Analysis, Policy, 11（1）：11.

Simar L, Wilson P W. 2007. Estimation and inference in two-stage, semi-parametric models of production processes[J]. Journal of Econometrics, 136：31-64.

Singh S, Fleming E, Coelli T. 2000. Efficiency and productivity analysis of cooperative dairy plants in Haryana and Punjab States of India[D]. Working Paper Series in Agricultural and Resource Economics.

Singhavara M, Leerattanakorn N, Cheumoungpan A, et al. 2012. An analysis of efficiency in operation and optimal development for agricultural cooperative in Chiangmai Province[J]. Business and Information, 6: 324-335.

Smith A. 1776. An Inquiry into the Nature and Causes of the Wealth of Nations[M]. London: Oxford University Press: 132-176.

Soboh R A, Lansink A O, Giesen G V, et al. 2009. Performance measurement of the agricultural marketing cooperatives: the gap between theory and practice[J]. Review of Agricultural Economics, 31 (3): 446-469.

Tone K. 2001. A Slacks-based in data envelopment analysis[J]. European Journal of Operational Research, 130: 498-509.

Tone K. 2003. Dealing with undesirable outputs in DEA: a slacks-based measure(SBM)approach[J]. GRIPS Research Report Series I, (5): 44-45.

Warren R D, Mulford C L, Yetley M. 1976. Analysis of cooperative organizational effectiveness[J]. Rural Sociology, 41 (3): 330-353.

Young H P. 1998. Individual learning and social rationality[J]. European Economic Review, (52): 651-663.

附　　录

附录 1　农民专业合作联社农业共营效率调查问卷

问卷编号：WMS＿＿＿＿＿＿（由问卷发放人统一编写）　　填写时间：＿＿＿＿＿＿
年＿＿月＿＿日
被调查人姓名：＿＿＿＿＿＿
家庭住址：＿＿＿＿＿省＿＿＿＿＿县（市、区）＿＿＿＿＿乡（镇）＿＿＿＿＿村

一、社会经济发展差异指标

1. 性别＿＿＿＿＿；年龄＿＿＿＿＿；民族＿＿＿＿＿。
2. 您的最高学历是＿＿＿；您家庭成员中的最高学历＿＿＿＿＿。
A. 小学及以下　　　　B. 初中　　　C. 高中或中专　　　D. 大专及以上
3. 家庭总人口数＿＿＿＿＿人；有经济收入的人数＿＿＿＿＿人；外出打工人数＿＿＿＿＿人。
4. 您家年人均收入为＿＿＿＿＿元。
5. 您所加入的合作联社的年度总收入大概为＿＿＿＿＿元。
6. 您家耕地面积为＿＿＿＿＿亩。
7. 您所在村承包土地流转价格约为＿＿＿＿＿元/亩。

二、合作联社差异性指标

1. 您加入合作联社所包含的合作社数量为＿＿＿＿＿家。
2. 您所在的合作联社的资产总额约＿＿＿＿＿万元。
3. 您所在的合作联社的经营土地面积约＿＿＿＿＿亩。

4. 加入合作联社后，您的合作社盈利较加入前上涨了＿＿＿＿＿元。

5. 您所在的合作社社员人数为＿＿＿＿＿人。

6. 您的合作社所加入的合作社联社社员总人数为＿＿＿＿＿人。

7. 您所加入的合作联社社员技术人员有＿＿＿＿＿人。

8. 您所加入的合作联社农业机械台数为＿＿＿＿＿台。

三、合作联社对社员的帮助情况

1. 您所加入的合作联社类型＿＿＿＿。

A. 横向　　　　　B. 纵向　　　　　C. 混合

2. 您对您所加入的合作联社满意吗？（10 分制）＿＿＿＿。

3. 合作联社是否对您开展农业生产提供信息、培训服务？＿＿＿＿＿。

A. 是　　　　　　B. 否

4. 您所参加的合作联社的理事长是不是村干部？＿＿＿＿＿。

A. 是　　　　　　B. 否

5. 您对于您所在合作联社获取市场信息的能力的评分为（10 分制）＿＿＿＿。

6. 您所在的合作联社是否享受政府补贴，约＿＿＿＿万元。

7. 合作联社为您提供的农业机耕、排灌、病虫草鼠害防治、农牧保险及相关技术培训是免费的吗？＿＿＿＿。

A. 是　　　　　　B. 否　　　　　　C. 优惠但不免费

8. 您认为加入农民专业合作联社对您的家庭收入增加有没有帮助？＿＿＿＿＿。

A. 帮助大　　　　B. 有些帮助　　　C. 没有什么帮助

9. 您认为加入合作联社的优势有哪些？（多选）＿＿＿＿＿＿＿。

A. 使农业生产更加具有组织性，形成规模效益

B. 增加农民收入

C. 能够提高社员的种植技术，科普各种农业生产的技术知识

D. 缩小贫富差距

10. 您对合作联社的态度？＿＿＿＿＿＿。

A. 积极　　　　　B. 消极　　　　　C. 中立

11. 您对合作联社的发展有哪些具体建议？

_____

_____

_____

_____

附录 2 陕西省 40 家样本农民专业合作社名录

决策单元编号	合作社全称	简称
DMU1	西安市灞桥区白鹿塬果缘果业专业合作社	果缘果业
DMU2	宜君县绿佳源蔬菜专业合作社	绿佳源蔬
DMU3	宜君县鑫锋核桃专业合作社	鑫锋核桃
DMU4	富平县科农果业专业合作社	科农果业
DMU5	商南县春语茶业机械化生产专业合作社	春语茶业
DMU6	陕西永红猕猴桃专业合作社	永红猕猴桃
DMU7	陕西关中奶山羊专业合作社	关中奶山羊
DMU8	周至县农家乐果蔬专业合作社	农家乐果蔬
DMU9	洛南县麻坪镇东方红中药材合作社	东方红中药材
DMU10	佳县兴盛养殖专业合作社	兴盛养殖
DMU11	富县兴陕果业专业合作社	富兴陕果业
DMU12	吴堡县老霍家手工挂面专业合作社	手工挂面
DMU13	宜川县祥源果业专业合作社	祥源果业
DMU14	安康市汉滨区建民镇务实蔬菜专业合作社	务实蔬菜
DMU15	宜川县高树梁果业专业合作社	高树梁果
DMU16	华县民兴蔬菜专业合作社	民兴蔬菜
DMU17	靖边县东坑镇兴农农民洋芋专业合作社	农民洋芋
DMU18	白水县宏达圣乡苹果专业合作社	宏达圣乡
DMU19	大荔县荔民果蔬信用服务专业合作社	荔民果蔬
DMU20	宜川腾博果业专业合作社	腾博果业
DMU21	宝鸡神农养殖专业合作社	神农养殖
DMU22	眉县金桥果业专业合作社	金桥果业
DMU23	甘泉县三利养鸡专业合作社	三利养鸡
DMU24	眉县金色秦川猕猴桃专业合作社	金色秦川
DMU25	定边县安边镇龙飞马铃薯专业合作社	龙飞马铃薯
DMU26	黄陵县阿党镇苹果专业合作社	阿党镇苹果

续表

决策单元编号	合作社全称	简称
DMU27	洛南县兰草河手工红薯粉条专业合作社	手工红薯粉条
DMU28	合阳县雨阳富硒农产品专业合作社	雨阳富硒
DMU29	蒲城县四方苹果专业合作社	四方苹果
DMU30	铜川市印台区奇威果业农民专业合作社	奇威果业
DMU31	蒲城县田运瓜菜专业合作社	田运瓜菜
DMU32	西安市临潼区华瑞果业专业合作社	华瑞果业
DMU33	西安恒绿蔬果专业合作社	恒绿蔬果
DMU34	西安市临潼区绿林石榴苗木专业合作社	绿林石榴
DMU35	富平县振强种养殖专业合作社	振强种养殖
DMU36	西安市临潼区秦煌石榴专业合作社	秦煌石榴
DMU37	淳化县中绿苹果专业合作社	中绿苹果
DMU38	西安市临潼区骊东富硒石榴专业合作社	富硒石榴
DMU39	清涧县宇航果品专业合作社	宇航果品
DMU40	华县万隆养殖加工专业合作社	万隆养殖

附录3　山东省30家样本农民专业合作社名录

决策单元编号	合作社全称	简称
DMU1	郓城县松涛芦笋种植专业合作社	松涛芦笋
DMU2	郓城县树斋果蔬农业种植专业合作社	树斋种植
DMU3	肥城市强特核桃种植专业合作社	强特核桃
DMU4	肥城市沙沟大棚蔬菜专业合作社	沙沟大棚
DMU5	莱芜市庙子粉皮专业合作社	庙子粉皮
DMU6	阳谷先运辣椒专业合作社	先运辣椒
DMU7	泰安市大地红大樱桃专业合作社	大地红大樱桃
DMU8	青岛福满地粮蔬专业合作社	福满地粮蔬
DMU9	巨野县天口福蔬菜种植专业合作社	天口福蔬菜
DMU10	栖霞市国路夼富财大樱桃农民专业合作社	夼富财大樱桃

决策单元编号	合作社全称	简称
DMU11	巨野县天胜科技兴农种植专业合作社	天胜科技
DMU12	蒙阴县宗路果品专业合作社	宗路果品
DMU13	郓城县鑫丰种植专业合作社	鑫丰种植
DMU14	济宁市任城区李营苗木专业合作社	李营苗木
DMU15	威海市环翠区裕丰果品专业合作社	裕丰果品
DMU16	郓城县阳光花卉专业合作社	阳光花卉
DMU17	郓城县荣华果蔬种植专业合作社	荣华果蔬
DMU18	郓城县三标灵芝种植专业合作社	三标灵芝
DMU19	郓城县久源芦笋种植专业合作社	久源芦笋
DMU20	郓城县茂祥谷物种植专业合作社	茂祥谷物
DMU21	成武县增东大蒜种植专业合作社	增东大蒜
DMU22	沂南县彩蒙综合服务烟农专业合作社	彩蒙服务烟农
DMU23	兰陵县玉清果树种植专业合作社	玉清果树
DMU24	济阳县桥南王小麦种植专业合作社	桥南王小麦
DMU25	青岛源丰润果品专业合作社	源丰润果品
DMU26	青岛道乐果蔬专业合作社	道乐果蔬
DMU27	枣庄市山亭区曹家寨地瓜种植专业合作社	曹家寨地瓜
DMU28	山东明利特色蔬菜种植专业合作社	明利蔬菜
DMU29	莱州市琅琊岭小龙农产品农民专业合作	琅琊岭小龙
DMU30	乐陵市百草苑金银花生产专业合作社	百草苑金银花

后　记

本书是在国家自然科学基金项目"农民专业合作联社农业共营效率研究"（批准号：71473277）的最终研究成果基础上形成的。本书的出版还得到了国家自然科学基金项目"农机专业合作社规模经济效益及经营方式创新研究"（批准号：71373069），中南民族大学"民族经济与社会发展团队"，中南民族大学管理学院博士点建设基金，中南民族大学"湖北省全面小康研究院"、"中国武陵山减贫与发展研究院"、"中国科学院–国家民族事务委员会农业信息技术研究与开发联合实验室"和"恩施发展研究院"等省部级研究机构，中南民族大学中央高校基本科研业务费专项资金，中南民族大学经济学院"民族地区产业发展研究"学术团队基金的鼎力支持和资助。

特别感谢国家民族事务委员会经济发展司彭泽昌巡视员、冯常海副司长、黄东辉副司长，特别感谢北方民族大学校长李俊杰教授，特别感谢中南民族大学副校长段超教授、副校长杨胜才教授，特别感谢湖北省恩施土家族苗族自治州人大常委会陈学明副主任，正是由于各位领导的关怀和支持，本书才得以顺利完成。感谢国家民族事务委员会民族理论政策研究室袁彦处长、张世宝处长，感谢国家民族事务委员会经济发展司范振军处长、沈红波副处长，感谢中国人民大学农业与农村发展学院朱乾宇副教授，感谢中南民族大学管理学院院长张劲松教授，感谢中南民族大学创新创业学院院长潘泽江教授，在与他们合作共事的过程中，我受益良多。感谢中南民族大学经济学院党委书记柯尊韬，感谢中南民族大学经济学院原院长张跃平教授，现副院长熊芳副教授、副院长毛忠明副教授、副院长孟庆雷副教授，感谢中南民族大学学报（人文社会科学版）副主任田孟清教授，感谢中南民族大学经济学院陈祖海教授、梁世夫教授、张英教授、李忠斌教授、王祖山教授、陈全攻教授、李波教授，感谢中南民族大学科学研究发展院副院长耿新副教授，感谢中南民族大学经济学院简兵博士、揭子平博士、谈玉婷博士。

感谢中南民族大学经济学院 2012 级研究生孙西楠、刘思喆，2013 级研究生刘君、黄燊，2014 级研究生魏薇，2015 级研究生宋玉娥、张鸿涛、杜红超，2016

级研究生叶蓝谦，2017 级研究生任然，2018 级研究生陈久运、宋堃、胡尔西丹穆·穆克木，2019 级研究生刘永芳在数据收集、文献整理及部分内容写作中所做的努力。特别感谢科学出版社编辑的大力支持。

感谢家人无怨无悔地支持我们的工作，在书稿写作期间虽然不能有更多时间陪伴他们，但家人的理解和支持让我们能安心于研究。可以说，没有家人的鼓励、支持和分担，书稿是无法完成写作的。特别是，书稿写作过程正处于因武汉疫情儿子柏李康在家上网课的特殊时期，办公室学习和工作的陪伴，增进父子之情，也激发为儿的奋斗之志。锲而舍之，朽木不折；锲而不舍，金石可镂。我们将牢记"严谨治学，潜心问道"的初心，牢记"立德树人，教书育人"的使命，牢记"笃信好学，自然宽和"的校训，带着所有人的关心和厚望，实践自己对祖国、对社会、对家庭的责任，奋发有为，开创新的事业辉煌。

本书在撰写过程中，参阅借鉴了大量文献资料和同行专家学者的研究成果，谨在此一并致以诚挚谢意。

由于水平所限，书中难免还有不成熟、不完善之处，敬请各位同仁和读者批评指正。

在中南民族大学建校 70 周年来临之际，以《农民专业合作联社发展及农业共营效率研究》一书为中南民族大学 70 周年大庆献礼！

柏振忠

于武汉南湖轩

2020 年 6 月 6 日